Michael J. Roads

An der Pforte zur Unendlichkeit

Michael J. Roads

An der Pforte zur Unendlichkeit

Metaphysische Dimensionen der Natur

Erlebnisse und Begegnungen jenseits des Vorstellbaren

Ansata-Verlag
Rosenstraße 24
CH-3800 Interlaken
Schweiz
1995

Aus dem Englischen von Waltraud Ferrari

Lektorat: Urte Knefeli

Titel der Originalausgabe:
JOURNEY INTO ONENESS
A Spiritual Odyssey
Erschienen bei H.J. Kramer, Inc., P.O. Box 1082, Tiburon, CA 94920, USA

Umschlagbild: Robert Wicki
Gesamtherstellung: Kösel, Kempten

ISBN 3-7157-0185-4

Inhalt

Meiner geliebten Treenie.
Die Zeit des Feenkreises ist gekommen.

An unsere Leser

Unsere Bücher sind ein Beitrag zu einer neu entstehenden Welt, bei der es nicht mehr um Konkurrenzdenken, sondern um Zusammenarbeit geht, nicht mehr um Selbstzweifel, sondern um die Bejahung des menschlichen Geistes und um die Gewißheit, daß alle Menschen miteinander verbunden sind. Unser Ziel besteht darin, möglichst vielen Menschen eine Botschaft zu überbringen, die sie auf eine bessere Welt hoffen läßt.

Die Verleger dieses Buches

Dank

Wie immer möchte ich zuerst meiner Frau Treenie danken. Sie teilt meine Welt mit mir und bereichert mein Leben. Die nährende Energie ihrer Liebe inspiriert mich beim Schreiben und versieht mich mit zündenden Ideen.

Ganz besonderer Dank gebührt meinen amerikanischen Verlegern, Hal und Linda Kramer. Ihr Glaube an meine metaphysischen Bücher stellt einen Teil des Beitrags dar, den sie zur Heilwerdung der Welt leisten. Meiner Lektorin Nancy Grimley Carleton danke ich für ihre einfühlsame Arbeit. Ich wußte, daß dieses Buch schwer zu redigieren sein würde. Als die Ergebnisse dann vorlagen, war ich erstaunt und sehr erfreut.

Auch dem Geist der Natur gegenüber empfinde ich eine unermeßliche Dankbarkeit. Die einzige Möglichkeit, dies auszudrücken, besteht für mich darin, dem Planeten Erde auf physischer Ebene meine Achtung zu erweisen und den Leser dazu zu ermutigen, sich mehr in das Geheimnisvolle, Mystische und Unfaßbare der Natur einzubinden, das sich unseren physischen Sinnen ständig entzieht.

Einleitung

Vor etlichen Jahren begann meine Suche nach dem Selbst, die vermutlich ewige archetypische Suche. Mein Weg wurde sehr durch die Natur geprägt, als ob es so vorherbestimmt gewesen wäre. An einem Punkt meiner manchmal etwas stockenden Reise fing ich an, die bemerkenswerten Ereignisse, die sich vor mir entfalteten, aufzuzeichnen. Daraus wurde ein Buch, das unter dem Titel *Mit der Natur reden* erschienen ist. In meiner Naivität dachte ich, damit sei die Angelegenheit erledigt, denn die Suche nach dem Selbst schien durch meine Unfähigkeit, mit meiner rapide wachsenden Realität zurechtzukommen, zum Scheitern verurteilt. Ich hatte mich in dem Paradox verfangen, daß ich zwar meine Realität erweitern wollte, mich aber fürchtete und herausgefordert fühlte, wenn das geschah. Trotzdem ging ich weiterhin jeden Tag hinunter zum Fluß, wo ich auf einer alten Brückenbohle saß, die über das Wasser hinausragte und als Sprungbrett diente. Hier fühlte ich mich der Mystik der Natur am nächsten, und so fuhr ich trotz meiner Ängste und Befürchtungen damit fort.

Wahrscheinlich trat aufgrund dieser Beharrlichkeit eines Tages der Geist der Natur in mein Leben, und mit meiner Tändelei am Fluß war es zu Ende. Jählings wurde ich in eine Reihe mystischer

Abenteuer hineingestürzt, eines bedrohlicher, doch zugleich aufschlußreicher als das andere. Ich habe diese Erfahrungen in meinem Buch *Im Reich des Pan* beschrieben.

Das ist nun einige Zeit her. Während der darauffolgenden Jahre habe ich mich vergeblich bemüht, einen Weg zu finden, meine inneren Erlebnisse seit damals zu beschreiben. Ich mußte mich mit der Tatsache abfinden, daß es schlichtweg unmöglich ist, meine Geschichte so zu erzählen, wie sie sich zugetragen hat.

Noch bevor meine bewußte Suche nach dem Selbst begann, hatte mir das Leben ständig Gelegenheit geboten, mein Bewußtsein zu erweitern, indem es mir metaphysische Pforten zeigte. Für mich erscheinen diese Pforten dort, wo die von mir akzeptierte Realität verschwommen und undefinierbar wird, wodurch sich eine subtile Möglichkeit auftut, in einen anderen, nichtphysischen Bereich einzudringen. Ich habe gelernt, daß es Eintrittsregeln zu befolgen gilt. Die wichtigste besagt, daß man seinen physischen Körper nicht in diese Bereiche mitnehmen kann. Die Mystiker aller Zeiten wußten um diese Pforten und haben von ihnen berichtet, doch immer verschlüsselt und mit dem Schleier des Geheimnisvollen umgeben. Auch die oft zitierten Pforten oder Tore zum Paradies spielen auf dieses Geheimnis von etwas Wunderbarem an, das jenseits unserer alltäglichen Normalität liegt.

Schon als kleiner Junge nahm ich diese Pforten wahr. Damals war es noch einfach, durch sie hindurchzugehen. In meiner Unschuld erträumte ich mir den Weg durch sie hindurch und erlebte einen kurzen Blick auf andere Wirklichkeiten, ohne das Bedürfnis zu haben, dies zu verstehen. Manche dieser Traumzeiten ereigneten sich, während ich in tiefem Schlaf lag, doch oft war ich hellwach und gestattete mir, in einen anderen, magischen Raum zu gleiten, wobei ich völlig das Gewahrsein für die physischen Ereignisse um mich herum verlor. Geschah das während des Unterrichts in der Schule, was oft der Fall war, konnte ich mich an nichts von dem erinnern, worüber der Lehrer gesprochen hatte.

Als ich älter wurde und mein Intellekt und meine eigenen Interessen nach Aufmerksamkeit verlangten, wurde es immer schwieriger, diese Pforten zu finden, geschweige denn, durch sie hindurchzugelangen. Als ich mich stark dem äußeren Leben widmen mußte als Ehemann, Vater von vier kleinen Kindern und Landwirt, der sich mit den Sachzwängen des Alltags konfrontiert sah, entzogen sich die Pforten einige Zeit lang ganz meinem bewußten Gewahrsein.

Anfang Dreißig, nachdem ich den Entschluß gefaßt hatte, auf die Suche nach dem Selbst zu gehen, erwachte meine Beziehung zu ihnen von neuem. Ich wurde mir der mystischen Eingänge zwar bewußt, als ich die Erfahrungen machte, die in *Mit der Natur reden* beschrieben sind, doch blieben sie fern, verhüllt vom Streß der alltäglichen Realität.

Allmählich erfaßte ich, daß andere Faktoren eine Rolle spielten, wenn ich mich als Erwachsener diesen Pforten nähern wollte. Dabei waren Vertrauen und der richtige Zeitpunkt vorrangig, und das Vertrauen bestimmte den Zeitpunkt – das Vertrauen ins Selbst.

Ich brauchte lange Zeit, um dieses Vertrauen zu gewinnen. Ich erkannte, daß ich zwar ein sehr praktisch veranlagter Mensch war, der mit beiden Beinen auf der Erde stand, zugleich aber eine äußerst stark ausgeprägte metaphysische Ader besaß, auf die ich lernen mußte zu vertrauen. Mit dem Geist der Natur als Lehrmeister öffnete ich mich allmählich für das Unfaßbare, das Unsichtbare, und bewegte mich näher auf die mystischen Pforten zu. Es blieb mir auch nichts anderes übrig, als diese neue, größere Wirklichkeit anzunehmen und in mein Leben zu integrieren, anstatt mich vor ihr wie bisher hinter dem unbeständigen Schutz von Tagträumen zu verstecken.

Während meiner Reisen in das Innere der Natur entdeckte ich, daß ich, wenn mein Bewußtsein den physischen Körper verließ, einen gleichgestalteten Körper aus Licht beibehielt. (Wir alle besitzen einen solchen Lichtkörper.) In diesem Körper erforschte ich andere Dimensionen der Natur. Ich nahm nun an der mystischen Welt der Natur teil und lebte nicht mehr nur als bloßer Zuschauer in der physischen Welt.

In dem Maße, wie mich die Suche nach dem Selbst unserer menschlichen Wahrheit immer näher brachte, wurden die Pforten klarer erkennbar und zugänglicher, doch gelang es mir nie auch nur für einen Augenblick, durch sie hindurch in das Jenseits zu gelangen. Ich fand heraus, daß ich zwar viele Leben damit zugebracht hatte, mich diesen besonderen Pforten zu nähern, doch von Zeit zu Zeit hatte ich mich auch wieder abgewandt, von den augenfälligeren Freuden des physischen Lebens abgelenkt.

Nach einem Entwicklungsprozeß, der viele Jahre in Anspruch nahm und in dem ich viele Male erschüttert und geprüft wurde – was mich seelisch und nervlich oft ausgelaugt zurückließ –, der für mich jedoch gleichzeitig die größte vorstellbare Freude bedeutete, erlebte ich schließlich die Erkenntnis des Selbst, erlebte, wer ich wirklich bin.

Und dann öffneten sich die Pforten, die so lange verschlossen gewesen waren.

Als ich durch diese Pforten hindurchtrat, bedeutete dies auch das Ende von linearer Zeit und körperlicher Realität. Alles Bekannte wurde abrupt durch ein völlig Unbekanntes ersetzt. Sofern dem Begriff der Zeit überhaupt eine Bedeutung zukam, handelte es sich um sphärische (also räumliche) Zeit, so daß an allen Punkten einer Kugel die gleiche Zeit herrschte – in der Tat ein ewiges Jetzt. Außerdem war meine Realität gänzlich unkörperlich, alle Regeln der normalen Wirklichkeit wurden völlig aufgelöst.

Alles, was ich in dieser Realität erlebte, geschah augenblicklich. Um eine Anleihe bei einem linearen Begriff zu nehmen, könnte man sagen, daß sich ein paar hundert Millionen Jahre Leben graphisch darstellten, aufrollten und erlebt wurden – in einem einzigen sphärischen Moment.

Sie sehen also, in welches Dilemma man bei der Beschreibung gerät: Sobald man die Ereignisse der sphärischen Zeit in Worten niederschreibt, erschafft man lineare Zeit – und doch war es *kein* lineares Erlebnis.

Nach einigen Jahren kam ich zu dem Schluß, daß es das Buch, das ich schreiben wollte, wohl niemals geben würde. Dann plötzlich eines Nachts sprang ich aus tiefem Schlaf, mit Einsicht und Klarheit erfüllt, aus dem Bett. Ich hatte die Idee, einen allegorischen Rahmen zu schaffen, in dem ich meine Geschichte präsentieren konnte. Für mich liegt die Essenz dieser Geschichte in der Ganzheit, denn das Leben *ist* ganzheitlich.

Ich habe den allegorischen Rahmen gewählt, um eine Erfahrung, die jenseits aller zeitlichen Beschränkung liegt, auf eine Weise zu schildern, die sie zugänglich, inspirierend, verständlich und hoffentlich auch erfreulich macht. Ich möchte jedoch deutlich darauf hinweisen, daß die Gestalten, die in diesem Buch vorkommen, wirklich existieren, zumindest in meiner erweiterten Realität. Ich kann Ihnen auch versichern, daß diese Darstellung definitiv meine eigene Erfahrung und Wahrheit wiedergibt.

Obwohl dieses Buch meine Erfahrungen aus *Mit der Natur reden* und *Im Reich des Pan* fortsetzt, steht es doch zugleich klar für sich allein.

Michael J. Roads
Queensland, Australien

I

Allumfassende Verbundenheit

Wenn ich die Augen schließe
und Außenschau durch Innenschau ersetze,
sehe ich nicht nur, was möglich ist,
sondern auch, was möglicherweise IST.

Die Pforten, die so lange verschlossen waren, taten sich auf.

Ich rannte beinahe durch diese metaphysischen Tore, nur um dann verblüfft staunend abzubremsen und stehenzubleiben. Ich war zu meinem Schrecken in ein erleuchtetes Nichts hinausgerast. Soweit ich in jeder Richtung sehen konnte – nichts! Ich blickte nach unten – nichts!

«Aaaaaaah», schrie ich schockiert und wartete darauf, daß der Fall ins Endlose beginnen würde, doch nichts geschah. Ich blieb angespannt, aber sicher in dieser neuen und furchterregenden Realität stehen.

Beruhigt unternahm ich einen Probeschritt, und mein Fuß trat fest auf das erleuchtete Nichts auf. Das ist lächerlich, dachte ich. Ich sollte doch sicherlich erleuchtet werden, nicht auf der Erleuchtung umherspazieren oder von ihr verschluckt werden. Ich brauchte Zeit, um dieses Mysterium zu überdenken, doch ironischerweise war mir bewußt, daß Zeit nicht mehr existierte. Verwirrt stand ich da, unsicher, was zu tun sei oder wohin ich gehen sollte.

«Ich bin mir nicht sicher, daß mir das hier behagt», sagte ich laut. Ich mußte an meine Frau Treenie denken. «Ich wette, wenn sie hier wäre, würde sie damit besser zurechtkommen», murmelte ich. Immer noch etwas ängstlich, flüchtete ich mich dann in den grundlegendsten aller Instinkte.

«Hilfe!» schrie ich, so laut ich konnte, doch kein Laut kam über meine Lippen. Ich stöhnte, und in diesem Augenblick sah ich den Fremden auf mich zukommen, wobei jeder Schritt dieses Wesen nicht nur über die Sterne, sondern über ganze Galaxien hinwegtrug.

Ich blinzelte mehrere Male und starrte voller Ehrfurcht. Ich war mit meinem Problem so beschäftigt gewesen, daß ich nicht bemerkt hatte, daß ich mich im Weltraum befand – oder hatte ich es doch bemerkt? Da war sicher nichts gewesen außer Erleuchtung; jetzt befand ich mich im All, das mit Sternen erfüllt war.

Keine Zeit verging, während ich einen schlanken, menschengroßen Körper beobachtete, der wellenförmig zu fließen und zu schimmern schien und sich doch allmählich verfestigte, als er näher kam. Plötzlich stand ein Wesen vor mir, das keinerlei Ähnlichkeit mit irgend etwas aufwies, das ich je zuvor gesehen hatte. Er/sie/es war aufrecht und hatte eine humanoide Form, und doch glich er/sie/es mehr einer stattlichen, königlichen Katze als einem Menschen. Seine/ihre Augen waren riesig, und ein sanftes, silbriges Leuchten ging von ihnen aus, als ob ein überirdischer Mond aus leeren Höhlen schiene.

Ein Wiedererkennen regte sich in mir. «Du – du hast das Aussehen einer Sphinx», sagte ich, während ich Trost und Kameradschaft von diesem Sternengeschöpf ausgehen fühlte.

Es lächelte ein breites, müheloses Lächeln in einem Gesicht, das zum Lächeln geschaffen schien. Das Lächeln enthüllte Zähne, die nichts weiter als zwei rudimentäre Reihen von einem hellen Blau waren, nach menschlichem Ermessen seltsam beunruhigend.

«Mein Name ist Ceine (Sain ausgesprochen). Ich bin gekommen, um im Reich der Realitäten, das du jetzt betreten hast, als dein Lehrer zu wirken. Ich heiße dich willkommen.»

Er streckte seine menschlich scheinenden Hände mit den Handflächen nach oben aus, und automatisch legte ich die meinen darauf, Handfläche an Handfläche. Ich rang nach Luft, als mich eine plötzliche Woge des Wiedererkennens erfaßte.

«Ceine!» schrie ich, «mein Gott, Ceine! Ach Gott, ich hab' dich nicht erkannt.» Überwältigt fiel ich in seine Arme.

Wir umarmten einander einen endlosen Augenblick lang. Diese Umarmung hatte nichts von einer physischen Umarmung an sich, denn obwohl unsere Lichtkörper-Individualitäten diese Handlung zu vollführen schienen, war es zugleich eine innere Verschmelzung, die Einswerdung auf einer Ebene, die über jede normale Umarmung hinausgeht. Der Kopf drehte sich mir, während Erinnerungen wie Blasen aus Erkennen in mein Bewußtsein hereinplatzten und umherwirbelten.

Ich wich einen Schritt von Ceine zurück und starrte ihn einfach an. Ich hatte ihn immer als männlich betrachtet, allerdings nicht männlich im Sinn von menschlicher Geschlechtlichkeit. Seine Energie war in ihrer Absicht und Ausrichtung männlich, doch als Wesen war er neutral.

Nachdem ich meinen Blick von Ceine gelöst hatte, fand ich mich beim Betrachten meines eigenen Körpers wieder. Alles an mir schien normal – meine Hände, die Finger, die Füße, mein ganzer Körper –, doch in dieser anderen, nichtphysischen Realität bestand ich aus Licht und nicht aus dem Fleisch und Blut der physischen Welt. Ich war überwältigt. Ich konnte mein Hiersein akzeptieren, aber wann hatte ich Ceine kennengelernt? Aus der Intensität meiner Gefühle ging ganz offensichtlich hervor, daß wir einander schon seit langem kannten.

«Was ist geschehen, Ceine?» fragte ich. «Was habe ich so lange getan? Ich entsinne mich deiner als enger und geliebter Freund, aber da ist so vieles, was ich vergessen habe.»

Seine leuchtenden Augen glommen vor Mitgefühl. «Laß es los, Michael! Was du brauchst, wird rasch wieder für dich zugänglich sein, der Rest dringt dann zur rechten Zeit an die Oberfläche. Es genügt, daß ich hier bin, denn du hast viele Realitäten zu erfassen.»

«Sagtest du Realitäten? So wie mehrere anstatt einer?» fragte ich.

«O ja, da kannst du sicher sein. Die Realität ist mannigfaltig und grenzenlos. Das einzige, was die Realität begrenzt, erlegen wir uns selbst auf.»

Ich erkannte, daß ich Ceine, obwohl er mit mir zu sprechen schien, direkt in meinem Geist hörte. Es war nicht der Klang einer Stimme, die zu mir drang, nur ein direktes inneres Hören.

«Ist das auch die Art, wie du mich hörst, als Worte in deinem Kopf?» wollte ich wissen.

«Natürlich. Du empfängst die Worte, die ich bilde, trotzdem kannst du nicht in meine Gedanken eindringen, genauso wie ich nicht in die deinen. Die Worte müssen gebildet und dann projiziert werden, und dann können wir kommunizieren. Auf diese Weise verletzen wir die individuellen Rechte eines anderen Wesens nicht.»

«Wie weit können die projizierten Worte getragen werden?»

«So weit, wie es deine Realität zu fassen vermag», erwiderte Ceine.

Ich rang nach Atem. «Sogar über Raum und Entfernung hinweg?»

Ceine lachte. «Sogar über Dimensionen hinweg», erinnerte er mich sanft.

Ich fühlte mich wie betäubt. «Ich habe so vieles vergessen», murmelte ich, «so viel von dem, was ich bin.» Eine Reihe von Fragen schoß durch mein Bewußtsein, und während ich noch dabei war, sie zu formulieren, erfolgte gleichzeitig ihre Beantwortung. Ich blickte Ceine in die Augen. «Tue ich das jetzt, oder bist du das?»

«Ich nehme, ohne einzudringen, wahr, daß du eine Frage-und-Antwort-Phase durchläufst. Die meisten Wesen erleben etwas Derartiges, wenn sie aus der vergänglichen Illusionswelt heraus in ein Universum unbegrenzter Realität einbrechen.»

«Woher kommst du? Woher wußtest du, daß ich die Pforten durchschreiten würde? Wer hat dich als meinen Lehrer ausgewählt? Wer entscheidet, was nun mit mir geschieht?» Ich sprudelte über vor Fragen.

Ceine lächelte rätselhaft. Auf eine eigentümliche Weise reflektierte das kurze, dichte, goldene Fell, das seinen Körper bedeckte, das Licht der Millionen Sterne, die immer noch um uns herum- und an uns vorüberwirbelten.

«Ich stamme aus der Ewigkeit», antwortete Ceine geduldig. «Du hast mir mitgeteilt, daß du die Pforten durchschreiten würdest. Du hast mich als deinen Lehrer ausgewählt, und die Entscheidungen werden von dir getroffen.»

Ich runzelte angestrengt die Stirn. «Aber ich habe keinerlei Erinnerung an diese Dinge. Werde ich mich erinnern können?»

«Das wirst du sicherlich. Vergeßlichkeit ist eine menschliche Angewohnheit. Würdest du dich tatsächlich an all deine Realitäten als Einzelwesen erinnern, könntest du innerhalb der menschlichen Grenzen nicht existieren. Die verlorene Erinnerung an die Ewigkeit ermöglicht dir, die Schulklasse zu absolvieren, auf welche du dich als ‹Leben auf der Erde› beziehst.»

«Ewigkeit! Du sagst das mit einer solchen Vertrautheit, doch ich habe Schwierigkeiten, auch nur zu versuchen, es zu begreifen. Wie kannst du aus der Ewigkeit kommen?»

«So wie du und die gesamte Menschheit und all die Geschöpfe und Pflanzen auf deiner Erde wurde ich nicht geboren und werde auch nicht sterben. Bedeutet das nicht Ewigkeit, den Geburts- und Bestimmungsort allen Lebens?»

«Ja, ich nehme an, daß es so ist, wenn du es so ausdrückst», sagte ich zögernd. «Doch was hast du gemeint, als du sagtest, ich hätte dir mitgeteilt, daß ich die Pforten durchschreiten würde? Ich wußte es selbst nicht bis zu dem Moment, in dem ich hindurchtrat.»

Ceine beäugte mich einen Augenblick lang nachdenklich, bevor er antwortete. Während ich mich der Faszination seiner Augen ergab, schien eine Lichtfaser langsam über ihre Oberfläche zu gleiten, um dann wieder zu verschwinden, ganz anders als ein rasches Blinzeln. Wiederum wirkte es seltsam beunruhigend auf mich.

Er lächelte im Gewahrsein meiner unabsichtlich ausgesandten Gedanken.

«Im Augenblick deiner Selbst-Erkenntnis, als du den Tod deiner Identität erlebtest, ist dein Wissen um das Selbst durch jede Dimension des Alles-Was-Ist gefegt. Diese Einsicht stellt den Schlüssel zu den Pforten dar. Du hast an jedes Wesen die Botschaft ausgesandt, daß du nun eine größere Wahrheit erlebst. Das, Michael, ist eine der kraftvollsten Verkündigungen, die von einem menschlichen Wesen kommen kann. Ich habe einfach auf deinen Ruf geantwortet, als er sich durch die gesamte Ewigkeit ausbreitete.»

Ich verharrte still und versuchte, die Schlußfolgerungen aus dem zu ziehen, was Ceine mir mitgeteilt hatte. Er ging von einer Verbundenheit aus, die ein riesiges, universelles und vieldimensionales Ausmaß hatte.

«Die Kommunikationsmethode in dieser und in den meisten anderen Realitäten besteht darin, Worte zu formen und sie zu projizieren. Auf der physischen Ebene spricht man die Worte aus, um einen Laut zu erzeugen, aber das Konzept ist dasselbe. Hier in dieser stark erweiterten Realität kann man ganz leicht Konzepte und Ideen, ja sogar Wissen und Einsichten, formen und projizieren. Versuche, das Wissen um die Ewigkeit, das ich nun zusammenfassend auf dich projiziere, zu erhaschen.»

Da waren keine Worte, doch ich fühlte mich, als würde ich wie ein Ballon aufgeblasen, während ein Erfülltsein von Einsicht in mein Bewußtsein einströmte. Seltsamerweise hatte ich das Gefühl, alles, was ich empfing, schon immer gewußt zu haben. Es war, als kostete ich eine neue, unbekannte Frucht, doch in dem Moment, wo ich in sie hineinbiß, erschien mir ihr Saft bereits altbekannt. Trotzdem taumelte ich angesichts der übermächtigen Größe dessen, was ich erfaßte.

«Ich entschuldige mich, wenn das ein bißchen viel war. Ich wollte deine Kapazitäten testen. Ich vermutete zwar, daß sie beträchtlich seien, doch du hast mich überrascht. Welch ein unglaubliches Potential ihr Menschen doch besitzt! Es erstaunt mich immer wieder. Was ich jedoch noch verblüffender finde, ist, wie unerkannt es bleibt! Es ist schon außergewöhnlich, wie es eine

Rasse von Wesen fertigbringt, in einer Welt zu leben, in der jeder einzelne imstande wäre, sich seine eigene Realität zu schaffen, wo aber niemand diese Möglichkeit erkennt.»

«Erschaffe ich jetzt meine eigene Realität?» fragte ich.

«Natürlich. Die Realität endet nie, genausowenig wie unsere Erfahrung. Das Paradox besteht darin, daß unsere Erfahrung unsere Realität erschafft, und unsere Realität wiederum erschafft unsere Erfahrung. Werde dir dessen bewußt! Dann wirst du fähig, deine eigene Realität zu wählen.»

«Wenn also meine Realität so aussieht, daß ich von Raum umgeben bin und auf nichts stehe und ich mich dabei immer noch unwohl fühle, ist das dann meine Schöpfung von Realität?»

Ceine lächelte. «Deine Realität ist ein Ergebnis des Schocks, den du beim Durchschreiten der Pforten erlitten hast. Als du dem völlig Unbekannten begegnet bist, fühltest du dich buchstäblich leer. Demgemäß war deine Realität ein erleuchtetes Nichts. Als du mich sahst, umfaßte deine Realität Raum und Sterne. Wäre dir eine etwas gehaltvollere Realität lieber?»

«Ich würde eine vertrautere vorziehen, zum Beispiel eine schöne Wiese mit einem Bach oder einen Wald. Mitten im Raum zu stehen ist ein wenig angsterregend, wenn man so lange wie ich erdgebunden war.»

«Schau! Siehst du die Bäume?» fragte Ceine.

Erstaunt sah ich, daß alles um mich herum nun zu Wald geworden war. Aber was für ein Wald! Obwohl die Bäume denen in der normalen Wirklichkeit ziemlich ähnelten, war ihre Energie völlig anders. Weit von allem Physischen entfernt, klangen diese Bäume in einem Spektrum von Energie, das mit dem tiefsten Gefühl von Frieden und Gleichgewicht innerhalb meines Selbst zu verschmelzen schien. Ich spürte, daß die Verbindung von Selbst und Baum noch intensiviert und vergrößert wurde, weil ich so lange an das Getrenntsein geglaubt hatte, und durch den Glauben daran hatte ich es zur Realität gemacht, unterstützt und ermutigt vom Rest der Menschheit. Ich wußte, daß ich in einer bestimmten Phase die Einheit mit diesen Bäumen bereits erfahren hatte, doch nur indem ich die Illusion vom Verlust dieser Einheit erzeugt und erlebt hatte, konnte ich erst wirklich *wissen,* was Einheit ist.

«Das, Michael, ist das Paradox der Wahrheit», erklärte Ceine, nachdem er meine ausgesandten Überlegungen innerlich wahrgenommen hatte. «Wenn du unfähig wärst, die Dunkelheit zu erfahren, gäbe es keine Möglichkeit für dich, das Licht zu erkennen. Um das Licht zu erfahren, müssen wir es finden; doch in Wahrheit *sind* wir Licht, und was wir sind, können wir nicht verlieren. Um dieses Paradox zu überwinden, erzeugen wir in unserem Leben gerade die Illusionen, welche die für uns wahrnehmbare Trennung vom Licht am stärksten reflektieren. Nachdem wir dies immer und immer wieder erlebt haben, entdecken wir schließlich den Fehler in unserer Selbsttäuschung.»

Ich starrte ihn an, während meine Gedanken umherwirbelten. Wenn ich in meinen Jahren als Landwirt etwas gelernt hatte, dann war es folgendes: Nichts ist wirklich so, wie es zu sein scheint. Als Bauer hatte ich die Natur als ein Ereignis betrachtet, das außerhalb von mir stattfindet, getrennt von mir; aber all meine späteren Erfahrungen hatten mir enthüllt, daß die Natur nicht getrennt von der Menschheit besteht. Nur dadurch, daß ich das Getrenntsein so heftig empfunden hatte, konnte ich später die tiefe, innere Verbundenheit erkennen und erleben.

Die Fülle der Erfahrungen, die mich in den Bereich jenseits der Pforten geführt hatte, hatte auch die Schwäche fixierter, starrer Vorstellungen aufgezeigt. Nun erlebte ich Wahrheit als eine sich ständig erweiternde Form unendlicher Realitäten. Der Glaube, Mensch und Natur bestünden getrennt voneinander, erwies sich als das absolute Gegenteil der Wahrheit.

Ceine streckte seine Hand aus und legte sie mir tröstend auf die Schulter. «Die Anschauungen, die ihr Menschen aufrechterhaltet, sind die Begrenzungen und Barrieren für eure Gotteserfahrung. Es gibt keinen Gegensatz zu Gott, nur Gegnerschaft. Der menschliche Glaube an das Getrenntsein *ist* diese Gegnerschaft, doch auch hier stoßen wir wieder auf das große Paradox: Die Gegnerschaft zur Wahrheit enthüllt erst die Wahrheit, denn die Wahrheit kann genausowenig eingeschränkt werden, wie die Dunkelheit das Licht binden oder festhalten kann.»

«Was für eine Ironie», murmelte ich. «Durch die Verwendung von Vernunft und Logik versuchen wir, eine Unwahrheit als richtig hinzustellen, und schließlich glauben wir daran. Das erzeugt wiederum unsere Realität, und dann leben wir in dieser unwahren Wirklichkeit, bis wir den Fehler entdecken, wobei wir schließlich auf die Wahrheit stoßen: ein Licht in der Dunkelheit. Und auf diese Art und Weise leben die Menschen, und so habe ich auch gelebt.»

Eine ungeheure Traurigkeit überkam mich. Der Geist der Natur hatte mich gelehrt, mein Gewahrsein aus einem normalen Bezugsrahmen von Raum und Zeit in ein Universum unendlicher Möglichkeiten zu verlagern. Wer aber würde jene belehren, die noch völlig unwissend waren? Wie viele Menschen waren überhaupt so offen, daß sie das neue Paradigma eines unendlichen Potentials erforschen würden? Ich war imstande, einen inneren Zustand zu erleben, in welchem die Natur durch eine Stimme der Stille direkt in meinem Bewußtsein zu mir sprach, doch wie vielen Menschen bietet sich solch eine Möglichkeit? Meine innere Traurigkeit war zu einem Schmerz geworden, der mit meinen Gedanken anwuchs – einem Schmerz, der nichts glich, was ich je zuvor erlebt hatte. Ich verspürte ein innerliches Weinen, als ob ein Teil von mir für die Menschheit bluten würde.

«Komm!» Ceines Stimme klang scharf, als er von mir weg in den Wald hineinging. Abrupt wurde ich aus meinem inneren Leid gerissen. Ich beobachtete gefesselt, wie das Leuchten seines Wesens mit der Symphonie der Bewegung zwischen den Bäumen verschmolz und in sie überging. Er schritt voraus – ein schimmerndes Staubteilchen in einem vielfarbigen Strudel aus Bäumen und Licht. Ich folgte ihm, ohne zu wissen, wohin wir gingen, und ohne mich darum zu kümmern. Allmählich gelang es mir, mich mühelos durch den Wald zu bewegen, indem ich Teil des Tanzes aus Bewegungen wurde, der uns nun umfangen hatte. Ceine schien beim Gehen zu fließen und zu fluten, denn obwohl sich seine Beine im Rhythmus des Gehens bewegten, lag der Waldboden, auf dem er dahinschritt, mindestens dreißig Zentimeter höher als der Erdboden, auf dem ich ging. Ich versuchte hochzuspringen, um festzustellen, ob ich auf seiner höheren, ruhigeren Ebene landen konnte, aber es erwies sich als unmöglich.

Aus einem mir unbekannten Grund steigerte sich unser Tempo ständig, und bald war ich nur noch damit beschäftigt, mit ihm Schritt zu halten. Schneller und schneller gingen wir, wie stille Schatten durch den Wald eilend, bis ich plötzlich, genau in dem Moment, wo ich gegen diese verrückte Raserei protestieren wollte, Ceine in die Luft emporschweben sah, als er über den riesigen Stamm eines umgestürzten Baumes hinwegsetzte. Ich rannte, so schnell ich konnte, auf den Baumstamm zu und nahm all meine Kraft für einen Sprung zusammen, der unter gewöhnlichen irdischen Bedingungen völlig unmöglich gewesen wäre. Ich sprang, schwebte hoch, über den gigantischen Stamm hinweg und auf der anderen Seite hinunter. Aber dort gab es keinen Waldboden.

Ich fiel und überschlug mich immer wieder, während ich den stillen Schrei meiner eigenen Stimme vernahm. Es war kein Angstschrei, sondern ein Schrei äußerster Verblüffung. Ich stürzte durch Raum und Zeit hindurch, durch Licht und Dunkel, nach oben und unten, und ich fiel weiter ... und fiel ... und fiel.

Irgendwie gelang es mir, mich im Fallen zu entspannen und mich dem Erlebnis hinzugeben. In dem Maße, wie ich gelassener wurde, verlangsamte sich der Fall. Unter mir konnte ich einen riesigen, leuchtenden See von etwas sehen, das ich nur als Energie bezeichnen kann, wobei das Leuchten aus einer einzigen, kräftigen Lichtquelle stammte. Genau in diese wirbelnde Energiematrix fiel ich hinein. Nachdem ich mühelos und sicher gelandet war, stellte ich zu meinem Erstaunen fest, daß der Energiesee die Farm war, die ich früher besessen und viele Jahre lang bearbeitet hatte, als Treenie und ich in Tasmanien lebten.

Noch verwirrter als zuvor, sah ich mich mit großen Augen um. Ich erlebte mich gleichzeitig zweifach: als Farmer in der Vergangenheit und als heutiges Selbst in der Gegenwart. Als Landwirt sah ich nur den Hof mit allen dazugehörigen Problemen. Als Selbst erlebte ich die leuchtende Energiematrix, die sich in all den komplizierten Formen, aus denen eine Farm besteht, ausdrückte. Ich sah auch das Programm und die nicht-physische Energiekontrolle, die allem zugrunde lag. Diese Kontrolle erlaubte dem Farmer, das Programm willentlich zu ändern. Sie war auch die Quelle für das Leuchten in diesem riesigen See aus ruhender, empfänglicher Energie.

Als Selbst erkannte ich die Schwierigkeit, mit der mein Farmer-Ich konfrontiert war. Es wußte nichts von dem Energiesee, der sich als Kühe, Boden, Weiden und die große Vielzahl von Mikro- und Makrolebensformen manifestiert, die eine Farm bilden beziehungsweise die Natur. Als Farmer-Ich bezog ich mich auf mein Land und die Natur auf rein materieller Ebene und betrachtete sie auch nur auf diese Weise. Das Selbst hingegen wußte, daß die materielle Farm nichts weiter als eine biologische Reflexion im Spiegel des Bewußtseins darstellte. Das Programm in der Energiekontrolle konnte physisch nicht erreicht werden; es handelte sich um metaphysische Energie. Das Selbst wußte, daß die programmierte Energiematrix den Geburtsort eines unendlichen, unbegrenzten Potentials darstellte, doch aufgrund der vorgegebenen Anordnung konnte die physische Farm nur jenes Potential freilegen, das der Struktur in der Energiekontrolle, der Quelle des Leuchtens, entsprach. Als Farmer-Ich stand ich vor der Aufgabe, diese Struktur zu verändern, ohne zu wissen, daß es eine solche Möglichkeit gab. So befanden wir uns als Dualität im Zentrum der Farm: mein Selbst, eine bewußte Schmelzmasse aus Licht-in-Bewegung inmitten eines riesigen Energiesees, und das Farmer-Ich, ein unbewußter, irdischer Mensch.

In meiner täglichen Arbeit versuchte ich, die Produktivität der Farm durch die Verwendung von ausbeuterischen Methoden zu steigern. Als Farmer-Ich verteilte ich Kunstdünger auf die Energiematrix, also die Weiden. Das Selbst beobachtete, wie das Farmer-Ich durch die chemische Manipulation eine Reaktion im Energiesee verursachte. Sie brachte ein zweifaches Ergebnis: Zuerst ergab sich eine Produktionssteigerung, die aber von einer Dissonanzwelle in der Umgebung begleitet wurde. Danach kam es zu einem Ansteigen verschiedener Viehkrankheiten und einer noch stärkeren Trennung von der Natur.

Es gab keinen schnellen, einfachen Ausweg. Es kam nicht in Frage, daß ich Ceine zu Hilfe rief. Die einzige Lösung bestand darin, ein Erleuchtungsprogramm für mein Farmer-Ich zu beginnen und seine Anbaumethoden zu verändern, indem ich seine Lebenseinstellung änderte. Und so begann ich, oder ich versuchte es zumindest. Als Selbst redete ich mit meinem Farmer-Ich und legte ihm die Wahrheit ans Herz. Es war empfänglich dafür, doch während ich in sein Herz hineinflüsterte, wurden meine stillen Worte von einem Crescendo negativer Gedanken ertränkt, die wie ein Sturmwind durch seinen Geist heulten. Das Selbst erlitt einen Schock, da es diesen Aspekt des Farmer-Ichs in der Vergangenheit vergessen hatte. Als Selbst milderte ich den Druck, den ich auf das Farmer-Ich ausgeübt hatte. Ich begriff, daß eine geduldige, beständige und sanfte Vorgehensweise erforderlich war. Außerdem war er ja ich selbst. Das war die höchste Ironie. Ich, als Selbst, belehrte nun mein Farmer-Ich von vor fast zwanzig Jahren. Man stelle sich nur vor, daß ich einmal an die geordnete Illusion der Zeit geglaubt hatte!

Als Selbst dehnte ich mich in das All hinaus aus und taumelte durch einen Schock. Ich traf auf das erweiterte Selbst einer Unzahl von Menschen, die ihr momentanes Ich in seinem Ringen nach Selbst-Erkenntnis unterstützten. Das war wirklich das Paradox aller Paradoxe. Das höhere Selbst, welches ich und andere wie ich zu erreichen gesucht hatten, befand sich weder irgendwo hoch oben noch jenseits von uns, noch in ferner Zukunft, sondern stellte die Wahrheit dessen dar, was wir sind – hier und jetzt. Da war ein Quantensprung erforderlich, ein *wirkliches* Nachgeben im Bewußtsein, nicht nur eine begriffliche Kapitulation des Intellekts.

Ich, als Selbst, lachte und lachte. Was spielte Zeit schon für eine Rolle? Für Michael, mein Farmer-Ich aus der Vergangenheit, hatte ich alle Zeit der Welt. In der Tat, nur durch die Wandlung meines Farmer-Ichs aus der Vergangenheit konnte ich erst zum Selbst der Gegenwart werden. Wenn ich nur gewußt hätte – ja wenn nur irgendeiner von uns wüßte –, daß die Person, die wir jetzt sind, ein Konglomerat vieler Selbste ist, die jenseits von Raum, Zeit und Abgetrenntheit existieren. Außerhalb der physischen Welt hat lineare Zeit keinerlei Bedeutung. Die Menschen sind in dem Glauben befangen, daß die Vergangenheit unsere Zukunft beeinflußt, während in Wirklichkeit unsere Zukunft ebensoviel Auswirkung auf die Vergangenheit hat. Und der Schlüssel zu alldem ist die Gegenwart!

Mit Hilfe von Treenie und der Natur stellte ich die Verbindung zum Farmer-Ich her. Treenie hatte zuerst die Idee gehabt, organischen Landbau zu betreiben, eine Idee, die mein Farmer-Ich aufsog wie ein Schwamm. Ich hatte mich oft darüber gewundert, daß jemand wie ich, der in der Schule immer zu den Schlechtesten gezählt hatte, plötzlich die Fähigkeit an sich entdecken sollte, eine Thematik, die ihm völlig neu war, augenblicklich zu erfassen. Für mein Selbst war das ein alter Hut.

Treenie stellte auch zuerst eine bewußte Verbindung zu unseren Milchkühen her. Dieses Ereignis sollte die Beziehung des Farmer-Ichs zum Vieh völlig verändern. Und es war ebenfalls Treenie, die mich ermutigte, mit den verschiedenen Wildtier- und Pflanzenarten auf der Farm ein Abkommen zu treffen und jegliche Gewalt in Form von Giften oder Gewehren, die ich bisher zur Schädlingsbekämpfung verwendet hatte, zu unterlassen. Treenie war für ihre Intuition immer offen und empfänglich gewesen, und sie wurde es noch stärker in dem Maße, wie sich ihre Einsicht vertiefte und erweiterte.

In meinen Bemühungen, das Farmer-Ich zu erreichen, nutzte ich, als Selbst, auch die Natur. Als Farmer-Ich empfand ich einen blindwütigen Haß auf Aaskrähen, und wenn ich ein Gewehr bei mir hatte, schoß ich auf jede, die ich nur sah. Ihre Eigenart, sterbendem oder bereits totem Vieh die Augen auszuhacken, stieß mich zutiefst ab.

Eine meiner Kühe war nach dem Kalben gelähmt, und weil sie sich an einem unzugänglichen Ort befand, mußte ich sie dort pflegen, wo sie gerade lag. Das Gelände unserer Farm bestand aus steilen Hügeln und tiefen Tälern. Normalerweise hätte das Farmer-Ich das Tier auf einen Traktoranhänger gerollt und zur Behandlung zurück zum Gehöft gebracht. Aber so rutschte und kletterte ich jeden Tag mühsam den langen, steilen Hügel zu dem knapp halben Morgen Land hinunter, den sich diese unbeholfene, aber von mir sehr geliebte Kuh zum Kalben ausgesucht hatte. Ich molk sie zweimal täglich mit der Hand und wälzte sie in eine andere Körperstellung. Dann mühte ich mich wieder den Hang hinauf, um all meine andere Arbeit zu tun. Eine Woche lang schien es, als befände sie sich auf dem Wege der Besserung, da sie das Futter und Wasser, was ich ihr brachte, bereitwillig annahm. Eines Morgens jedoch, noch bevor ich bei ihr angelangt war, sah ich, daß sie tot war. Eine Krähe flog lässig hinter ihrem Kopf hervor, und in vergeblichem Zorn schleuderte ich einen Stein nach ihr.

Die Kuh lag ausgestreckt auf der Seite, noch warm, die obere Augenhöhle leer und blutig. Als Farmer-Ich setzte ich mich und weinte, sowohl aus Enttäuschung als auch aus einem Gefühl des Verlustes. Ich fühlte mich leer und betrogen. Als Selbst sandte ich meine Erkenntnis in diese Leere und überflutete das Farmer-Ich mit innerem Frieden. Ich spürte diese Erkenntnis innerhalb meines Farmer-Ichs, als sich dessen innere Schau für eine neue Einsicht öffnete.

Mein Farmer-Ich fühlte sich auf einmal, von einer ungewöhnlichen Erkenntnis dazu gezwungen, aufgerüttelt. Ich verfügte über die plötzliche innere Gewißheit, daß sich die Krähen nur um jene Kühe sammelten, die schließlich sterben würden. Ich hatte bemerkt, daß sich die ganze Woche über, in der ich diese Kuh betreute, die Krähen ständig in unmittelbarer Nachbarschaft befunden hatten. Ich dachte an ähnliche Situationen zurück, in denen andere Kühe gestorben waren. Ja! Immer waren ein paar Krähen in der Nähe, gleichgültig, wie lange sie warten mußten.

Ich erinnerte mich an die kleine Jersey-Kuh, die auf einem steilen Pfad abgestürzt war. Sie hatte sich einige ernsthafte Rißwunden und tiefe Abschürfungen zugezogen und die Schulter ausgerenkt. Als Farmer-Ich hatte ich ihr sofort mit dem ganzen Fuß einen kräftigen Tritt auf die anschwellende Schulter verpaßt, und das Gelenk schnappte mit hörbarem Krachen wieder ein. Hätte ich auch nur einen Moment gezögert, wäre die Schulter so stark angeschwollen, daß es unmöglich gewesen wäre, sie wieder einzurenken. Zwei Wochen lang behandelte ich die verletzte Kuh direkt vor Ort zweimal täglich, bis sie schließlich wieder mühsam auf die Beine kam. Sie war zwar böse zugerichtet, aber am Leben. Während ich so dasaß und nachsann, erinnerte ich mich deutlich, daß ich nie eine Krähe in ihrer Nähe gesehen hatte. Da waren noch andere Kühe zu anderen Zeitpunkten, doch auf alle traf die gleiche Erkenntnis zu.

Während das Farmer-Ich dies erkannte, enthüllte mir meine Einsicht, daß in der Natur alles wissend ist. Eine Krähe weiß, welches Tier leben und welches sterben wird. Dieses Wissen war Bestandteil einer Aaskrähe. Mit dieser Einsicht erstarb der Haß, der auf einer urteilenden Haltung basiert hatte. Ein Mistkäfer vergrub den Mist anderer Tiere – das tat er eben. Eine Aaskrähe wußte sogar noch vor deren Tod, welche kranke oder verletzte Kuh oder welches Schaf zu Aas werden würde, und das Aushacken des Auges erfolgte einen Augenblick, bevor das Leben die Form schließlich verließ, oder kurz danach. Aufgrund derartiger Einsichten erwuchs im Farmer-Ich eine Offenheit für die Natur, doch es war ein mühsames Bestreben!

Als ich, als Farmer-Ich, mich eines frühen Morgens auf den Weg machte, um die Kühe zu melken, und mich in ruhiger, nachdenklicher Stimmung befand, stieg ich vorher noch auf das kleine Karussell, das ich für meine Kinder gebaut hatte. Während ich offen und verletzlich herumwirbelte, stellte mir das Selbst in meinem Bewußtsein eine klare, tiefgreifende Frage: Wer bin ich?

Diese Frage traf mich mit der Macht eines Donnerschlages. Und mit ihr kamen weitere Fragen, einfach, aber tiefgreifend: Was tue ich auf dieser Erde? Was ist das Leben? Wo ist mein Platz? Was ist der Sinn meines Lebens? Wurde ich nur geboren, um zu arbeiten, mich fortzupflanzen und schließlich zu sterben, ohne zu wissen, worum es eigentlich ging? Wer bin ich?

Ich sprang vom Ringelspiel, das sich noch drehte, und ging wieder zu Treenie hinein. «Es klingt vielleicht dumm, aber ich habe gerade begriffen, daß ich nicht weiß, wer ich bin», teilte ich ihr meinen inneren Dialog mit.

«Das ist unglaublich. Ich habe mir gerade die gleiche Frage gestellt», erwiderte Treenie.

«Also ich will es wissen, und zwar jetzt, sofort», sagte ich bestimmt.

Als Selbst lächelte ich. Mein Ich war immer ungeduldig. Der Prozeß war jedoch in Gang gesetzt. Im Bewußtsein des Farmer-Ichs bildete sich die Idee der Ganzheit zu einer Knospe aus, die nach einer Reihe von Jahren schließlich erblühte. Das waren keine einfachen Jahre. Sie brachten viele schmerzhafte Lektionen mit sich. Doch hatte der Same der Ganzheit einmal Wurzeln gefaßt, mußte er unerbittlich heranwachsen.

Als Farmer-Ich erkannte ich, daß die Ausbeutung der Natur eine Disharmonie erzeugte, die nur zu meinem eigenen Niedergang führte, und so lernte ich, mich mit dem natürlichen Rhythmus und Fluß des Lebens in Harmonie zu bringen. Ich begriff, daß es auf meiner Farm viele Realitätsebenen gab. Eine Realität bestand in der Farm als materiellem Gebilde; eine weitere war die Farm als latentes Energiebecken mit einer metaphysischen Energiesteuerung. Durch tägliche Erfahrung und Beobachtung lernte ich, daß die Steuerung, die die Energie lenkte, physisch nicht faßbar war, gleichgültig, welche Kraft auf welche Weise eingesetzt wurde. Mein Farmer-Ich begann auf das Flüstern des Herzens anstatt auf das Geschrei des Verstandes zu hören. Ich lernte meiner Intuition zu vertrauen, und das Selbst, der innere Lehrer, konnte mich leichter erreichen. Ich stellte die Frage: Wer hat die Steuerung eingerichtet? Von tief innen vernahm ich die Antwort: *Wir* haben das getan. In welcher möglichen Vergangenheit? In einer wahrscheinlichen Zukunft. Wo verbinden sich mögliche Vergangenheit und wahrscheinliche Zukunft? In der riesigen, wirbelnden Matrix, die wir als Natur bezeichnen. Wie können wir also die Steuerung erreichen?

Das war die Frage, auf die das Selbst gewartet hatte. Im empfänglichen Bewußtsein des Farmer-Ichs entstand allmählich ein unglaubliches Abbild von Konzept und Vision, erfüllt von der Verheißung, Zusammenhänge zu begreifen. Meine Bewußtheit dehnte sich aus: Ich bin ein Landwirt, doch zugleich bin ich eins mit allem Leben. Dieser Hof besteht nicht getrennt von mir, folglich reagiert er genauso auf mich wie meine Kinder. Die Ausrichtung der Steuerung kann nur durch die Macht der Liebe verändert werden.

Dann folgte das Paradox: Für jede Änderung der Steuerung gibt es einen bestimmten Zeitpunkt. Die Tatsache, daß mein Farmer-Ich sein Potential bewußt erkannt hatte, bedeutete noch nicht, daß dies auch der richtige Moment war, um die Ausrichtung zu verändern. Als Farmer-Ich nahm ich klar und deutlich wahr, daß meine Einsicht und innere Schau das Ende meiner Laufbahn als Bauer zur Folge haben würde. So wie Liebe die Ausrichtung der Steuerung zu ändern vermochte, konnte die Wahrheit der Liebe den richtigen Zeitpunkt offenbaren. Ich hatte jedoch noch einen langwierigen inneren Reifungsprozeß vor mir.

Gemeinsam faßten Treenie und ich den Entschluß, die Landwirtschaft aufzugeben. Gemeinsam würden wir uns auf den Weg machen, um die Antwort auf unsere Frage zu finden: Wer bin ich? Wir wußten, das war der Schlüssel, um nach menschlichem Ermessen den richtigen Zeitpunkt für dieses geduldige, mächtige Potential zu wählen.

Mit dieser Erkenntnis, die wie ein Meteoritenschauer in das Gewahrsein und die innere Schau des Farmer-Ichs einbrach…

...beendete ich als Selbst den Sprung über den riesigen Baumstamm, um leicht und sanft auf dem Waldboden aufzukommen. Ceine lächelte mich mit einem Ausdruck von toleranter Amüsiertheit an.

«Mein Gott, Ceine! Das war wirklich ein Riesensprung. Aber warum?»

«Du hattest die Frage mit einer derartigen Traurigkeit gestellt, daß diese Erfahrung daraus entstanden ist. Du wolltest wissen, wer die Menschen belehren würde, die für ihr höheres Potential noch nicht offen sind. Als Landwirt warst du so jemand, doch wurdest du zu deinem eigenen Lehrer. Der Mensch ist nie ohne Hilfe von seiten des Selbst oder anderer Wesen. Die Hilfe ist immer vorhanden, aber wenn man verschlossen und unempfänglich ist, bringt man natürlich seine eigene Hilflosigkeit hervor und erhält sie aufrecht.»

Das Licht, das Ceine umspielte, war von einem lebhaften Grün. Es pulsierte aus den Bäumen des Waldes hervor und schien ihn beinahe zu liebkosen, wenn es ihn berührte. Ich war auf gleiche Weise vom Herzlicht dieses lebendigen Waldes umgeben.

«Wo war ich, als all das geschah?» forschte ich, doch in dem Moment, wo ich die Frage stellte, wußte ich es bereits. «Es geschah alles in der kurzen Nicht-Zeit, in der der Sprung vollführt wurde, aber in der linearen Zeit vergingen Jahre. Und ich war nicht allein gewesen: Die Natur dieses metaphysischen Waldes stand mit der Farm auf gleiche Weise in Verbindung wie das Ich von jetzt mit dem Farmer-Ich von damals.

Großartig! Wir verwenden das Wort Einheit, als ob es ein Etwas, ein Begriff, wäre, doch die Realität der Einheit und was sich daraus ergibt... Es ist unglaublich.»

Ceine stützte sich leicht auf einen Ast des umgestürzten Baumes. «Was hast du gelernt, Michael? Was hat dich diese Erfahrung gelehrt?»

Ich setzte mich auf den Waldboden und lehnte mich an den Baumstamm, während sich meine Finger in die Erde gruben. Ja, sie war echt! Ich blickte zu Ceine auf. Während ich ihn beobachtete, glitt der feine Film aus Licht erneut über seine Augen. Das hatte den seltsamen Effekt, daß das silbrige Licht seiner Augen heller zu leuchten begann. Ich ließ mir Zeit, während ich mich an all die Erlebnisse erinnerte.

«Viele Aspekte haben mich überrascht. Ich war noch nie auf den Gedanken gekommen, daß man selbst sein eigener Lehrer werden könnte. Die Tatsache, daß ein zukünftiges Selbst einem Ich aus der Vergangenheit helfen könnte, wäre mir als weit hergeholte Phantasie erschienen. Ich erinnere mich ganz deutlich an den Moment auf dem Ringelspiel. Die Frage ‹Wer bin ich?› schien mit erschreckender Heftigkeit aus meinem Inneren aufzutauchen, doch niemals hätte ich mein zukünftiges Selbst als den Urheber dieser Frage vermutet.»

Ceine lächelte. «Diese grundlegende Frage kann nicht gestellt werden, bevor nicht die Antwort selbst im Bewußtsein des Fragenden vorhanden ist. Was noch?»

«Noch intensiver als diese Einsicht war das Erlebnis der Einheit. Ich konnte so etwas wie eine feine Verbindungsschnur zwischen dem Farmer-Ich, dem Selbst von heute, der Farm mit der sie umgebenden Natur sowie all den Dimensionen und Aspekten des Seins, die daran beteiligt waren, feststellen.»

Ceines Augen schienen zu funkeln. «Und hast du erkannt, was diese Verbindungsschnur eigentlich ist?»

«Ja. Die Verbindung ist unser Bewußtsein.»

«Ausgezeichnet.»

Ceine streckte die Hand aus, berührte meine Schulter, und im nächsten Moment standen wir in einem schönen Park. Nicht weit von uns strömte ein Wasserfall aus einer Felsformation hervor. Er ergoß sich in einen kleinen Regenbogen und verschwand dabei. Ich war fasziniert. Der Regenbogen entstand aus dem Spiel des Wassers, doch dort, wo er den Fels berührte, verschwand das Wasser einfach auf geheimnisvolle Weise. Ich starrte hin und versuchte, es zu begreifen.

«Gleichgewicht, Michael, eine natürliche Manifestation von Gleichgewicht.»

Ceines Stimme war lautlos, die Projektion eines Gedankens in mein Bewußtsein, doch aus irgendeinem Grund löste dies eine plötzliche Explosion in meiner Erinnerung aus.

«Altares!» rief ich. «Dort hab' ich dich das letzte Mal gesehen. Wir waren mit der Herstellung einer Flüssigkeit beschäftigt, die unabhängig von jeder Schwerkraft fließen konnte.» Meine Augen weiteten sich vor Staunen. «Und wir haben es geschafft!» Plötzlich gelangte eine andere Erinnerung an die Oberfläche, eine, die ich vor Jahren zu unterdrücken versucht hatte. Ich erinnerte mich an Ceine aus ein oder zwei meiner frühen metaphysischen Erfahrungen. Damals hatte ich nicht die leiseste Ahnung, wer er war, und da ich meine Erlebnisse nicht rational erklären konnte, stopfte ich sie in den bereits überfüllten Bereich meiner Psyche, der meine unverarbeiteten Fragen enthielt.

Ich spürte eine immense Erleichterung, als nun mehr aus diesem Bereich auftauchte. «Ceine, warum habe ich meine Zeit auf der Erde verschwendet? Ich gehöre nicht hierher. Das ist nicht mein Zuhause. Ich erinnere mich vage an andere Wesen und intelligente Rassen, die der Menschheit um Lichtjahre voraus sind.»

«Aber nicht getrennt von all dem hier, Michael, niemals getrennt. Der Faden des Bewußtseins bildet immer die Verbindung. Deine Wahl fiel auf die Erde, so wie ich auch, in linearer Zeit gedacht, viele Lebensspannen auf diesem schönen Planeten verbracht habe, in einer Zivilisation, die lange vor der jetzigen existiert hat, und auch in jüngeren Zeiten war ich dort gelegentlich inkarniert. Aber vergiß nicht, niemals getrennt! Das ist deine Lektion: Die Größe und Vollständigkeit des Einen zu erleben und doch – wiederum das Paradox – zu erkennen, daß Einheit auch Bewegung und Wachstum bedeutet, denn das Bewußtsein ist immer bestrebt, sich auszudehnen. Wahrheit kann nicht statisch sein. Das mußt du erleben und in dein Bewußtsein einbauen.»

Ich verspürte eine plötzliche Vorsicht, als ich mich an den Sprung über den großen Baumstamm erinnerte. «Ich hoffe, ich lasse mich nicht dazu verlocken, in Situationen hineinzuspringen, die mich mindern auf ... auf ...»

«Bewußtheit vielleicht», unterbrach mich Ceine, «oder Erweiterung. Du nennst das eine Verminderung?» Er lachte mich aus, wobei seine seltsamen Silberaugen geheimnisvoll schimmerten. «Ich kann dir nur dieselbe Wahrheit mitteilen, die du bereits kennst, eine Wahrheit, die auf die gesamte Menschheit zu allen Zeiten zutrifft: Du selbst wählst die Erfahrungen, die du im Leben machst, und keine Wahl zu treffen bedeutet auch eine Wahl.»

«Noch mehr Paradoxe», seufzte ich. «Lauter Paradoxe, eines nach dem anderen.»

«Die alle zu leben sind», sagte Ceine. «Komm mit mir!» Er wandte sich einem großen Gebäude zu, das sehr hoch, elegant und schlank wie eine Nadel unweit von uns aufragte.

2

Die Geschichte der letzten Ulme

Vor einem schlichten Baum sich neigen
nimmt einen Augenblick nur unserer Zeit,
was wir dafür erhalten mögen,
füllt alle Räume der Ewigkeit.

Als Ceine und ich auf das Gebäude zugingen, spürte ich wiederum, wie Erinnerungsfetzen darum rangen, sich über die Nebel irdischer Zeit emporzuheben.

«Hier bin ich schon einmal gewesen», entfuhr es mir. Ceine nickte bestätigend.

«Das ist ein Tempel des Lernens, ein Ort, an dem ich schon viele Male geweilt habe.» Ich streckte die Hand aus, um das glatte, silbrige Äußere des Gebäudes zu berühren, aber die Finger trafen auf keinen Widerstand. Dann erinnerte ich mich. Ich streckte nochmals die Hand aus, doch dieses Mal stellten die Finger eine Verlängerung meiner Konzentration dar – es war nicht nur eine neugierige Berührung –, und das Gebäude fühlte sich fest, glasartig glatt und leicht warm an. Über meine Fingerspitzen strömte ganz intensiv die Empfindung in mich ein, das Gebäude sei lebendig. Es handelte sich dabei um die Gestaltung von Leben, von Gedanke und Form, die sich in dieser wundersamen, schönen Nadel aus Architektur begegneten, einer Wiege der Kreativität.

Ceine hatte bereits das Gebäude betreten. Ich folgte ihm, passierte das offene Tor und gelangte durch säulenbestandene, geschwungene Bogengänge in lichte, offene Hallen. Das Innere war von etwas Geheimnisvollem durchdrungen, von einem Gefühl, als ob das, was sich offenbaren würde, etwas völlig anderes war, als ich erwartete. Ceine war schon in einen anderen Teil der Halle vorausgegangen. Anstatt nach ihm zu suchen, beschloß ich, mir die große Wandmalerei anzusehen, die ich auf einer entfernten Wand erkennen konnte. Es verwirrte mich, wie so riesige Innenräume in einem so engen Äußeren Platz finden konnten, doch meine Aufmerksamkeit wurde beim Näherkommen von der Energie und Kraft des Wandbildes gefesselt.

Als ich nun davorstand, rang ich nach Atem. Es war das Bildnis eines großen Baumes in einer holographischen Darstellung. Obwohl die Größe des Baumes den Eindruck erweckte, als ob er allein stünde, befand er sich in Wirklichkeit in einem kleinen Gehölz, umgeben von verschiedenen anderen Bäumen.

«Eine englische Ulme», murmelte ich erstaunt vor mich hin. Ich trat zurück, um diese einzigartige Ulme zu bestaunen, verblüfft von der Größe, Ausstrahlung und geradezu überwältigenden Echtheit des Bildes. Während ich den Blick nicht lösen konnte, schien ein leichter Windhauch die Blätter zu kräuseln, und der unverkennbare Humusgeruch eines gedeihenden Ökosystems wurde deutlich wahrnehmbar. Fasziniert ging ich zu einer Seite hinüber, wobei ich überlegte, ob ich jetzt wohl in irgendeinen Zauberwald geraten würde. Doch nein, das dreidimensionale Bild verblaßte, und der Baum erschien flach. Sobald ich ihm jedoch wieder frontal gegenüber stand, atmete er voller Leben und Vitalität. Fast so, als würde ich einer Einladung Folge leisten, streckte ich meine Hand aus, um einen Ast der großen Ulme zögernd zu berühren.

Mein Arm wurde zu einem hinausragenden Ast, einem von vielen Ästen, die sich ringsherum um mich ausbreiteten. Ich war ein Mammut-Exemplar von englischer Ulme, mit Ästen, die über vierzig Meter hoch in den Himmel ragten. Ich war Ulme, doch zugleich war mein Gewahrsein als Selbst unvermindert. Ich stand allein in einem kleinen Gehölz aus Bäumen und gewahrte ein Alleinsein, das meinem menschlichen Selbst fremd war. Ich war die letzte englische Ulme auf dem Planeten Erde. Ich als Selbst spürte Schrecken in mir aufsteigen, doch Ulme barg dieses Wissen mit Gleichmut in sich. Ulme verspürte keine Emotion, keine Angst vor dem Tod oder dem Sterben, keine Befremdung, nichts weiter als eine Empfindung von absoluter Einsamkeit.

Durch Ulme entdeckte ich den Unterschied zwischen Getrenntheit und Einsamkeit. Einsam stand ich da, einsamer als jegliches Exemplar irgendeiner Spezies jemals sein sollte, doch Ulmes Wissen um die Einheit war so kraftvoll wie das Leben selbst. Im Bewußtsein von Ulme blinkte nicht die leiseste Andeutung von Getrenntheit auf, nur Einsamkeit innerhalb der Einheit.

Mein Bewußtsein als Ulme erstreckte sich über die gesamte Erde und darüber hinaus. Es verband sich mit unzähligen Sternen in zahllosen Galaxien. Trotzdem war ich geerdet, ein Leiter für Energien und Einflüsse jenseits von Wissen oder Verstehen. Meine Rolle als Ulme war einzigartig, denn ich drückte eine spezielle Schwingung des Einen aus, der Gottheit aller Bäume. Für mich als Ulme bestand das Leben aus einem verflochtenen, schöpferischen Bewußtseinsrhythmus. Menschen hingegen stellten eine Bewußtseinseinheit dar, die sich mit Hilfe ihres Körpers bemühte, ihre Individualität auszudrücken, was jedoch durch ihr Getrenntsein vom Einen behindert wurde. Jede Baumgattung existierte als Bewußtseinsverbindung, ungeboren und niemals sterbend. Jeder einzelne Baum bildete einen physischen Berührungspunkt mit der Erde, und jede Gattung war ein Teil der wunderbaren physischen Evolution, indem sie dem Plan folgte, den ihr Baumgeist zum Ausdruck brachte.

Ich gewahrte die Ulme als Wesenheit, die mehr als nur ein Baum war. Hinter ihrer Form befand sich der Architekt dieser Form, ein Wesen, das mich als Ulme auf irgendeine Weise in seinem Bewußtsein enthielt und zugleich von der Ulme enthalten wurde. Ich erkannte, daß die Ulme, wie auch alle anderen Bäume, die Synthese einer Wesenheit darstellte. Mit menschlichen Augen sehen wir einen Baum, doch dieser irdische Baum ist nur die biologische Spiegelung einer spirituellen Energie, die sich in jeder Baumart ausdrückt. So wie ich durch meine Zehen, Finger und jedes Haar auf meinem Körper eine einmalige Schöpfung darstelle, die meine körperliche Eigenart ausmacht, bringen andere Wesen ihre Eigenart zum Ausdruck, indem sie auf dem Körper der Erde Bäume an verschiedenen Standorten anordnen. Mit Hilfe des Ulmen-Wesens verband ich mich mit dem Geist und der Intelligenz aller Ulmen. Meine Aufmerksamkeit richtete sich auf das Wesen, doch es gab keinen Hinweis auf eine Form.

Alles, was ich wahrnehmen konnte, war ein Wesen aus Licht, und innerhalb dieser ätherischen «Substanz» die Bewegung von Energie. Darüber hinaus stand ich auf eine Weise mit der Intelligenz dieses Wesens in Verbindung, die sich nicht beschreiben läßt. Ich war Selbst und zugleich Ulme. Als Ulme erstreckte sich mein Selbst-Gewahrsein auf eine kleine Gruppe von Menschen, die sich zu der Lichtung, die sich unter meinen Ästen befand, heraufbemüht hatten. Ohne ihr Wissen verband sich unser Bewußtsein und verschmolz miteinander, denn ich bildete den Mittelpunkt ihrer Aufmerksamkeit.

Wie die meisten Menschen erkannten auch sie nicht, daß ihre Gedanken einen Brennpunkt bildeten, und gleichgültig, um welches Thema es sich handelt, sie verbinden sich im Bewußtsein immer mit dem, woran sie denken. Und sie dachten über die Ulme nach.

«Also was werden wir in der Sache unternehmen, Gus?»

Die Person, die diese Frage stellte, war ein junger Mann namens Billy, noch keine zwanzig Jahre alt. Der Zorn und die Gewalt, die in hellroten Blitzen um ihn herum aufloderten, waren das Ergebnis einer Reihe von Konfrontationen mit Ungerechtigkeit. Viele Leben lang hatte er gegen Ungerechtigkeit angekämpft, auf schicksalhafte Weise davon angezogen wie eine Motte vom Licht. In dem halben Dutzend Leute gab es noch zwei weitere, Tom und Hans, die derselben Anziehungskraft erlagen. Jede Angelegenheit, die auch nur von weitem nach Ungerechtigkeit aussah, wurde zu ihrer unwissenden Beute.

Ulme besaß keinen Intellekt, keine argumentierende Vernunft; es gab keine Andeutung von Abgetrenntheit, keine Emotionen, kein Gefühl der Ungerechtigkeit – einfach nur eine Verbindung mit dem Alles-Was-Ist, eine Verbindung, die nicht auf Wissen, sondern auf einem Seinszustand beruhte. Ulme war ein unerschlossenes Reservoir an Weisheit zu eigen, das nie in menschliche Begriffe übertragen worden war. Es war das Wissen um die reine Essenz des Geistes, unverfälscht und ursprünglich. Ulme spürte die Disharmonie in diesem gemischten Grüppchen, Disharmonie nicht im Sinne von gut oder böse, denn da war kein Urteilen – einfach Disharmonie.

Gus war der älteste in der Gruppe. Er verhielt sich weiser und gemäßigter. Sein Bewußtsein spiegelte das Blaßgelb tiefer Besorgnis. Mit seinem Zorn war es vorbei, der war vor langem ausgebrannt. Gus wurde von seinen Töchtern Faye und Jeanne begleitet, die beide über ein liebevolles Wesen verfügten.

«Was schlägst du vor, Billy?» fragte Gus, während sein Blick auch zu Tom und Hans hinüberschweifte.

Billy, Tom und Hans tauschten vielsagende Blicke aus, und in ihrem Bewußtsein konnte ich ihren Entschluß ablesen. Sie hatten vor, einem anderen menschlichen Wesen Schmerz zuzufügen. Ihre Absicht ging in Form eines stumpfen, grauen Nebels von ihnen aus, der sich in trüben Falten von Negativität um sie legte.

«Ich schätze, wir sollten den Bastard verprügeln», erwiderte Billy ruhig, aber mit Nachdruck, während Tom und Hans zustimmend nickten.

«Nein!» kam ein lauter Protestschrei von Faye. «Gewalt ist keine Antwort. Ist nicht gerade Gewalt das, was wir am meisten verabscheuen?»

Als Selbst/Ulme wunderte ich mich über die menschliche Selbsttäuschung. Keiner von diesen Menschen hier war sich über die eigene Absicht im klaren, und trotzdem strahlte sie von ihnen aus und schrie ihre Botschaft in die gesamte Natur hinaus. Jeder

Baum im Unterholz, jeder Vogel, jedes Tier und jedes Insekt, jeder konnte auf seine eigene Weise die Absicht dieser Menschen lesen. Trotzdem zeigte sich keine Regung, es erfolgte keine Verdammung dieser Absicht durch die Natur; da war einfach nur ein Wissen um die Dinge, nur Bewußtsein. Die Menschen, umfangen vom Würgegriff des Intellekts, geblendet durch eine Vielzahl persönlicher Ängste und ihre Isolierung voneinander in getrennten Realitäten, wußten jedoch nichts von alledem.

«Faye, und du Jeanne, hört einmal her! Ihr müßt euch nicht an der Sache beteiligen, ihr braucht keine Einzelheiten zu wissen, aber ich für meinen Teil kann nicht passiv bleiben und den Bastard den Baum umhauen lassen. Um Himmels willen», Billys Stimme wurde lauter und endete mit einem zornigen Schrei, «dies ist schließlich die letzte Ulme, von der man noch weiß!» Als er fortfuhr, konnte er seine Stimme kaum noch beherrschen. «Nur weil der Baum auf Joels Land steht, bedeutet das noch lange keine Genehmigung, ihn zu fällen. Mein Gott, die letzte Ulme! Ich ... vorher erschieße ich ihn lieber.» Er warf einen herausfordernden Blick in die Runde.

«Von solchem Gerede haben wir jetzt genug, Billy», warnte Gus. «Dein Zorn wird dich noch einmal in Schwierigkeiten bringen. Faye hat recht. Durch Gewaltanwendung vereiteln wir unser Ziel und erzeugen nur noch mehr Gewalt. Es geht einfach immer so weiter. Ich bin sicher, daß wir Joel zur Vernunft bringen können, wenn wir uns nochmals an ihn wenden.»

«Ach ja!» knurrte Billy. «Und was ist bei den letzten drei Malen herausgekommen? Drei Mal, sag' ich dir! Seit er für das Holz der letzten Ulme ein Vermögen geboten bekommen hat, ist Geld das einzige, was ihn noch interessiert. Ich erschieß' den Kerl.»

Aggression, Zorn, Hilflosigkeit, Scham, Sorge, Verlust, Frustration – all diese Gefühle und noch mehr wirbelten wie ein Gifthauch um die Gruppe und Ulme herum. Ulme kannte keine dieser Emotionen, denn all das wurde zu Disharmonie, sobald es in ihr Bewußtsein eindrang. Ulme verwandelte die Disharmonie auf subtile Weise, so daß sie in der Aura der Harmonie, die der natürliche Ausdruck der Natur war, höher und feiner mitschwang. Ich wußte, daß mit der Zerstörung jedes Baumes diese natürliche Umwandlung negativer Energien immer begrenzter werden würde, bis die Menschheit schließlich dazu gezwungen wäre, der niedrigsten und negativsten Realität, nämlich ihrer eigenen, gegenüberzutreten. Ich zitterte angesichts einer solchen Zukunft, und die Blätter an meinen Ästen und Zweigen bebten.

Jeanne blickte auf und sah den Baum besorgt an. «Die Ulme kann uns hören», sagte sie sanft und scheu. «Sie fühlt unsere Besorgnis. Vielleicht weiß sie, daß sie als letzte Ulme übriggeblieben ist. Was für eine schreckliche Last da auf ihr ruht!»

«Sei nicht sentimental, Mädchen», erklärte Billy wütend. «Bäume wissen gar nichts. Das sind lediglich stumme, unbeseelte Dinger, die darauf warten, umgesägt und verwendet zu werden.»

«Warum kümmerst du dich dann überhaupt darum, Billy?» hakte Faye ein. «Du hast keine echten Gefühle für Bäume, das ist offenkundig. Geht es dir hier nur um einen Kampf? Um jemanden, auf den du wütend sein kannst? Ist das alles, was es dir bedeutet?»

«Jetzt ist es genug!» Gus schritt ein, bevor Billy antworten konnte. «Wenn wir uns auch noch untereinander streiten, kommen wir gar nicht weiter. Gehen wir nach Hause! Ich schlage vor, wir denken noch einmal sorgfältig über die Sache nach und planen ein vernünftiges, gemäßigtes Vorgehen, um Joel davon abzuhalten, den Baum zu fällen.»

Die Gruppe entfernte sich rasch, doch für Ulme bedeutete dieser Abstand gar nichts. Solange die Aufmerksamkeit der Fortgehenden auf Ulme konzentriert war, strahlte ihr Bewußtsein ihre Absicht weiterhin so klar aus, als säßen sie in meinem Geäst.

Tage und Nächte vergingen, ungezählt und unbeachtet. Zeit war bedeutungslos, nur der Rhythmus der Jahreszeiten erinnerte Ulme entfernt an den Lauf der Zeit. Allerdings kam nur wenige Tage, nachdem mich die Gruppe verlassen hatte, ein anderer Mensch zu mir. Er war allein und von großer Sorge erfüllt. Ich wußte, daß Joel das Ableben von Ulme ankündigte, der letzten englischen Ulme, doch Ulme war davon nicht beunruhigt. Nur die Disharmonie des Augenblicks war von Bedeutung, die Disharmonie, die der Handlung voranging. Der physischen Tat war keine echte Bedeutung beizumessen, das einzige, was die Wirklichkeit aktiv repräsentierte, war die Bewegung im Bewußtsein.

Alles, was Joel beschäftigte, wurde durch sein aufgewühltes Bewußtsein mitgeteilt, und ich las seine Geschichte genauso leicht, wie man ein Buch liest. Ein skrupelloser Geschäftsmann, der beabsichtigte, sein Glück mit Hilfe der letzten Ulme zu machen, hatte ihm die schwindelerregende Summe von einer Million Pfund für Ulme geboten. Trotz Billys schlechter Meinung über ihn besaß Joel sehr wohl ein Gewissen, und gerade jetzt war er sehr aufgewühlt. Er benötigte das Geld dringend, doch alles in ihm wehrte sich dagegen, den Baum zu verkaufen. Seine Frau hatte ihn vor vier Jahren verlassen und war mit einem anderen Mann weggegangen. Joel hatte Nadine, ihre einzige Tochter, in seiner Obhut. Nadine litt an einem gefährlichen Gehirntumor, und nur eine sofortige Operation in Amerika konnte ihr eine geringe Überlebenschance bieten. In der Zeit, die die Chirurgen benötigt hatten, um die beste Vorgehensweise sowie den Zeitpunkt für die Operation festzulegen, hatte Joel überlegt, ob er die Ulme fällen sollte. Der Gedanke schreckte ihn ab und war ihm zuwider, aber er hatte große Angst, daß Nadine ohne die Operation bald tot sein würde.

Sehr wenige Leute wußten von dem inneren Kampf, den Joel jeden Tag ausfocht. Nur das Geschäft, um das es ging, hatte sich herumgesprochen, und nun war er der Buhmann im Ort. Was ihn selbst anbelangte, machte Joel das nichts aus. Er war ein schweigsamer, zurückgezogener Mensch, der sich nicht sehr gut auszudrücken verstand und leicht mißverstanden wurde. Alle Liebe, über die er verfügte, war auf seine Tochter gerichtet. Ihr Verlust würde auch das Ende seines Lebens bedeuten. Er konnte nicht länger zögern. Erst gestern hatte ihn der Chirurg telefonisch davon unterrichtet, daß die Operation innerhalb weniger Stunden erfolgen müßte. Für Joel war das Ringen um eine Entscheidung damit beendet.

Mit zitternden Händen zog er eine kleine Dose mit einem tödlichen Baumvernichtungsgift aus seinem Beutel. Dann grub er sich bis zu einigen der größeren Wurzeln durch, bohrte ein Loch ins Holz und schüttete das Gift hinein. Die ganze Zeit über weinte er leise. Seine verrückte Logik versuchte ihn zu schützen, indem er so argumentierte, daß es keine Rolle mehr spielen würde, den Baum zu fällen, nachdem er sowieso tot wäre. Das war hochgradiger Selbstbetrug, aber weil der Schmerz und das Schuldgefühl stärker waren, als er es ertragen konnte, würde der Plan vielleicht funktionieren. Sein Verstand könnte die Wahrheit bald gnädig ausradieren und sie tief im Reservoir des Unbewußten begraben.

Ulme empfand das Gift als eine rasch anwachsende Woge von Disharmonie – einer so großen Disharmonie, daß im Moment ihres Todes jeder andere Baum auf dem Planeten den Rückzug des Bewußtseins der letzten Ulme auf Erden spürte. Und wiederum gab es kein Gefühl von Vergeltung, kein Verlangen nach Strafe, kein Urteil, nicht einmal ein flüchtiges Gefühl von Bedauern. Ulme war ein Ausdruck des Lebens. Das Leben ging weiter, selbst wenn die physische Form es nicht mehr länger zum Ausdruck bringen konnte.

Obwohl ich wahrnahm, daß es tagelang dauerte, bis die Blätter welkten und abfielen, bis sich der Saft verdickte und nicht mehr floß, zog sich Ulme im Bewußtsein sehr rasch zurück. Viele Jahre lang hatte eine tödliche Krankheit die Ulmen auf der Erde dezimiert, und als uns die letzte verließ, war Ulme bereit für den nächsten Schritt in der Bewegung des Ulmen-Bewußtseins.

Für die beteiligten Menschen hatte die Tragödie jedoch erst begonnen. Joels qualvolle Entscheidung war umsonst gewesen; Nadine hatte die Operation nicht überlebt. Als wenige Tage später eine Kugel Joels Hinterkopf zu einer blutigen Masse zerfetzte, kam diese Tat nur dem Selbstmord zuvor, den er bereits geplant hatte. Billy, der offensichtlich schuldig war, weil er seine Absicht ja lauthals jedem verkündet hatte, der es hören wollte, erhielt eine lebenslange Gefängnisstrafe. Doch in Wirklichkeit war er unschuldig. Niemand hegte je den Verdacht, daß die Tat auf die eher unterdrückte und beherrschtere Gewalttätigkeit von Hans zurückgehen könnte. So fand man auch keinen Anhaltspunkt dafür, warum sich dieser drei Monate später erhängte. Der Widerhall der Gewalt gelangte zum Ausdruck, bis der ganze Zorn aus dem globalen Bewußtseinssammelbecken allmählich abgeleitet war. Und all das war so vollkommen vergeblich. Ulme wußte nichts davon. Obwohl ich die tragischen Auswirkungen verfolgte, war es für Ulme bedeutungslos. Ulme stellte den Bezug zum Leben im Sinne von Bewußtsein her. Sowohl Dissonanz als auch Harmonie erschienen in zahllosen Nuancierungen auf endlosen Dimensionsebenen, als Ulme mit dem riesigen, ozeanischen Bewußtsein des Einen verschmolz.

Zusammen mit Ulme ließ ich die irdische Baumform von mir abfallen und ging in das allgegenwärtige Bewußtsein des Alles-Was-Ist ein. Obwohl ich über keine irdische Ausdrucksform mehr verfügte, war das trotzdem nicht der Tod. Ulme war nicht geboren und starb nicht, sondern wartete lediglich auf einen Schwingungssog, der den nächsten physischen oder nicht-physischen Ausdruck ihres Bewußtseins bestimmen würde.

Durch Ulme wurden mir die zahlreichen metaphysischen Dimensionen auf der Erde bewußt, die weiterhin die Baumenergie der Ulmen zum Ausdruck brachten – Dimensionen, wo riesige unberührte Wälder noch immer das Land bedeckten. Bäume und Pflanzen aus anderen Zeitaltern, schon seit langem von der Erde verschwunden, gediehen und wuchsen hier gemeinsam mit Pflanzen aus der Gegenwart und sogar der Zukunft, denn das Leben ist ein unbestreitbares, fortlaufendes Kontinuum, ungeachtet des Dramas, das sich auf einem kleinen Planeten namens Erde abspielt.

Allmählich konzentrierte sich mein Gewahrsein als Ulme auf einen kleinen Garten auf dem Lande in England. In der sphärischen Zeit von Ulme war keine Zeit vergangen. Im Bewußtsein von Ulme gab es kein Drama, denn Ulme stellte den Bezug zum Leben durch Bewußtsein her, und ihre Baumgestalt drückte dieses Bewußtsein lediglich in einer physischen Wirklichkeit aus. Ulmes metaphysische Realität setzte sich fort, gleichgültig, was der irdischen widerfuhr. Ich war mir hingegen bewußt, daß seit dem Tod der letzten Ulme über ein Jahrhundert vergangen sein mußte. Doch Wunder über Wunder, eine starke, gesunde Ulme stand hier, nicht mehr als eine Meile von der Stelle entfernt, an der die letzte Ulme gestorben war.

Wieder einmal war ich mit dem Paradox von Zeit und Einheit konfrontiert. Wie konnte es hier eine Ulme geben, wenn doch die letzte Ulme längst gestorben war? Aber im zeitlosen Rahmen des Bewußtseins war die Antwort augenscheinlich. Mit dem Tod der letzten Ulme war auch jegliche Spur der Krankheit verschwunden, die die Ulmen einst vernichtet hatte. Im großen Bewußtsein wurde die Ulmen-Energie von jeder Ulme in jeder anderen Realität in dem entsprechenden zeitlichen Bezugsrahmen gehalten, verankert und genährt, während in der linearen Zeit ungefähr fünfundzwanzig Jahre der Reinigung vergingen. Als ich diese gedeihende Ulme entdeckte, hatte das Ulmen-Bewußtsein seine Energie bereits auf den neuen Sämling umgelenkt. Ich erkannte, so wie ich vorher das Farmer-Ich über einen illusionären – und doch realen! – zeitlichen Rahmen hinweg zurückverfolgt hatte, um es zu belehren, so konnte sich auch das Ulmen-Bewußtsein in jedem beliebigen zeitlichen Rahmen neu sammeln, der seiner Kontinuität entsprach. Dadurch ergab sich eine endlose Verbindungsschnur, die über Zeit, Raum und Form hinausging.

Während ich am Bewußtsein von Ulme teilhatte, hatte ich die Zeitrahmen weit entfernter Zukunftsphasen und längst verstrichener Vergangenheiten wahrgenommen, die sich aber trotzdem im Jetzt befanden. Ich erlebte den Zusammenhang einer größeren Realität, als ich mich mit Ulme in einem Tal in einer völlig anderen Umgebung auf einem sehr weit entfernten Planeten niederließ. Hier gedieh eine völlig andere Vegetation, deren Formen mir nicht vertraut waren. Trotzdem erkannte ich das Bewußtsein vieler irdischer Pflanzen, die auf der Erde ausgestorben waren.

Ulme wuchs hier nun in einer flachen, tellerartigen Form, mit etwa einem Kilometer Durchmesser. Ihre Blätter waren hauchdünn und bildeten riesige Rosetten von zartestem Hellblau. Für menschliche Wesen wäre das Atmen in dieser Atmosphäre unmöglich gewesen, aber es gab hier eine Fülle anderer Geschöpfe. Ich gewahrte einige kleine Wesen, die die Betreuer jener Pflanze waren, in der Ulme nun ihr Bewußtsein in einer neuen Form ausdrückte. Das war also das Ergebnis der vermeintlichen Tragödie ihres Todes auf Erden: Ulme begann nun in einer neuen Ausdrucksform an einem anderen Ort ihre Entfaltung. Ich begriff, daß diese neue Evolution erst dann beginnen konnte, wenn sich die letzte Ulme von der Erde zurückgezogen hatte. Im Gegensatz zu den Menschen auf der Erde waren sich die Wesen dieses anderen Planeten der Gegenwart des Einen im Bewußtsein aller Pflanzen und Kreaturen sehr bewußt, und so erlebten sie durch die Natur ein viel stärkeres Eingebettetsein in das Ganze, als es der Menschheit bekannt war.

Ich staunte angesichts der Intelligenz und Zielstrebigkeit, die hinter der Bewegung des Bewußtseins und dem physischen Vehikel lag. Während eine neue Bewußtseinsprojektion von Ulme ihren Anfang nahm, transzendierte sie die Zeit, um die Entwicklung ihrer irdischen Form fortzusetzen.

Wie hatte Ulme auf der Erde überlebt? Ich betrachtete die Antwort durch das Bewußtsein von Ulme. Eine einzige, unbemerkte Verbindung war aufrecht geblieben. Als sich die Besucher von Ulme wieder entfernten, unsicher, wie sie den prachtvollen Baum retten sollten, blieb Faye noch einige Augenblicke da. Sie nahm eine Handvoll von der Erde unter der Ulme auf und bemerkte dabei einen flachen, geflügelten Samen. Rasch ließ sie ihn in die Manteltasche gleiten und lief dann den anderen nach.

Viele Jahre vergingen. Fayes alter, abgetragener Mantel hing noch auf einem Haken in ihrem Kleiderschrank. Eines Tages, nun bereits verheiratet, befand sich Faye zu Besuch in ihrem Elternhaus, um sich ein wenig von ihren kleinen Kindern zu erholen. Bei dieser Gelegenheit fand sie den Mantel, und die damit verbundenen Erinnerungen an die letzte Ulme ließen ihr die Tränen in die Augen steigen. Angelegentlich durchsuchten ihre Finger die Taschen des alten Mantels, wo sie auf den Samen von Ulme stießen. Eine Sekunde lang verspürte sie eine atemlose Erregung, als sie den Samen in der Hand fühlte, doch dann erstarb die Erregung. Der Same einer englischen Ulme ging nur selten auf, denn meist war er unfruchtbar. Im allgemeinen wurde diese Art durch Schößlinge vermehrt, und die waren natürlich alle längst verschwunden. Doch als Faye den Samen in die Hand nahm, strömte die Empfindung in ihr Herz ein, daß dieser spezielle Same Leben enthalte – eine starke, unleugbare Intuition, die ihre Erregung wieder aufleben ließ.

Ihr Vater Gus sah zu, als Faye den Samen am Ende seines Gartens einsetzte, nicht weit vom Standort der letzten Ulme entfernt. Gus war überzeugt, daß das alles nur Zeitverschwendung war, denn welche Chancen gab es schon für Ulme angesichts eines unfruchtbaren Samens und der vielen Jahre, die verflossen waren? Er versprach jedoch, den Samen zu gießen und sich um ihn zu kümmern, denn tief in seinem Inneren wollte er an Wunder glauben.

Einen Monat, bevor das Gift in ihre Wurzeln gegossen worden war, hatte Ulme ihre Samen fallenlassen. Nur in einigen wenigen war ein winziges Reservoir von Ulmen-Bewußtsein angelegt, und nach dem Tod von Ulme waren alle diese flackernden Funken bis auf einen verloschen. Das Wunder der Natur bewirkte, daß ein einziger, winziger Same das gesamte Bewußtsein des großen Baumes enthielt, zu dem er eines Tages werden würde, denn in der Natur dreht es sich nicht um die Größe von Formen, sondern um die Essenz des Lebens.

Es war dieser einzelne, lebendige Same, den Faye ehrerbietig küßte und im Garten ihres Vaters einpflanzte. Als nach drei bangen Monaten Ulmes starker, grüner Keimling aus der Erde hervorbrach, schämte sich Gus nicht, sich vor ihm niederzuknien und wie ein Kind zu jubeln, während ihm die Tränen über die Wangen rannen.

«Es ist ein Wunder», rief er aus, «ein richtiges Wunder!»

Ulme wurde als Fayes Ulme bekannt, und kaum ein Baum erfuhr jemals mehr Schutz und Liebe als diese Ulme.

Ich beobachtete, wie die Geschichte von Ulme weiterging. Ihre Wiederauferstehung beeinflußte wiederum das Leben all jener, die am damaligen Drama ihres Endes beteiligt gewesen waren. Später traten auch neue Teilnehmer in das Spiel ein. Von all dem braucht nur ein Faden weiterverfolgt zu werden. Dieser Faden betrifft Faye, was nicht verwunderlich ist, denn mit dem Heranwachsen ihrer Ulme fand eine Vereinigung der beiden im Bewußtsein statt.

Faye zog mit ihrer Familie in das Dorf ihrer Kindheit zurück. Jede Woche verbrachte sie viele Stunden einfach damit, still bei ihrem Baum zu sitzen. Sie erfuhr eine Wahrheit, von der sie Naturschutzgruppen erzählte und über die sie für all jene schrieb, die daran interessiert waren. Sie lernte durch *direktes* Wissen, indem sie erkannte, daß sie ihre Aufmerksamkeit, ihr eigenes bewußtes Selbst, mit dem Bewußtsein von Ulme verschmelzen konnte. Auf diese Weise erhielt sie Zugang zur Weisheit und Intelligenz der Seinsweise von Ulme. Die Wahrheit, auf die sie stieß, basiert auf der Kontinuität allen Lebens.

Faye begriff, wenn man die Bäume auf Erden retten will, müssen sich alle daran Beteiligten über ihre wirklichen Gefühle im klaren sein. Sind sie wie Faye oder wie Billy? Wenn ein Kampf zur Rettung von Bäumen auf Angst beruht, zum Beispiel der Angst um das Überleben der Erde und unserer Kinder, dann ist es unerheblich, ob diese Bäume tatsächlich gerettet werden oder nicht. Gleichgültig, wie edel das Motiv auch sein mag, Angst stellt keine Grundlage für Einheit dar. Unsere auf Angst beruhenden Handlungen drohen die Ausrottung vieler Baumarten herbeizuführen, und wenn die Verteidigung der Bäume ebenfalls aus Angst geschieht, ist im Bewußtsein nichts Kreatives damit verbunden. Angst ist eine Kraft der Einschränkung und Trennung. Wenn tausend angstvolle Menschen jeden Tag tausend Bäume pflanzen, so ist es die Angst, die die Bäume pflanzt, und Angst wird sie mit derselben Sicherheit wieder entfernen. In einem Jahr oder in hundert Jahren wird eine auf Angst beruhende Handlung nur die Ernte der Trennung und noch mehr Angst einbringen.

Pflanzt dagegen ein Mensch jeden Monat, jede Woche oder jedes Jahr nur einen einzigen Baum, und diese Handlung ist ein reiner Ausdruck seiner Liebe, nur von dem Motiv getragen, zusammen mit diesem Baum zu leben und ihn zu schätzen, dann wird diese Handlung über das Bewußtsein im gesamten Universum und darüber hinaus Wirkung zeigen. Liebe verbindet und erschafft. Die Rettung von Bäumen ist keine Zahlenspielerei, denn in der Realität des Einen werden Zahlen bedeutungslos. Einheit bedeutet, daß das Eine nicht die Summe aller Teile ist, sondern daß das Eine niemals geteilt worden ist. In Wirklichkeit besteht ein Wald nicht einfach nur aus einer großen Zahl von Bäumen, die eine ökologische Vielfalt ergeben. Er ist auch das Bewußtsein des Einen, das danach strebt, die Einheit durch die Vielfalt der Arten auszudrücken. Die Rettung der Bäume auf unserer physischen Erde hängt also von der Beziehung ab, die wir zu ihnen schaffen, und von der Pflege dieser Beziehung. Indem wir im Bewußtsein so wachsen wie sie an Gestalt, verfügen wir über die Möglichkeit, auf Substanz und Struktur der Zukunft allen Lebens auf der Erde einzuwirken.

All das und noch viel mehr erfuhr Faye aus dem Reservoir der Ulmen-Weisheit, mit dem sie sich vereinigt hatte. Durch ihre liebevolle Beziehung zu Ulme wurde sie zu einem Angelpunkt der Wandlung in der Entwicklung des menschlichen Bewußtseins.

Als ich im Alles-Was-Ist schwebte und das Bewußtsein von Ulme von mir löste, wurde für Faye noch eine weitere Wahrheit sichtbar: Kein Fehlverhalten und keine Missetat werden vom Bewußtsein jemals vergeudet, nicht einmal der Tod der letzten Ulme auf Erden!

Ich stand vor der Wandmalerei, die Hand zu einem Ast der Ulme vorgestreckt.

«Unglaublich», flüsterte ich, als mein Arm wieder herabfiel.

«Was für ein Erlebnis!» meinte auch Ceine, seine Worte lautlos, aber klar in meinem Kopf. Er lächelte sein unergründliches Lächeln. «Was hast du daraus gelernt?»

«Weißt du nicht, was geschehen ist?» fragte ich.

Ceine besaß keine Augenlider, doch seine Augen konnten sich zu großen Silberringen weiten oder in bloße Schlitze verwandeln. Jeder Ausdruck sprach Bände. Gerade jetzt waren seine Augen groß, rund und unschuldig.

«Bis zu einem gewissen Grad weiß ich es, denn als dein Führer teile ich mit dir eine Zusammenschau im Bewußtsein. Das schließt jede Möglichkeit unbeabsichtigter Mißverständnisse in unserer Beziehung aus, eine reine Notwendigkeit. Ich bin sicher, daß du mir da zustimmst. Aber ich dringe nicht in deine innere Privatsphäre ein. Ich möchte dich bitten, deine Erfahrungen mit mir zu teilen.»

«Ich habe eine Menge über Ulmen erfahren», begann ich spielerisch, «und mit Hilfe von Ulme erfuhr ich eine Menge über *alle* Bäume.»

«Bitte fahre fort», sagte Ceine, wobei der Ausdruck in seinen Augen und sein Ton ernster wurden.

«Allem voran habe ich gelernt, daß wir die Natur in *Ehren* halten müssen. Der Versuch, die Natur zu *retten,* beruht auf Angst und Illusion, aber sie zu *ehren* beruht auf Wahrheit. Der Unterschied liegt nicht in unseren Handlungen, sondern in der Neuausrichtung des Bewußtseins bei unseren Handlungen.»

Ich brach kurz ab, während ich vor der Wandmalerei auf und ab schritt, wobei ich bemerkte, wie hin und wieder ein Windhauch die Blätter der Ulme bewegte. «Dieses Erlebnis war so reichhaltig, daß ich nicht weiß, wie ich fortfahren soll», meinte ich zögernd. «Geht man von den Auswirkungen aus, müßte die Verbundenheit innerhalb der Natur das Wichtigste sein. Ich habe schon vor langem erkannt, daß der Mensch von der Illusion der

Trennung überwältigt ist. Das trifft jedoch auf die Naturreiche nicht zu. Die Natur hat nicht die leiseste Vorstellung von Trennung – weder Mineralien noch Pflanzen, noch irgendein Tier. Die Realität der Natur besteht in der Verbundenheit und Ganzheit allen Lebens. Das Sandkorn kennt nur die vollkommene Verbundenheit mit dem Planeten Erde. Es weiß nichts von Isolation oder davon, kleiner oder größer zu sein als ein felsiger Berg oder ein Klumpen Gold.»

Ich war erstaunt, weil meine Einsicht größer wurde und wuchs, während ich sie Ceine mitteilte. «Ich habe gelernt, daß der Natur der Begriff der Trennung fremd ist. In anderen Worten, hunderttausend Ulmen sind nicht hunderttausend einzelne Bäume, sondern stellen den vielfachen Ausdruck des Bewußtseins von Ulme dar. Nicht eine einzige Ulme fühlt sich in irgendeiner Weise durch ihre Entfernung zu einer anderen Ulme isoliert, gleichgültig, ob es sich um wenige Meter oder viele tausend Kilometer handelt. Das Ulmen-Bewußtsein ist eins. Man kann nicht eine Ulme beeinträchtigen, ohne daß davon alle anderen Ulmen betroffen sind. Als die Ulmenkrankheit mit der Zerstörung einiger weniger begann, schwächte das die vielen anderen auch. Ein anderes Beispiel: Wenn eine blattvernichtende Insektenart eine Anzahl von Ulmen befiele und diese mit der Produktion eines Abwehrstoffes in ihrem Saft reagierten, würde der gleiche Stoff auch von Ulmen produziert werden, die weit von diesem Angriff entfernt stehen. Erstaunlicherweise wäre der Wirkstoff bei jenen Ulmen am stärksten, die am nächsten stünden, während er bei weiter entfernten Bäumen immer schwächer würde. Das könnte bedeuten, daß Bäume Entfernung und folglich auch Trennung begreifen, doch das trifft nicht zu. Ich habe bei Ulme erlebt, daß ein bestimmtes Ausmaß an Disharmonie in ihrem Bewußtsein Gegenmaßnahmen in der gleichen Stärke hervorruft, um wieder ein Gleichgewicht herzustellen. Der Faktor, der also die Art und Intensität der Reaktion auf den Insektenbefall bestimmt und ihn im Bewußtsein lokalisiert, ist das Gleichgewicht. Natürlich gilt das, was auf Ulme zutrifft, auch für alle anderen Arten von Bäumen und Pflanzen.»

Ceine hatte sich von dem Wandbild wegbewegt. Als ich endete, stand ich ihm genau gegenüber. Ich hielt in meinem Auf und Ab inne, erstaunt über das Ausmaß meiner Einsicht.

Ceines Augen hatten sich geweitet, sie waren rund und leuchtend, und sein gesamter Ausdruck ließ Zustimmung erkennen, doch er starrte das Wandgemälde hinter mir an, als ob er es noch nie zuvor gesehen hätte.

Ich drehte mich um und rang nach Luft. Die Ulme und das Gehölz waren verschwunden. An ihrer Stelle befand sich nun ein wunderschöner englischer Park, ein ausgedehntes Gelände mit kurzgeschorenem Rasen und mit wundervollem altem Baumbestand. Eine riesige Eiche zog meinen Blick auf sich. Die Würde des Alters hatte ihre Äste knorrig werden lassen. Unweit davon standen mehrere Roßkastanien und eine einzelne Platane, so ähnlich wie die, auf der ich als Kind herumzuklettern pflegte. Überall war es grün, so grün, wie nur eine englische Landschaft im Frühsommer sein kann. Im Vordergrund stand eine Reihe hoher, schlanker Pappeln, die sich in der Ferne zu verlieren schien, mit einem Fußweg zur Linken.

«Wie ist das passiert?» erkundigte ich mich bei Ceine.

«Du bist hier der schöpferische Einfluß», erwiderte er. «Warum gehst du nicht hin und findest selbst heraus, was es bedeutet?»

Ich runzelte die Stirn. «Du meinst, ich solle das Wandgemälde so wie beim letzten Mal betreten? Aber das ist ja gerade geschehen. Ich kann doch nicht einfach hineingehen.»

«Oh! Das weißt du also mit Sicherheit, nicht wahr?»

«Also was soll ich tun?» fragte ich verärgert. «Einfach hineinsteigen, so wie ... jetzt!» Mit diesen Worten machte ich einen Schritt auf den Fußweg zu...

...und befand mich im Park bei der Reihe alter, hochgewachsener Pappeln. «Hm, hm», brummte ich. «Ich hab' es wieder geschafft. Was nun?»

Ich wartete ein Weilchen, damit entweder kosmische Intervention oder göttliche Inspiration die Lage klären würden, aber nichts geschah. Mittlerweile schien mich der ausgetretene Pfad einzuladen. Ich schlenderte ihn entlang, an den großen, in regelmäßigem Abstand stehenden Pappeln vorbei.

Eine Platane, die vergangene Erinnerungen in mir wachrief, lud mich mit stummer, aber beredter Geste ein, in ihrem Netzwerk aus Ästen meine Kindheit nochmals aufleben zu lassen, doch ich blieb standhaft. Nachdem ich ein Stück Weges zurückgelegt hatte, hatte ich seltsamerweise den Eindruck, im Stamm jeder Pappel stünde ein römischer Soldat, der irgendwie darin eingekapselt sei, doch sobald ich anhielt, um direkt hinzusehen, starrte ich einfach nur auf einen einzelnen, hohen Baum. Trotzdem hielt dieser Eindruck an, als ich weiterschlenderte.

Äußerst sonderbar, dachte ich, aber letztlich ist alles in dieser erweiterten Realität sonderbar, verglichen mit normalen Maßstäben. Schließlich kam ich am Ende der langen Pappelzeile an, und als ich der Windung des Pfades folgte, sah ich, daß er unter einer offensichtlich alten, sehr beeindruckenden Eibe weiterlief. Es war das größte Exemplar, das ich je gesehen hatte. Unter der Eibe befand sich eine schlichte, hölzerne Sitzbank.

Die Bank stand mit dem Rücken zu mir, und ich sah, daß jemand auf ihr saß. Als ich näher kam, erkannte ich erschrocken, daß es Treenie war.

«Mein Gott! Was machst du denn hier?» rief ich, bevor ich sie umarmte und küßte.

«Ich warte auf dich», meinte sie lächelnd.

«Was? Wie kommt es, daß immer ich derjenige bin, der nie genau weiß, worum es geht, bis ich dann schon mittendrin stecke?»

«Das ist eine gute Frage», lachte sie. «Wahrscheinlich deshalb, weil du etwas widerspenstiger als die meisten anderen bist.»

Ich taxierte sie genauer. «Die Tatsache, daß du hier bist, weist darauf hin, daß du auch mit Ceine zu tun hast. Ich nehme an, du kennst ihn?»

«Natürlich. Schon seit *sehr* langer Zeit!»

Ich fragte Treenie, wie sie hierhergelangt sei, und noch ein Dutzend ähnliche banale Sachen. Ihre Antworten waren nicht besser als meine Fragen, und so hörte ich bald mit dem belanglosen Geplauder auf und beschloß, zum Kern der Sache zu kommen.

«Also, meine Liebe, warum bin ich hier?»

«Welchen Eindruck hast du gewonnen, als du den Pfad entlanggegangen bist?» wollte sie von mir wissen.

«Ich sehe nicht ein, was das damit zu tun haben soll», konterte ich. Sie sah mich mit ihrem typischen Blick an, der sagen wollte: «Ach du meine Güte, willst du die Sache komplizieren?», was mich dazu bewog, mein Ausweichmanöver lieber schnell zu beenden.

«Ist ja schon gut. Ich verspürte den starken Wunsch, auf eine große, mir altbekannte Platane zu klettern, eine Art ‹Wiederaufleben› meiner Jugend, aber ich beschloß, mir noch ein anderes ‹Blatt› anzusehen», lachte ich über mein eigenes Wortspiel.

Treenie blickte mich nur geduldig an. Sie war von meinen Witzen nie übertrieben begeistert. Sie seufzte.

«Abgesehen davon war der einzige andere starke Eindruck wirklich reichlich sonderbar. Ich hatte das Gefühl, daß im Stamm jeder dieser Pappeln ein römischer Soldat eingeschlossen sei, doch wenn ich den Stamm direkt betrachtete, war außer dem Baum nichts zu sehen.»

Treenie lächelte zufrieden. «Ich wußte, daß du sie sehen würdest, deshalb bin ich hier. Die Soldaten, die du wahrgenommen hast, sind vor langer Zeit in einer Schlacht getötet worden. Da sie unter sehr ehrenhaften Umständen gestorben sind, wurden sie als Tribut an ihre Tapferkeit hier begraben. Auf jedes Grab wurde ein winziger Pappelsämling gepflanzt. Diese Soldaten waren von Kindheit an Teil einer Kampfeinheit; sie waren zusammen ausgebildet worden und gemeinsam zu Männern herangewachsen. Sie hatten gelernt, sich als Einheit zu fühlen und nicht als Individuen. Das war so tief in ihr Unbewußtes eingeprägt, daß sie in dem

Moment, wo der Tod sie dahinraffte, völlig unvorbereitet waren. Sogar im Tode klammerten sie sich noch an ihre Gruppenidentität. Sie waren zu sehr konditioniert und zu angsterfüllt, um jeder seinem eigenen Schicksal folgen zu können.»

«Was ist mit ihnen geschehen?» warf ich ein.

Treenie sah mich mit gerunzelter Stirn an. «Jede dieser verwirrten Seelen identifizierte sich mit der Pappel auf ihrem Grab. Auf diese Weise klammerten sie sich wieder in einer Art Gruppengeist an eine gemeinsame Ausdrucksform und schlossen sich im Gefängnis einer Mensch/Baum-Gruppenidentität ein. Sie sind absolut unfähig, sich selbst zu befreien. So, mein Liebling, das ist deine Aufgabe.»

Einige Augenblicke lang saß ich erstaunt da. «Was soll ich denn tun? Und warum ich?»

«Wenn, wie ich annehme, der richtige Zeitpunkt gekommen ist, wirst du wissen, wie und warum. Michael, tu es einfach!»

Ich fühlte mich verwirrt, erhob mich von der Bank und ging zur Pappelzeile zurück. Wenn mich irgendeine göttliche Inspiration überkommen sollte, benötigte ich sie sofort, denn ich hatte keine Ahnung, was ich tun sollte.

Als ich bei der ersten Pappel angelangt war, stellte ich mich direkt vor sie hin. Ich *wußte* augenblicklich, daß es genau hundert Bäume waren und eine ganze Legion mit hundert Zenturionen hier begraben lag. Lange, zeitlose Momente stand ich da, in der Hoffnung, daß Empfindungen wie Liebe und Mitgefühl in mir aufsteigen würden, aber es war nicht so. Abgesehen von etwas Mitleid spürte ich gar nichts. Machte es mir überhaupt etwas aus? Ich dachte über die Soldaten und die getreuen Dienste nach, die sie geleistet hatten, nur um zu sterben und vergessen zu werden. Gab es irgend jemanden, der sich darum scherte? Wer wußte denn schon, warum sie überhaupt gestorben waren? Welchen Unterschied hatte es in der Geschichte gemacht? War es irgendwo verzeichnet? Ich dachte daran, wie sie in diesen einsamen Gräbern lagen. Was hieß es wohl, von Kindheit an dazu ausgebildet zu werden, zu kämpfen und zu töten? Hatten sie gelacht und wirkliche Freude gekannt? Waren sie jemals von einer Frau wirklich geliebt worden, über ein gelegentliches sexuelles Abenteuer hinaus? Waren sie nichts weiter gewesen als nur gut funktionierende Kampfmaschinen, die nicht einmal wußten, wofür sie kämpften? War das Töten anderer Soldaten ihr höchstes Lebensziel? Hatte man sie emotionell verkrüppelt, absichtlich all ihre feineren Empfindungen und Werte unterdrückt? Was für ein tragisches, leeres, sinnloses Leben!

Erst in diesem Augenblick durchflutete mich eine unerwartete Woge von Liebe für diese armen, verlorenen Seelen. Mir bedeuteten sie etwas. Ich verspürte wirklich tiefes Mitgefühl. Zusammen mit diesen intensiven Empfindungen schien sich ein Licht um mich herum zu bilden, das flackerte und stärker wurde, als ich meine Aufmerksamkeit nicht mehr auf die Soldaten, sondern auf die Liebe ausrichtete. Allmählich wuchs das Licht zu einem starken Strahlen an, das von mir ausging und den Stamm der Pappel, der ich gegenüberstand, in sein weißes Licht hüllte.

Bei genauerem Hinsehen enthüllte sich die Gestalt des römischen Soldaten im Stamm des Baumes. Er war einerseits ganz für sich und andererseits doch völlig Teil des Baumes. Ich beobachtete, wie er Stadien von Furcht und Schrecken durchlief. Sein Mund öffnete sich in einem lautlosen Schrei, während er darum rang, im Baum verborgen zu bleiben, doch das Licht legte ihn unbarmherzig bloß. Ich sah das Verstehen, das allmählich in ihm aufstieg, als ihn das Licht durchdrang, und den Ausdruck wilder Hoffnung, der über sein Gesicht glitt, als er meine Worte hörte.

«Du bist jetzt frei. Tritt an meine Seite!»

Einige Augenblicke lang kämpfte er noch mit sich, denn ein Teil von ihm versuchte in den Baum zurückzuschrumpfen, während sich ein anderer Teil danach sehnte, frei zu sein. Doch dann trat er langsam, zögernd vom Baum weg und stolperte ein wenig, bevor er aufrecht, gerade und stolz auf mich zukam. Sein Blick begegnete dem meinen, staunend, wiedererkennend.

Gemeinsam schritten wir zum nächsten Baum. Ich wiederholte den gleichen Vorgang, nur daß ich diesmal noch mehr Liebe spürte und das Strahlen des Lichtes noch stärker war. Und wieder trat der Soldat nach einigem Stocken und Zögern aus dem Baum und reihte sich ins Glied. So gingen wir von Baum zu Baum weiter. Beim zwölften Baum war das uns umgebende Strahlen so stark geworden, daß keine Worte mehr nötig waren. Wir konnten in einer langsamen Kolonne vorwärtsschreiten, während ein Soldat nach dem anderen von seinem Baum wegtrat und sich hinter mir einreihte.

Wiederum erfüllte mich ein *Wissen:* Das waren meine eigenen Legionäre, ich war ihr Anführer gewesen. Wer sonst sollte diese Männer befreien? Wir setzten unseren langsamen Marsch fort, bis wir den letzten Baum erreicht und den letzten Soldaten befreit hatten. Ich wandte mich um und stand der Legion gegenüber. Seite an Seite mit diesen Männern hatte ich gekämpft und war mit ihnen gestorben. Bis auf den letzten Mann waren wir alle getötet worden. Als ich meine Männer ansah und in ihre Augen blickte, die hungrig auf die meinen geheftet waren – Augen, die von vollkommenem Vertrauen erfüllt waren –, wuchs das Licht und wurde noch größer und stärker, bis es sie zu verzehren begann. Ich beobachtete, wie sich meine Soldaten allmählich in diesem unglaublichen Licht auflösten und schließlich jede Seele ihrem eigenen Schicksal folgte. Bald stand ich allein da.

Mit ihrer Befreiung wurde das Licht schwächer, bis es nur noch als ein ätherisches Glühen um mich herum wahrnehmbar war. Als ich die Baumreihe entlang bis zur Eibe zurückging, wußte ich, daß auch die Lebensenergie dieser Pappeln geschwunden war. Sie waren durch die menschlichen Seelen in einen Zyklus miteingeschlossen gewesen, der wesentlich länger gedauert hatte, als es ihrer natürlichen Lebensspanne entsprach. Nun wurden ihre Blätter bereits gelb und fielen sanft zu Boden. Binnen kurzem würden sie gefällt und weggebracht werden, denn ich wußte, daß dieser Park real war und dieses Erlebnis auch in eine Wirklichkeit der linearen Zeit eingebettet war.

Treenie wartete auf der Bank. «Siehst du, mein Liebling, ich wußte, daß du es schaffen würdest.»

Ich setzte mich neben sie und umarmte sie. «Ich habe erfahren, daß ich auch dazu gehörte und gestorben bin. Was ist mit mir passiert?»

«Du warst immer ein unabhängiger Geist, darum wurdest du nicht mit deinen Soldaten eingeschlossen. Ich nehme an, daß du sie im Tod gewissermaßen im Stich gelassen hast. Jetzt hast du sie befreit.»

«Ja, aber was geschah mit meinem Körper?»

«Du wurdest mit deinen Männern begraben, genau hier. Du hast die langlebigen, immergrünen Eiben stets bewundert, also pflanzte ich eine auf dein Grab.»

«Du!» Ich sprang auf die Beine. «Aber...»

«Es ist wirklich nicht nötig, daß du schreist, Michael», mahnte Ceine still.

Ich stand wieder im Tempel des Lernens, vor dem Wandgemälde, das einen Park in einer englischen Landschaft darstellte. Ich starrte es an. Es war Frühsommer, doch die Pappelreihe war beinahe kahl.

3
Eine Lektion in Widerwillen

Nicht die Liebe der Engel wird die Menschheit erheben, sondern unsere Fähigkeit, uns selbst und einander wirklich zu lieben.

«Das war äußerst bemerkenswert. Ich weiß noch immer nicht, wie Treenie hierhergekommen ist.»

«Weißt du, wie du hergekommen bist?» forschte Ceine.

Ich lachte. «Nein, ich weiß es nicht. Wenn ich also nicht weiß, wie ich hergekommen bin, ist es sinnlos, verstehen zu wollen, wie es Treenie geschafft hat.»

«So in etwa», meinte Ceine. «Verstehen ist nicht immer angebracht, denn es versucht, das Mysterium über die Vernunft zu erklären. Ein Mysterium ist eine unerkannte Wahrheit, Verständnis beruht dagegen meist mehr auf Vernunft als auf Erkenntnis.»

Er blickte mich an, und seine Augen wurden zu beunruhigenden silbrigen Schlitzen. «Bitte folge mir!»

Mit einer Mischung aus Unruhe und Verwirrung folgte ich Ceine, der durch einen weiteren Torbogen in einen anderen Flügel im Tempel des Lernens vorausging. Wenn man das Äußere bedachte, war all dieser Innenraum unmöglich, aber dies war eine Realität, die auf unmögliche Möglichkeiten spezialisiert zu sein schien.

Abgesehen vom Glühen einer weichen, weißen Transparenz war in diesem Teil des Gebäudes absolut nichts vorhanden. Jeder Teil schimmerte – der Boden, die Wände und die hohe Decke.

Das erzeugte eine Atmosphäre von Gelassenheit, was vermutlich genau das war, was Ceine wünschte.

«Wenn du möchtest, kannst du dich hier hinsetzen und entspannen.»

Ich blickte auf die Stelle, die er mir gezeigt hatte. «Du meinst auf den Boden? Es gibt keine Sitze.» Ich kam mir komisch vor, als ich das Offensichtliche feststellte.

Ceine lehnte sich kichernd zurück, schwang seine langen, pelzigen Beine vom Boden hoch und entspannte sich, irgendwie im Raum schwebend.

«Versuch es!»

Ich lehnte mich sehr vorsichtig zurück, und zu meinem Erstaunen fühlte ich eine unglaublich angenehme, nachgiebige Festigkeit, die meinen Körper stützte und sich meinen Konturen perfekt anpaßte. Immer noch vorsichtig, gab ich mich dem hin, wobei ich herauszufinden versuchte, was es war. Da war nichts, nicht einmal ein Lichtfleck.

«Das ist großartig.»

«Freut mich, daß es dir gefällt. Es wird dich auch kräftigen.»

Schon während Ceine seine lautlosen Worte sprach, konnte ich die Lebenskraft wie eine kleine, sanfte Welle in mir aufsteigen fühlen. Ceine blickte mich an. Seine Silberaugen bedeuteten den meinen, seinem Blick zu begegnen, doch ganz ohne Zwang.

«Was möchtest du?» fragte ich.

«Spiel keine Spielchen, Michael! Du weißt sehr wohl, was ich von dir will. Du sollst dir über deine Absichten klarwerden.»

Ich wußte es tatsächlich. Es ging um meinen Widerwillen. Dieser Widerwille schien Teil meines Lebens zu sein. Widerwillig war ich in ein weiteres Leben auf der Erde hineingeboren worden, und nur mit äußerstem Widerwillen war ich zur Schule gegangen. Dagegen war ich äußerst willig gewesen, Treenie zu heiraten. Der Widerwille hielt mich nicht davon ab, Dinge zu tun; er bildete eher ein Hindernis, das ich immer wieder zu überwinden hatte: mich selbst! Ich sprach selten über meinen Widerwillen, aber ich wußte, daß Treenie ihn bestens kannte. Die gute

Seite daran war, daß alles, was mit Natur zu tun hatte, nicht davon betroffen wurde. Das eigentliche Problem bestand darin, daß ich nicht die geringste Lust verspürte, in der Öffentlichkeit über meine Erfahrungen zu sprechen. Allerdings hatte ich erlebt, daß man erst im Freiwerden seinen wahren Lebenssinn erkennt. Ich wußte also, daß mir mein Lebenszweck auch die Aufgabe auferlegte, meine Sicht der Wahrheit im geschriebenen wie im gesprochenen Wort mit anderen zu teilen. Mein Widerwille und mein Lebensziel lagen im Widerstreit miteinander. Folgte ich meinem Lebensziel, bedeutete das, ungeachtet meines Widerwillens in der Öffentlichkeit sprechen zu müssen.

Das waren die Gedanken, die ich absichtlich projizierte und so Ceine mitteilte.

«Also wie geht es von hier aus weiter?» fragte ich. «Ich kann meinen Widerwillen nicht verleugnen oder so tun, als ob ich ihn nicht hätte. Ich bin eigentlich sehr begeisterungsfähig, vor allem, wenn es darum geht, meine Erlebnisse niederzuschreiben, aber darüber zu sprechen erscheint mir sinnlos. Was meine Absichten anbelangt, bin ich ständig auf der Suche nach Möglichkeiten, wie die Dinge, die gesagt werden müssen, auf die akzeptabelste und passendste Weise angesprochen werden können. Ich beabsichtige durchaus, meinen Lebenszweck zu erfüllen, aber ich muß das Gefühl haben, daß es keine sinnlose Übung ist.» Ceine sah mich mit dem Ausdruck tiefer Besorgnis an.

«Wie wär's mit Liebe?» schlug er vor.

«Ceine, das hört sich ja gut an, aber wie soll ich das machen? Mit mehr Worten? Die Menschen werden heute von ihren Alltagsproblemen aufgezehrt: Rechnungen, die zu bezahlen sind; Probleme mit den Kindern; Vergewaltigung, Inzest und Drogen; eine Beziehung aufrechterhalten; seinen Lebensunterhalt verdienen und so weiter und so fort. Das macht heute die reale Welt aus. Die Tatsache, daß diese sogenannte reale Welt auf der Unwahrheit der Trennung beruht, macht für die Menschen keinen Unterschied. In diesem Moment ist das *ihre* Wahrheit, und für die meisten besteht ihre Wirklichkeit aus diesem Mischmasch an Verwicklungen.»

Ceine sah immer noch besorgt aus, doch als er sprach, merkte ich, daß seine Sorge nicht mir galt.

«Eine brillante Zusammenfassung. Sie könnte dir noch lange gute Dienste leisten, um deinen Widerwillen aufrechtzuerhalten.»

«Das ist ein bißchen unfair.»

Ceines Augen waren funkelnde Schlitze. «Ich leugne nichts von dem, was du sagst, doch es kann trotzdem nicht als Entschuldigung gelten. Das begreifst du doch, nicht wahr?» Widerwillig nickte ich mein Einverständnis. «Jedes weitere Wort, das ich hinzufüge, würde die Sache wohl kaum ändern», meinte Ceine nachdenklich. Er glitt mühelos aus dem unsichtbaren Kraftfeld, in dem er es sich behaglich gemacht hatte. «Warte hier ein Weilchen!» sagte er, ging quer durch den Tempel und war beinahe sofort außer Sichtweite.

Ich fühlte mich unbehaglich. So wie ich Ceine kannte, paßte das, was er mir über meinen Widerwillen gesagt hatte, eigentlich nicht zu seinem Charakter. Ich hatte das Gefühl, daß er nun anderen Kräften gestatten würde, auf mich einzuwirken. Welche Kräfte könnten das sein? Natürlich war ich in einem Raum sicher, der aus nichts weiter als sanft schimmernden Wänden bestand. Ich verlor mich bei dem Versuch, eine Lösung zu finden, die mich von meinem Widerwillen befreien würde, in einer nachdenklichen Träumerei.

Plötzlich bemerkte ich einen kleinen Jungen, der sich mir näherte.

Er erreichte mich, als ich mich gerade damit abmühte, aus dem nicht-materiellen Liegestuhl aufzustehen. Ich kniete mich hin, um mit ihm auf einer Ebene zu sein.

«Wer bist du?» fragte ich.

«Ich bin Thane.»

«Thane? Das ist aber ein sonderbarer Name. Hat er eine Bedeutung?» erkundigte ich mich.

«Normalerweise bezeichnet er einen Gefolgsmann, der dem schottischen König als Krieger zur Seite stand, doch er hat noch eine höhere Bedeutung.»

Er schwieg so lange, daß ich ihn zur Antwort auffordern mußte. «Und die wäre?»

Seine dunklen Augen waren auf die meinen geheftet und durchbohrten mich geradezu. Er sagte nichts, er starrte mich nur mit diesem wissenden Blick an, als ob er ein Wiedererkennen erwarte. Wiedererkennen! Er sah so aus, wie ich mit etwa sechs Jahren ausgesehen hatte. Der einzige Unterschied war, daß ich blond und blauäugig gewesen war. Seine Haare und Augen waren schwarz wie die Nacht. Als ich ihn anblickte, wurden meine Augen feucht, obwohl ich mich nicht in einer physischen Realität befand, und eine Träne rann mir über die Wange. Mein Herz schwoll, erfüllt von einer immensen Liebe, doch die Erinnerung schwebte zu weit entfernt von mir, als daß ich sie hätte fassen können.

«Ich ... ich kenne dich, und doch auch nicht.»

«Thane bedeutet auch: ein Jünger der Wahrheit», erklärte er.

Ich spürte eine Hand, die mir das Herz zusammenpreßte, und ein Würgen stieg in mir auf, als ich den Knoten im Hals fühlte. Ich erkannte ihn wieder, und in diesem Wiedererkennen gingen meine Gefühle mit mir durch.

Jetzt lächelte er voll Mitgefühl und altersloser Weisheit. «Ich bin ein Aspekt des Selbst, der niemals auf Erden inkarniert war und auch nie inkarnieren wird. Du und ich – wir sind keineswegs du und ich, wir sind eins. Wir sind *ein* Jünger der Wahrheit.»

Er hielt inne und wartete ein wenig, bis meine Gefühle allmählich abflauten. Alles, was schließlich übrigblieb, war Liebe, denn Liebe ist keine Emotion. Ich konnte nicht verstehen, warum er mir als Kind erschien, aber das war wohl unwichtig.

Er fuhr fort: «Du bist vielen deiner früheren inkarnierten Identitäten begegnet und mit ihnen verschmolzen, wodurch du vergangene Konflikte gelöst hast. Der Widerwille ist geblieben. Wir sind eins, also verstehe ich zumindest einen Aspekt deines Dilemmas. Da du nun die Vollkommenheit der Welt wahrnimmst, kann nichts, was du sagst oder tust, diese Vollkommenheit verbessern oder vermindern. Die Erfahrung der Wahrheit bedeutet, daß du von nichts weniger als der Wahrheit berichten kannst. Jenen, die

die Wahrheit erfahren, braucht man nichts mitzuteilen, während jene, die sie nicht erleben, sagen würden, daß du völlig irregeleitet bist. Hab' ich es richtig erfaßt?»

Ich nickte.

«Michael, ich habe eine Frage an dich. Wenn die Blüten auf der Erde nicht mehr bestäubt würden, könnten dann die Pflanzen, die von einer Bestäubung abhängig sind, weiterhin blühen?»

Die Antwort war offenkundig. «Natürlich nicht. Die erwachsenen Pflanzen könnten zwar weiterhin jedes Jahr blühen, doch sie könnten sich nicht mehr durch Samen vermehren. Schließlich würden sie alle aussterben.»

«Und wäre das auch vollkommen?»

Angesichts dieser krassen, bildhaften Darstellung war ich schokkiert.

«Bestäube die Blumen der Menschheit mit der Wahrheit», fuhr Thane fort, «denn die Samen einer neuen, größeren Wirklichkeit werden in eurer Welt dringend benötigt.»

Zögernd gestand ich ein, daß mich eine tiefe, innere Sorge bewegte. «Ich frage mich oft, ob ich über genug Liebe und Mitgefühl verfüge, um das Nötige zu tun. Als ich an die Illusion der Trennung glaubte, hatte ich den innigen Wunsch, die Welt zu verändern, aber dieser Wunsch beruhte auf Selbsttäuschung und Angst. Jetzt, wo ich eine größere Wahrheit kenne, habe ich nicht den Wunsch, irgend etwas zu verändern. Vielleicht bedeutet es mir nicht genug; vielleicht ist das die Wahrheit hinter meinem Widerwillen.»

Seine schwarzen Augen betrachteten mich feierlich. «Als ein Aspekt deines Selbst weiß ich es besser. Empfandest du kein Mitgefühl für die römischen Soldaten? Hast du nicht um die Menschheit geweint?»

«Ja, aber meine Reaktionen kamen nur langsam.»

«Ist es denn falsch, wenn deine tieferen Gefühle nicht sofort an die Oberfläche treten?»

Ich sagte nichts.

«Erinnerst du dich an das metaphysische Erlebnis, das du mit siebzehn Jahren hattest?» fragte Thane. «Es ging um eine Familie in einem Elendsviertel.»

«Das war ein Traum», wehrte ich ab.

«Du *weißt,* daß es keiner war. Das war deine Art, damit fertigzuwerden. Glaubst du wirklich, alles, was geschah, war, daß du mit einem Stoß Büchern auf dem Schoß in der öffentlichen Bibliothek in Cambridge eingeschlafen bist? Es fällt dir ja schon schwer, tagsüber auf einem Bett liegend einzunicken! Nein, Michael, es war der absolut richtige Zeitpunkt. Es war ein Moment der Empfänglichkeit und Offenheit. In dem Moment in der Bibliothek, als du deinen physischen Körper verlassen hast und in deinen Lichtkörper eingetreten bist, warst du so wach, wie du es schon lange nicht mehr gewesen warst.»

Ich erinnerte mich deutlich daran. Ich hatte etwas über einen ziemlich unbekannten Arzt aus dem neunzehnten Jahrhundert gelesen, über seine Liebe, sein Mitgefühl und die persönlichen Opfer, die er in Ausübung seiner Pflicht gebracht hatte – einer Pflicht, die auf Liebe beruhte. Ich war zutiefst davon berührt und inspiriert gewesen. Für einige lange Augenblicke hatte ich eine innere Verschiebung verspürt, als schwebte ich irgendwo im Raum, und dann fand das Ereignis statt, das ich als Tagtraum bezeichnet hatte.

Thane lächelte. «Aber du warst widerspenstig. Du erinnerst dich noch an den Kampf mit deinem Mitgefühl und den Versuch, dieses Erlebnis einfach zu negieren; du hast jedoch, wider Willen, deine Liebe und Fürsorge zum Ausdruck gebracht.»

«Woher weißt du all das?»

«Erinnerst du dich an den Engel?»

«Ja, natürlich.»

«Das war ich.»

«Oh, mein Gott!» Die Erinnerung an das Erlebnis traf mich wie eine Schockwelle. Als ich kraftlos in den unsichtbaren Liegestuhl zurücksank, ergriff mich das Ereignis ganz und gar, da es augenblicklich zu meiner Realität wurde.

Ich starrte auf ein düsteres, schäbiges Haus in einem verkommenen Elendsviertel. Die Stufen, die zu dem wohl schmuddeligsten Haus, das ich je gesehen hatte, emporführten, waren mit schmutzigem Papier und Abfällen übersät. Trotzdem ich mich von dieser seltsamen Vision in der öffentlichen Bibliothek abgestoßen und bedroht fühlte, erlebte ich, wie sich mein Lichtkörper-Wesen aus dem Stuhl erhob, zu der Szene hinüberging und begann, die Stufen hochzusteigen. In meinem physischen Bewußtsein stockte ich angesichts dessen, was geschah, doch mein Lichtkörper-Ich setzte diesen abstoßenden Aufstieg mit unerschütterlicher Bestimmtheit fort.

Ich stieg eine lange Flucht eiserner Treppen hoch, die am Ende eines Gäßchens zu dem Haus emporführten. Obwohl es Tag war, gab es nur spärliches Licht in der Straße, in die das Sonnenlicht nur selten durch drang, einer Straße, voll von Verzweiflung und Verfall. Farbe blätterte von dem wackeligen Geländer ab, und alles, was ich berührte, starrte vor Schmutz. Meine Handlungen waren durch mein Lichtkörper-Ich bestimmt, und so öffnete ich trotz meines Widerwillens die verbeulte Hintertür. Wenn schon die Türe so aussah, als ob sie mehrmals eingetreten worden wäre, sah das Innere des Hauses noch viel übler zugerichtet aus. Bestürzt schaute ich um mich. Hier herrschte das Gegenteil von all der Ordnung und Sauberkeit, die ich in meinem Leben liebte. Fettverschmierte Töpfe und Pfannen voller alter Essensreste lagen in einem Haufen in der Ecke. Ein dreckiger Tisch und zwei Stühle standen in der Mitte des Raumes. Ein Sofa, das so aussah, als ob man es von der Müllkippe geholt hätte und dem ein Bein fehlte, lehnte an einer Wand. Die Farbe schälte sich in Blasen von großen, feuchten Stellen an Wänden und Decke ab, und der ursprüngliche Farbton war kaum mehr zu erkennen. Das ganze Zimmer stank unvorstellbar nach verfaulendem Abfall, kaltem Tabakrauch und, was alles andere übertönte, nach Bier.

Voller Ekel sah ich mich um. Irgendwo versuchte ein dringlicher Gedanke an die Oberfläche zu gelangen: Mach, daß du hier wegkommst, schnell! Doch eine innere Verpflichtung hielt mich.

Es waren die Personen in diesem Raum, die den Drang, weglaufen zu müssen, in mir ausgelöst hatten. Am Tisch saß zusammengesunken ein Mann. Seine schmutzige, kraftlose Hand hielt eine leere Bierflasche umklammert, während der Kopf auf dem anderen Arm ruhte. Seine Augen waren geschlossen, Speichel tropfte von seinen schlaffen Lippen. Ein Drei- oder Viertagebart hatte eine graue Wolke um sein Gesicht gebildet, und eine einsame Fliege kroch unbekümmert über seinen kahlen Schädel. Dieses Bild schmutziger Verkommenheit wurde durch ein fleckiges, unsauberes Hemd abgerundet, das sich über einem aufgequollenen Bierbauch spannte und nur teilweise in seine zerlumpten Hosen geschoben war. Dieser Mann repräsentierte alles, was ich aus tiefstem Herzen verachtete.

Er war nicht allein. Auf dem Sofa lag eine aufgedunsene Wasserstoffblondine ausgestreckt, mit grellrot geschminkten Lippen, die in leisen, gurgelnden Tönen monoton vor sich hin schnarchte. Ihr Gesicht war schlaff und irgendwie leer, als ob jeglicher Stolz und alle Selbstachtung schon vor langem daraus fortgeschwemmt worden seien. Mit ihrer ehemals weißen Bluse, die aus dem fleckigen, zerknitterten, schwarzen Rock heraushing, wirkte sie äußerst vernachlässigt und schlampig.

Eine Bewegung fing meinen Blick. Ein kleines Kind spielte in der Asche des längst ausgegangenen Kamins. Teilnahmslos schubste es ein Stück verkohltes Holz mit einem Stock umher. Ich ging zu ihm hinüber, kniete mich hin und starrte es schockiert an. Es war ein Junge, vielleicht eineinhalb bis zwei Jahre alt, mager, mit einem abgehärmten Gesichtchen, die Augen wäßrig und verkrustet. Er wies keine Anzeichen von Gewaltanwendung auf, doch Verzweiflung und Niedergeschlagenheit hatten sein Gesicht geprägt, das sonderbar alt erschien und in dem jeder Schimmer von Liebe und Geborgenheit fehlte. Er war nur mit einem Unterjäckchen bekleidet. Der Bereich um die Genitalien war rissig, schmutzig und verschorft. Und er stank. Der saure Geruch von Erbrochenem und Kot umgab ihn und zog einen Schwarm summender Hausfliegen an.

Angeekelt und abgestoßen stand ich auf. Ich fühlte, wie eine ungeheure Wut in mir aufstieg und auszubrechen drohte, doch in diesem Lichtkörper war das unmöglich. Mein normales physisches Ich wäre weggelaufen oder hätte den Mann und die Frau wüst beschimpft – nein, es hätte sich an der Sache erst gar nicht beteiligt –, aber dies war ein anderer Aspekt von mir, der *wußte,* daß all das wirklich geschah.

Warum bin ich hier? Ich bat still um eine Antwort. Was soll ich tun? Was habe ich daraus zu lernen? Wie kann ich helfen? So klar wie der Klang einer Glocke sprach eine Engelsstimme geistig zu mir. Beim Ton der Stimme sah ich zugleich ein Wesen aus Licht, gerade so, wie ich mir einen Engel immer vorgestellt hatte, nur ohne Flügel. Es hatte eine menschliche Gestalt, war klein und leuchtete irgendwie von innen, so daß ich keine Gesichtszüge erkennen konnte. Ich war eher beunruhigt als erstaunt, denn das Wesen strahlte auf überwältigende Weise die Essenz absoluter Reinheit aus. In meinem Geist blitzten viele Fragen auf, doch das Lichtwesen kam mir zuvor.

«Warum verabscheust du diese Menschen so sehr?»

Obwohl mich die Einsicht, die diese Frage erkennen ließ, verblüffte, antwortete ich wahrheitsgemäß: «Weil sie all das repräsentieren, was ich an Menschen verachte.»

«Hast du vergessen, daß sie Menschen sind, genau wie du?»

«Natürlich nicht. Aber nichts hat sie gezwungen, in diesen tragischen, abscheuerregenden Zustand zu geraten.»

«Also hast du sie verurteilt und für schuldig befunden?»

«Das ist ungerecht. *Sie* haben selbst das Elend, in dem sie sich befinden, hervorgebracht. Das hat ihnen niemand anders angetan. Ich kann den Beweis hier sehen, also ist es keine Frage des Urteilens.»

«Ich leugne nicht, was du siehst. Ich bitte dich, nach dem zu fragen, was du nicht siehst.»

Ich fühlte mich ein wenig in die Enge getrieben. «Warum kritisierst du mich? Ich bin ja hier schließlich nicht der Schuldige.»

«Siehst du! Du *hast* sie für schuldig befunden.»

«Du verwirrst mich. Was soll das alles?»

«Mitgefühl ... Mitgefühl anstelle von Verurteilung.»

Nun fühlte ich mich noch verwirrter. «Ich kann nichts für das, was ich fühle, oder? Sie verletzen alles an Würde, woran ich glaube.»

«Du behauptest also, daß *du* das Opfer deiner Gefühle und Anschauungen bist. Wäre es nicht möglich, daß diese Menschen denselben Anspruch stellen?»

Jetzt war ich wütend. «Also hör mal! Was bezweckst du eigentlich mit alldem, abgesehen davon, daß du versuchst, mich mit Worten auszutricksen?»

«Ich trickse dich nicht mit Worten aus. Ich spiegle sie nur, damit du sie nochmals überdenkst. Das allein ist schon Zweck genug.»

«In Ordnung! Angenommen, ich akzeptiere das, angenommen, ich gebe zu, daß ich die beiden, ohne es zu wollen, verurteilt habe – was wird das ändern?»

«Du kannst nur dann eine Situation grundlegend verändern, wenn du bereit bist, dich selbst auch zu ändern.»

«Aber ich brauche mich nicht zu ändern! Ach, du meinst, ob ich anstelle von Abscheu Mitgefühl in mir entdecken kann?»

«Wäre das nicht eine kraftvolle Veränderung?»

«Ja, vermutlich schon.» Mit dieser Erkenntnis ging ein Gefühl von Demütigung einher. «Aber was *ist* Mitgefühl? Ich schäme mich einzugestehen, daß ich nicht wirklich weiß, was das ist.»

«Du weißt es mit Sicherheit. Du hast es gespürt, als du über den Arzt gelesen hast. Du bist jetzt hier, weil du beschlossen hast, es in deinem Leben zu verwirklichen. Indem du mitfühlend handelst, wirst du dieses Gefühl erkennen und akzeptieren, anstatt es weiterhin zu verleugnen.»

Ich war erstaunt. «Weißt du alles über mich?»

«Natürlich.»

«Bist du mein Schutzengel?»

«Wegweisender Engel wäre ein besserer Ausdruck.»

«Na gut, warum hast du das nicht gleich gesagt?»

«Macht das einen Unterschied? Du hörst mich nur, wenn du es zuläßt. Ich spreche durch Flüstern zu dir, während deine eigene Furcht und Narrheit dich anschreien. Wirst du mir jetzt zuhören?»

«Natürlich werde ich.»

«Lenke deine Aufmerksamkeit auf die Personen in diesem Raum! Stelle fest, ob du in deinem Herzen Liebe für sie entdecken kannst!»

Ich ging zu dem Mann hinüber und versuchte, irgendeine Form von Sympathie für ihn aufzubringen. Ich fühlte nichts – keine Regung von Sympathie, Liebe oder Mitgefühl –, nichts außer Abscheu. Ich betrachtete die schnarchende Frau und spürte eher Verachtung als Liebe.

«Ich fürchte, auf dem Gebiet bin ich nicht allzu gut», seufzte ich. Dann richtete sich meine Aufmerksamkeit auf den kleinen Jungen. Besorgnis und Mitleid flammten wie ein Streichholz in mir auf. Ich kniete mich neben ihm nieder, um ihn auf den Arm zu nehmen. Aber es ging nicht, weil mein physischer Körper nicht dort war. Ich sah, wie die Läuse durch seine Haare krochen, und spürte, wie das Elend in Wogen von Verzweiflung von ihm ausging. Ich wollte ihn umarmen und trösten.

«Es bekümmert mich wirklich. Ich wünsche mir nichts mehr, als diesem armen Jungen zu helfen, obwohl seine Eltern von mir aus zum Teufel gehen können. Schau, was sie ihm angetan haben!»

«Also spürst du einen Funken begrenzter Liebe, aber auch Unversöhnlichkeit und Haß. Ist das das Beste, was du zustande bringst? Begreifst du immer noch nicht, daß es nicht das Alter ist, das bestimmt, wer in diesem Raum hier das Kind ist?»

Ich fühlte mich kritisiert und reagierte überempfindlich. «Worum geht es hier eigentlich? Was macht es denn für einen Unterschied, ob ich sie liebe oder nicht?»

«Wenn es dir gelingt, sie zu lieben und sie gerade so, wie sie sind, anzunehmen, wird diese Liebe zu einem Licht in ihrer Dunkelheit, zu einem Tor, das sich auftut, wo alle anderen verschlossen sind. Es ermöglicht ihnen, Selbstachtung zu entwickeln, so daß sie aus der Hoffnungslosigkeit zur Hoffnung gelangen können. Diese beiden werden von ihrem Selbsthaß und ihrer Selbstverachtung aufgezehrt. Glaubst du, daß sie noch mehr davon benötigen? Sie befinden sich in dieser Situation, weil sie sich selbst nicht ins Gesicht sehen können. Sie müssen um ihretwillen geliebt werden, so wie sie augenblicklich sind und nicht, wie sie unter anderen Umständen sein könnten.»

«Wenn du so viel weißt und so gut darin bist, andere zu lieben, warum liebst du sie dann nicht? Du kannst das offensichtlich besser als ich», erklärte ich in herausforderndem Ton.

«Leider ist es nicht die Liebe der Engel, die die Menschheit erheben wird, sondern die Liebe jedes einzelnen von euch, des einen zum anderen und für alle anderen, und was sogar noch wichtiger ist – die Liebe zu euch selbst. Das ist die große Aufgabe der Menschheit.»

Trotz meines Widerwillens ahnte ich, daß ich einer Herausforderung gegenüberstand, deren Folgen sich auf mein ganzes Leben auswirken würden, vielleicht war die Wirkung auf mich selbst sogar stärker als auf die Personen in diesem Raum.

Da ich wußte, daß ich Liebe nicht erzwingen konnte, kauerte ich mich neben dem Jungen auf den Boden und konzentrierte mich auf ihn. Ich ließ Anteilnahme zwischen uns entstehen, so daß wir uns näherkamen und vereinten. Allmählich fühlte ich, wie sich etwas tief aus meinem Inneren herauslöste, um den kleinen Jungen zu umarmen und ihn an mich zu ziehen. Erst in dem Moment bemerkte ich, daß er und ich von Licht umgeben waren, einem Licht, das ständig zunahm. Langsam breitete sich das Liebeslicht, von mir auf eine mir unverständliche Weise gelenkt, durch den ganzen Raum aus, bis es den Mann und die Frau in seine Aura aufgenommen hatte. Mit einem Gefühl der Ehrfurcht erkannte ich, daß ich tatsächlich um die Eltern besorgt war – sogar sehr besorgt –, doch diese Fürsorge war so tief in mir verborgen gewesen, daß ich von ihrer Existenz nichts geahnt hatte.

In dem Maße, wie meine aufrichtige Sorge um diese Familie an die Oberfläche gelangte, verstärkte sich die Kraft des Liebeslichtes.

Dann geschah etwas. Die Frau öffnete die Augen und starrte auf das Kind. Ein Ausdruck, der Abscheu vor sich selbst zeigte, huschte über ihr Gesicht, und mit einem mitleidigen Kopfschütteln stand sie vom Sofa auf und stolperte durch das Zimmer. Sie konnte weder mich noch den Engel, noch das Liebeslicht sehen. Sie hob den kleinen Jungen hoch und küßte ihn auf die Stirn. Ihre Augen weiteten sich, als sie die Läuse sah, die über seine Kopfhaut krochen.

Ihre Worte waren ein Schrei der Verzweiflung. «O Himmel, Bill, das können wir dem Kind nicht antun. Zum Teufel noch mal, was tun wir uns selbst bloß an?»

Bill setzte sich mit einem Stöhnen auf. «Was ist los? Was hast du gesagt?»

«Ich hab' gesagt, wir müssen aus dem Sauhaufen raus, in dem wir drinstecken. Wir haben ein Kind, das von Läusen strotzt, und wir selber stinken nach Bier. Mein Gott, Bill! Wir können so nicht weitermachen. Was zum Teufel ist nur mit uns passiert?»

Schuld zerfurchte Bills Gesicht, als er den Jungen anstarrte. «Ich weiß nicht», murmelte er. «Kann keine Arbeit finden.»

«Ja, du kannst keine Arbeit finden, aber müssen wir wie Schweine leben? Jesus! Ich fühl' mich, als ob ich dieses Zimmer noch nie gesehen hätte. Es stinkt, und du auch und ich auch.» Sie begann zu weinen, und ihre Augen waren von Scham und Sorge gezeichnet.

Der Engel wandte sich mir zu. Sein Licht flackerte in goldenen Schattierungen. «Die Heilung hat begonnen. Du warst die treibende Kraft für die Veränderung, weil du selbst bereit warst, dich zu wandeln, wenn auch nur in begrenztem Ausmaß. Diese Situation ist real, so wie du vermutet hast, und für diese Familie bedeutet das das Ende der größten Verzweiflung. Sie werden ihr Leben mit der Hilfe anderer wieder in Ordnung bringen.»

Ich freute mich. Nur die Bemerkung über das begrenzte Ausmaß meiner Veränderung störte mich doch erheblich. «Was ist denn an meiner Veränderung so begrenzt? Das ist wirklich eine Herabsetzung.»

Die Energie des Engels war direkt auf mich gerichtet. «Meinst du? Sieh dir diese Menschen an und fühle, wie deine Liebe jetzt beschaffen ist!»

Ich betrachtete die Familie, wie sie sich aus ihrer bierseligen Apathie heraus zu regen begann, und erstarrte dann schockiert. Plötzlich trug der Mann meine Gesichtszüge, genauso wie die Frau und der Junge auch! Sie alle hatten *mein* Gesicht. Voller Abscheu schreckte ich zurück, und das Liebeslicht wurde sofort schwächer. «Siehst du! Für diese Menschen kannst du zwar etwas Liebe aufbringen, aber sobald ich dir in ihnen dich selbst zeige, fühlst du dich wieder abgestoßen.»

«Aber, aber, aber ...» stotterte ich hilflos.

«Du mußt auch in dir annehmen, was du in anderen annehmen kannst. Was der Betrunkene symbolisiert, verurteilst du an dir selbst. Es ist jener Teil von dir, der häufig außer Kontrolle gerät, der selbstmitleidige Aspekt, der sich als unwürdig betrachtet. Er wird gesund, indem du ihn liebst. Die Frau symbolisiert deine innere Weiblichkeit, sie ist zwar nicht unbedingt auf die Art und Weise schön, wie du dir Mädchen oder Schönheit vorstellst. Dein weiblicher Aspekt reagiert empfindlich auf Häßlichkeit, aber er verdammt sie nicht. Liebe deinen weiblichen Teil und nicht ein künstliches Gebilde aus hübschem Blendwerk. Der kleine Junge ist das Kind in dir, das in deinem Bestreben, schnell erwachsen werden zu wollen, vernachlässigt worden ist. Erwecke die Unschuld und das natürliche Selbstgefühl des Kindes wieder in dir und ehre sie. Liebe das Kind in dir, so wie es ist, und nicht, wie du glaubst, daß es sein sollte.»

Die stillen Worte hallten in mir wider, und ihre Kraft intensivierte sich, als wären sie dazu gedacht, für immer in meiner Psyche eingeprägt zu bleiben. Das Engelslicht loderte zu einem hellen Strahlen auf, das mir die Augen geradezu aufriß. Ich saß mit gesenktem Kopf in der öffentlichen Bibliothek, und ein heller Sonnenstrahl, der durch eines der hohen, schmalen Fenster fiel, schien mir ins Gesicht.

Ich blieb noch eine Weile ziemlich erschüttert sitzen, um einfach all das zu verdauen, was sich ereignet hatte. Die Bibliothek war unwiderruflich dieselbe Bibliothek, die ich regelmäßig besuchte, doch ich mußte zugeben, daß sich die Pfade einer erweiterten Wirklichkeit hier auf mir unbekannte Weise begegnet und miteinander verschmolzen waren. Was sich da abgespielt hatte, gefiel mir gar nicht. Ich fand es äußerst unbequem, mir über die Ablehnung Gedanken zu machen, die ich gespürt hatte, als ich mein eigenes Gesicht in der Familie aus dem Elendsviertel entdecken mußte. Es war zu schmerzhaft, der Wahrheit über mein mangelndes Selbstwertgefühl zu begegnen, die mich förmlich anstarrte. So begrub ich sie lieber. Zuviel war enthüllt worden, als daß es mich hätte trösten können. Ich zwängte das Erlebnis tief an einen dunklen Ort in meinem Inneren, wo es mit all meinen anderen häßlichen Gedanken und Gefühlen hauste. Anstatt es zu begrüßen, daß ich nun die Fähigkeit besaß, mich selbst ehrlich, aber ohne zu verurteilen, betrachten zu können, wies ich sie zurück.

Ich spürte kaum, daß ich wieder an einen anderen Ort versetzt worden war, und schon befand ich mich wieder im Tempel des Lernens und lehnte mich in den unsichtbaren Kraftfeld-Liegestuhl zurück.

Thane starrte mich gespannt an, eine Frage in seinen Augen.

«In Anbetracht der Umstände und der dargebotenen Gelegenheit war das nicht gerade das Klügste, das ich je getan habe», sagte ich leichthin. Aber ich war erschüttert. Wie hatte ich über ein solches Erlebnis derart hinweggehen können? Ich hatte es so heftig von mir gewiesen, daß es nur durch Thane, der als Katalysator wirkte, wieder in mein Wachbewußtsein dringen konnte. In den darauffolgenden Jahren war dieses Erlebnis in meinen Träumen ziemlich regelmäßig wieder aufgetaucht, aber ich hatte auch die Träume als Unsinn abgetan.

«Das ist der potentielle Wert von Träumen», erläuterte Thane, der meine Gedanken gehört hatte. «Im Schlaf kann euer Bewußtsein aktiv auf eure Erleuchtung hinarbeiten, und zwar ungehindert von den Sehnsüchten und Wünschen, denen euer Geist gewöhnlich dienen muß. Das Bewußtsein strebt immer ein höheres Ziel an. Glaubst du jetzt immer noch, daß es dir an Mitgefühl fehlt?»

Ich dachte einige Augenblicke lang darüber nach. Nein, ich wußte genau, daß ich mitfühlend war. Ich war vielleicht kein Schnellzünder, aber das Mitgefühl stellte doch eine treibende Kraft dar, die ich nicht leugnen konnte. Thane lächelte. Er wußte es natürlich.

4
Die Wiese der Ewigkeit

Flüstert dir die Weisheit eine Wahrheit ins Herz,
so nimm sie an.
Lebe diese Wahrheit, um ihr Kraft zu verleihen.
Auf diesem Wege gelangst du zur Erleuchtung.

Thane drehte sich elegant auf dem Absatz um und bewegte sich von mir weg. «Komm schon!» rief er. «Ich stelle fest, daß einige vergrabene Erinnerungen wiederbelebt werden müssen. Auf deiner Reise kannst du kein zusätzliches Gepäck gebrauchen.»

Ich konnte kaum glauben, wie schnell er sich bewegte, nicht so sehr im Sinne von Geschwindigkeit, sondern im Sinne von zurückgelegter Distanz. Ceine bewegte sich auf ähnliche Weise fort, indem er irgendwie bewirkte, daß sich Entfernung und Plazierung veränderten.

Ich sprang aus dem unsichtbaren Liegestuhl auf und eilte Thane hinterher. Obwohl er wie sechs Jahre alt aussah, stellte er einen Aspekt meines Selbst dar, der alt und sehr weise schien.

«Warte», rief ich, als er verschwand. Ich rannte hinter ihm her. Bei dem Versuch, ihn einzuholen, jagte ich quer durch den leuchtenden Raum. Ich schlitterte gerade um die Ecke, als mir der Gedanke kam, daß er vielleicht gar nicht eingeholt werden wollte, aber da war es schon zu spät.

Ich rannte in eine Müllhalde. Ich war ungefähr neun Jahre alt, und es war die Müllhalde, die gleich hinter der Mauer am Ende des Gartens meiner Eltern lag. Diese Müllhalde war als die «Grube» bekannt. Die Grube bestand aus etwa drei Morgen Land, die von Haushalts- und Fabrikabfällen sowie Sperrmüll bedeckt waren. Sie wurde von einer Unzahl Ratten heimgesucht, war völlig unbeaufsichtigt und stank, und irgendwo in ihren unterirdischen Tiefen brannte fast ständig ein Feuer. Für die Kinderbande aus der Gegend, der auch ich angehörte, war das ein ideales Gelände.

Ich hielt den leichten, wunderbar ausbalancierten indianischen Wurfspeer, den ich zur Rattenjagd verwendete, in der Hand. Obwohl ich eine tiefe Liebe zur Natur empfand, endete meine Zuneigung bei den Ratten. Mein Haß gegen Ratten hatte damit begonnen, daß sich eine von ihnen den Weg in meinen Kaninchenstall durchgenagt und die neugeborenen Jungen gefressen hatte. Die große, narbige, altgediente Ratte kaute immer noch an ihrem grauen Mahl herum, als ich frühmorgens bei den Ställen ankam, um nach den Jungen zu sehen. Die Kaninchenmutter, Jingo, raste vor Verzweiflung. Ich riß die Käfigtüre hastig auf und packte die Ratte, die gerade versucht hatte, durch ihr Loch in der Ecke fortzukriechen. Erschrocken über das, was ich tat, hielt ich sie sogar noch fest, als sich ihre Zähne in meinen Handknöchel gruben, bevor ich sie mit einem Wutschrei gegen die Ziegelwand schleuderte. Zwei der kleinen Kaninchen überlebten. Der Verlust der anderen signalisierte den Beginn meines Krieges gegen die Ratten, einer Blutrache, die sich über mehrere Jahre erstrecken sollte.

Die Grube wurde zu meinem Jagdrevier, und ich entwickelte viel Geschick darin, meinen Wurfspeer zu schleudern, dessen flache, scharfe Klinge so mancher Ratte den Garaus machte.

Als ich jetzt leichtfüßig über die Halde auf die letzte Wagenladung Müll zurannte, war ich begierig darauf, wieder zu töten. Ich wurde langsamer, um mich anzupirschen. Ich wußte genau, wo die größte Ansammlung von Ratten zu finden war. Bei Einbruch der Dämmerung wurden die Wagenladungen leerer Zwei-Kilo-

Marmeladedosen, die meist noch große Klumpen Gelee oder Marmelade enthielten, ein Mekka für die Ratten, und Michael, der einsame Jäger, Verteidiger von Kaninchenmüttern und deren Jungen, war zur Stelle, um sie zu vernichten. Mit wild pochendem Herzen schlich ich vorwärts und hielt nach den Ratten Ausschau, die über die Dosen hasteten. Ich hielt den Speer genau im Gleichgewicht und schwang meinen Arm zurück, aber dann verschwamm mir alles vor den Augen.

Ich saß im Schatten eines Baumes in dem ausgedehnten, ländlichen Garten meiner Tante Polly. Ich war vierzehn Jahre alt, vertrieb mir die Zeit in dem wuchernden, alten Garten und genoß es einfach, der Natur nahe zu sein. Die Sonne war heiß, und der Schatten war mir sehr willkommen. So ließ ich mich eine Weile unter dem Baum nieder.

Doch etwas Seltsames geschah. Ich war ein quirliger, beinahe hyperaktiver Junge, doch sobald ich mich gesetzt hatte, schien die tiefste und gründlichste Entspannung, die ich je erlebt hatte, von mir Besitz zu ergreifen. Meine Augen schlossen sich widerwillig, aber fest. Um mich herum schien Tante Pollys Garten zu schimmern und zu schmelzen, und seltsamerweise konnte ich durch meine geschlossenen Augen eine riesige Wiese wahrnehmen, die von den größten und schönsten Dotterblumen übersät war, die ich je gesehen hatte. Einige wenige Augenblicke lang rang ein Gedanke darum, Gestalt anzunehmen, der Gedanke, die Augen zu öffnen, um dieses innere Bild Lügen zu strafen. Er erstarb wieder, ohne sich ganz gebildet zu haben. Die zauberhafte Wiese lockte mit ihrer außerirdischen Schönheit, und ich folgte der Einladung. In einem Zustand der Entspannung gehalten, zu tief, als daß mich etwas hätte stören können, gewahrte ich mich selbst als Lichtkörper auf die Wiese zugehen. Zugleich war mir mein normales, körperliches Ich bewußt, das unter dem Baum saß, an den Stamm gelehnt. Für einen kurzen Moment der Verwirrung kämpfte ich mit der Wirklichkeit. Welches Ich war ich? Der Zustand tiefer Entspannung hielt an. Unter ihrem Einfluß gelangte ich zu der Einsicht, daß jedes Ich einfach einen Aspekt meines Selbst darstellte und ich im Wachen träumte.

Ich ging tiefer in die Wiese hinein, kniete mich hin, um an den großen, goldenen Dotterblumen zu schnuppern, und bestaunte die grüne Pracht, die um mich herum wuchs. Ich konnte die Erde riechen. Ich konnte sogar die Gesamtheit aller Pflanzen riechen, und all das schien ganz natürlich. Wilde Akelei und gelbäugige Gänseblümchen wetteiferten mit den von mir so geliebten Dotterblumen um meine Aufmerksamkeit. Freudig verschmolz ich mit der Natur, deren Fülle alles übertraf, wovon ich je geträumt hatte. Vor mir bahnte sich ein Bach rieselnd und plätschernd seinen Weg unter der kitzelnden Liebkosung einer Trauerweide und durch bronzeköpfiges Riedgras hindurch, während Frösche und Grillen zu diesem zauberhaften Wunder ihre musikalische Begleitung boten.

Als der erste der feinen Lichtfäden auftauchte, schien alles noch ganz natürlich. Sogar als mich Hunderte umgaben, die einen Lichtkreis, ähnlich einem lebendigen Halsband funkelnder Juwelen, bildeten, verspürte ich keinerlei Beunruhigung. Ich empfand vielmehr ein Gefühl des Wiedererkennens, als ob dies kein ungewöhnliches Phänomen, sondern etwas Bekanntes wäre, das traurigerweise im täglichen Leben fehlte. Langsam näherte sich der lebendige Kreis aus Licht, bis ich in ihm plötzlich Naturgeister erkannte. Ich hatte keine Ahnung, woher diese über jeden Zweifel erhabene Gewißheit stammte; ich wußte es einfach. Mit diesem Wiedererkennen zogen die kleinen Geister das Halsband aus Licht zusammen, bis es mich berührte. Ich war eine goldene Dotterblume, die das Sonnenlicht trank, das mich mit reiner Energie berührte und über meine Blätter spielte. Wesen, noch winziger als die Lichtfäden, lebten in den Zellformen meines Dotterblumen-Selbst. In einem verschlungenen, unaufhörlichen Tanz verwoben, stickten sie die Sonnenenergie in meine Zellen.

Von irgendwoher strömten aus einer unermeßlichen Quelle stille Worte herbei – einer Quelle, die ich als den Geist der Natur kannte. Alles Leben auf Erden durchdringend, flüsterte diese höchste Weisheit meinem Dotterblumen-Selbst die Wahrheit zu: *Die Prägung durch dieses höhere Wissen wird dich befreien. Wenn der Moment gekommen ist, wo du aus den Illusionen ausbrichst, die dich jetzt noch binden, wird deine Freiheit eine Hingabe an das Leben bedeuten. Du wirst leben, um diese Wahrheit zum Ausdruck zu bringen.* Als diese Worte in mich einströmten, löste ich mich von der Dotterblume und war wieder der halbwüchsige Junge in seinem Lichtkörper, der seine Reise am Rande des Baches entlang fortsetzte.

Von den funkelnden Naturgeistern begleitet, gelangte ich in einen Naturbereich, der mich ganz willkommen hieß. Die Wasserratten richteten sich auf, um mich besser sehen zu können, anstatt wie gewöhnlich mit einem kaum merklichen Kräuseln des Wassers davonzugleiten. Sie guckten mich mit glänzenden Augen an, die wie schwarze Beeren leuchteten, während ihre Schnurrbarthaare vor Neugier zitterten. «Seht ihr in dieses Spektrum aus Licht hinein?» flüsterte ich laut. «Wie seht ihr mich?»

Im nächsten Moment war ich eine Wasserratte. Mein Körper war eine bebende Masse nervöser Energie, während ich den Lichtkörper beobachtete, der mich von der anderen Seite des Baches aus betrachtete. Ich war eine Wasserratte, und ich war ich! Ich war die Gesamtheit dieses Rattendaseins, einerseits auf mein Überleben ausgerichtet und andererseits auch auf ein Spektrum eingestimmt, das weit über den menschlichen Intellekt hinausging. Ich hatte geglaubt, ich würde die ganze Natur riechen, als ich dieses Wunderland betrat, doch nun, als Wasserratte, roch ich das gesamte Leben. Ich konnte die Bewegung in einem Stein riechen, das Kräuseln im Wasser. Der Geruch funktionierte als meine sensorische Wahrnehmung. Ich konnte sogar die Absicht des Jungen aus Licht spüren, der mir auf der anderen Uferseite gegenüberstand. Mit dieser Erkenntnis wurde ich wieder ich selbst, und ich starrte die kleine Wasserratte in demutsvoller Ehrfurcht an, da ich jetzt ihre Größe kannte.

Ich war vorhin imstande gewesen, meine eigene Absicht zu

spüren, die Liebe, Bewunderung und ein überschäumendes Staunen ausdrückte. In mir hatte ich Neugier, Forscherdrang und eine tiefe Wertschätzung für alle Geschöpfe wahrgenommen. Ich hatte keinen ekelhaften Gestank gerochen, der die Absicht, zu verletzen oder zu töten, kundtat. Ich fragte mich, woher ich denn wußte, daß da ein Unterschied bestand. Ich erlebte ihn augenblicklich.

Ich war eine Ratte, die am Ufer saß und an einem toten Fisch nagte. Ich erspähte den Jungen im selben Augenblick, in dem er mich erblickt hatte, und ich spürte, wie jedes Haar auf meinem Körper auf den Gestank und das Gefühl der Wut reagierte, die von ihm ausgingen. Ich konnte nicht ergründen, warum er derartige Verachtung fühlte, doch das Beben und Knurren meiner Sinne, die auf ihn reagierten, war verzehrend. Ich wollte vor dieser Gemeinheit davonlaufen, während ich sie gleichermaßen angreifen wollte, um solch ein unnatürliches Gebrechen zu zerfetzen und zu zerstören.

Ich starrte auf die Ratte und spürte, wie Gewalttätigkeit meinen Lichtkörper überflutete. Einige wenige Augenblicke lang verringerte sich das Leuchten der Naturgeister, und sie funkelten nur zögernd; dann gewannen sie ihr Licht wieder. Ein einzelner Faden floß auf mich zu, berührte mich zwischen den Augen, und noch heftiger als zuvor fühlte ich, wie mein Erlebnis der Ablehnung mit dem Erleben der Ratte verschmolz. Ich fühlte Scham, als ich begriff, wie sehr ich mich durch meine Haßgefühle gegenüber diesem Geschöpf beschmutzt und besudelt hatte.

«Warum?» flüsterte ich. «Warum hast du meine kleinen Kaninchen getötet?»

Die Ratte starrte mich zögernd an, schon im Begriff, sich davonzumachen. Als ich zurückstarrte, wurde das Erleben der Ratte so intensiv zu meinem eigenen Erleben, daß mein vorheriges Programm des Hasses ausgelöscht wurde. Im Bewußtsein dieser jungen, weiblichen Ratte sah ich eine alte Ratte, gemein und listig, wie es ihrer Art entsprach, die an der Ecke meines Kaninchenstalles nagte und kratzte, bis sie hineingelangte. Ich spürte die Trauer deutlicher in meinem physischen Ich unter dem Baum als in meinem Lichtkörper-Selbst, denn indem ich zur Ratte wurde, verstand ich das Rattendasein. Ich verstand, daß es nicht Bosheit war, als die Ratte die Jungen tötete, als sie ihre Körper zerfetzte und sie noch halb lebendig auffraß. Sie folgte ihrer eigenen Natur. Was ich erlebte, war grausam, sehr grausam nach menschlichem Ermessen, doch es war ohne Bosheit. Danach wußte ich, daß die Natur ohne Bosheit ist. Ich begriff, daß Bosheit vom Menschen geboren und genährt wurde, und als ich das Ratten-Ich betrachtete, zu dem ich geworden war, wußte ich, daß es meine eigene Bosheit war, die mich weiterhin in der Grube Ratten jagen und töten ließ. Was ich an Ratten am meisten verachtete, verkörperte ich selbst. Mit dieser Erkenntnis durchfuhr ein Schock jeden Aspekt meines Seins, einschließlich des Ratten-Selbst. In dem Moment, in dem ich wußte, daß meine Besessenheit, Ratten zu töten, ihr Ende gefunden hatte, konnte ich, als junge Ratte, riechen, wie die Ausdünstung meiner menschlichen Absicht eine dramatische Wandlung durchlief: Der Gestank der Bosheit war verschwunden.

Das Rattenbewußtsein verließ mich. Als Junge aus Licht folgte ich weiter dem Bachlauf, wie immer gefesselt vom Tanz des bewegten Wassers. Seit meinem Erlebnis mit der Ratte fühlte ich mich reiner und vollständiger, und eine tiefe, innere Dankbarkeit überflutete mich. Als ich stehenblieb, um eine große, bronzefarbene Libelle zu bewundern, bebte ich vor Erwartung, doch wir blieben trotz unserer inneren Verbundenheit getrennt. Ich konnte mich völlig in dieses schöne Insekt einfühlen. Ich wollte fliegen, wie die Libelle flog. Als sie vor mir dicht über den Bach hinwegfegte, wurde mein Verlangen so groß, daß mein Lichtkörper plötzlich mühelos flog. Ich schoß ebenfalls die Wasseroberfläche entlang. Entzücken und Erstaunen wallten in mir auf. Laut schrie ich meine Freude heraus, doch der Ton, der zum Vorschein kam, war ein rauhes «Kiiiii Kiiiii», als ich nun emporflog, um mich auf dem schwankenden Ast eines Baumes niederzulassen.

Ich beobachtete den Jungen aus Licht mit wachen, interessierten Augen, während er verblüfft dastand. Ich beobachtete, wie er seinen Körper betrachtete und dann zu mir aufsah. Und ich spürte die Ehrfurcht, die ihn erfüllte und überwältigte, als ihm bewußt wurde, daß es keine Trennung zwischen uns gab. Er und ich, Junge und Eisvogel, waren eins. Einen kurzen Moment lang durchfuhr mich eine Woge des Erschreckens – mich, als Junge und Eisvogel –, doch dann verlor sie sich im Wunder. Es war unmöglich zu sagen, wann die Verschmelzung endete. Ich kam zurück in mein Gewahrsein als Junge aus Licht, die Schönheit eines Eisvogels bewundernd, der auf einem Ast über dem Bach saß. Doch als er tauchte und mit einem winzigen Fisch im Schnabel aus dem Wasser wieder emporschoß, erschauerte ich.

Es schien wie eine Ewigkeit, die ich an diesem Bachlauf verbrachte, der sich durch eine endlose Wiese schlängelte. Zeit war ohne Bedeutung. Ich wurde aufgesogen vom Erleben der Geschöpfe in der freien Natur. Jede Erfahrung ließ mich in meiner Beziehung zur Natur vollständiger werden. Ich fühlte, daß jeder Augenblick von einer unermeßlichen, geistigen Gegenwart überstrahlt war, einer Intelligenz, die weit über mein begrenztes Verständnis hinausging und die zugleich geheimnisvoll und tröstlich war. Ich spürte ein Versprechen von diesem großen Geist der Natur ausgehen: daß er sich eines Tages in meinem Leben deutlicher offenbaren würde, doch wie und wann blieb ein Geheimnis.

Irgendwann verspürte ich auf der Wiese der Ewigkeit das Bedürfnis, in mein physisches Leben zurückzukehren, doch damit ging eine immense Traurigkeit einher. Ich wäre gern für immer in diesem Zustand der Verzauberung geblieben, ein Schüler der mystischen Natur, aber mein irdischer Körper zerrte mit einer Pein an mir, die an Kopfschmerzen erinnerte. Ich versuchte, ihn zu verleugnen, und versteckte mich noch einige Zeit unter den aufgerichteten Stacheln eines Igels. Wiederum besaß meine Nase die Fähigkeit, Gerüche, die ich einatmete, so anschaulich darzustellen, daß meine Kurzsichtigkeit nichts ausmachte. In jedem Geschöpf, das ich erlebte, war nur der Augenblick von Bedeutung. Nicht ein winziger Bruchteil von Sorge ging über den Moment hinaus. Wenn ich nach Nahrung jagte, tat ich das in meiner Gesamtheit. Wenn ich die prickelnde Hast und Wachsamkeit des Gejagten erlebte, beherrschten die genetisch kodierten, artspezifischen Überlebensinstinkte den Augenblick ganz. Sogar Angst war nur eine momentane Sache, völlig anders als menschliche Angst. Es war ein Mechanismus, der auf Leben und Lebendigsein beruhte, nicht auf Tod, Sterben oder Schmerz, wie das beim Menschen der Fall ist. Der Unterschied war riesig und unerklärlich. Jeder Moment des Lebens bildete eine Gesamtheit des Lebendigen, und ich war neidisch auf so viel Freiheit. Nichts konnte das Wesen der Natur eindrucksvoller vermitteln als das Fehlen der Angst.

Das beständige Unwohlsein meines irdischen Körpers wurde zu stark, um es noch länger zu leugnen. Widerwillig löste ich mich vom Igeldasein und ließ es in meinem Lichtkörperbewußtsein zu, daß die Richtung der Rückkehr von meinem physischen Selbst bestimmt wurde. Die Lichtfäden begleiteten mich, als ich über die Wiese schwebte, über das Gras und die Dotterblumen. Sie stickten unsichtbare Bündel der Erkenntnis in meine Psyche ein. Wiederum durchdrangen mich die stillen Worte der unermeßlichen spirituellen Intelligenz der Natur: *Flüstert dir die Weisheit eine Wahrheit ins Herz, so nimm sie an. Lebe diese Wahrheit, um ihr Kraft zu verleihen. Auf diesem Wege gelangst du zur Erleuchtung.*

Mein physischer Körper erschauerte, als der nur allzu wache Tagtraum endete. Ich öffnete die Augen und schaute mich entsetzt um. Die Normalität erschien wie das Dämmerlicht einer Zwanzig-Watt-Birne, nachdem man die Intensität einer Tausend-Watt-Lampe erlebt hat. Nach der unendlichen Freiheit, die ich gekannt hatte, fühlte ich mich, als würde ich in ein Jammertal eintauchen, vom wirklichen Leben und der Natur abgeschnitten und isoliert. Meine Wirklichkeit war wieder eingeschränkt und begrenzt. Ein vernichtendes Gefühl des Verlustes überwältigte mich, und ich weinte, bevor ich es selbst bemerkte. Mein Körper bebte vor Kummer. Doch schon während des Weinens überkam mich die Furcht vor der Absonderlichkeit und dem Anderssein. Ich konnte mir all das überhaupt nicht erklären. Um meine geistige Gesundheit fürchtend, beobachtete ich, wie ein weiteres metaphysisches Erlebnis in den trüben Tiefen meines Unbewußten vergraben wurde. Meine Vernunft tat das Erlebnis als einen Traum ab.

«Oh!» Ich schlug beide Hände an den Kopf, als ich um eine Ecke in dem leuchtenden Raum im Tempel des Lernens schlitterte, um schließlich stehenzubleiben.

Thane stand da und wartete auf mich. «Es tut mir leid», sagte er lautlos, «aber du mußtest dieses Erlebnis im Eiltempo absolvieren. Auf diese Weise warst du mittendrin, bevor du Widerstand leisten konntest.»

«Ich erinnere mich jetzt an alles, so klar, als ob es gestern gewesen wäre. Ich hatte es völlig vergessen. Jede Erinnerung, die auch nur in die Nähe dieses Erlebnisses kommen wollte, wurde von mir als Tagtraum abgewertet.»

Ich sah Thane gespannt an. «Derselbe Geist führte mich auf meinen späteren Reisen im Reich des Pan. Ich wünschte, ich hätte dieses Erlebnis aus meinen Jugendjahren annehmen können.»

«Du hattest Angst davor, abgelehnt und lächerlich gemacht zu werden.»

«Natürlich hatte ich die», stimmte ich zu. «Ich habe dieses mystische Erlebnis wohl sehr tief vergraben. Ich konnte ja auch mit niemandem darüber sprechen. Damals wußte ich, daß die Lichtfäden Feen waren, aber wie konnte ich als vierzehnjähriger Junge in einer zynischen Welt über so etwas sprechen? Als Kind habe ich immer die Geschichten von Nicki und Großohr gelesen, doch als Teenager redet man nicht mehr über solche Dinge.»

Thanes schwarze Augen hatten etwas Durchscheinendes an sich, als er mich ansah. «Wenn ihr Menschen über Naturgeister erzählt oder Kindergeschichten schreibt, inspiriert und entzündet ihr eine innere Dimension. Dabei wird leider manchmal das Feenvolk zu sehr personifiziert und erhält menschliche Züge.

Dadurch wird die Reinheit dieser Wesen verfälscht und die Kinder entwachsen diesen Geschichten, und schließlich bezeichnen sie alles Unglaubwürdige als Märchen. Das isoliert euch wiederum von den mystischen Geistern der Natur, den Feen, Elfen, Gnomen und wie ihr sie sonst noch nennt.»

«Ich wurde ein unwillentliches Opfer dieser Isolation», meinte ich nachdenklich. «Ich frage mich, wie viele andere Menschen in einem verborgenen Teil ihrer Psyche über solch erhellende, aber unerklärliche Erlebnisse verfügen.»

Einmal ausgelöst, tauchten viele andere Erinnerungen an die Schwierigkeit, metaphysische Erlebnisse anzuerkennen, auf. Meine jetzige Einstellung war nicht leicht zu erringen gewesen. Ich erinnerte mich an die Zeit, wo Treenie und ich mit unseren Kindern in einer großen Gemeinschaft lebten. Eines Nachmittags beim Orangenpflücken sprach zu meiner großen Bestürzung ein Wesen, das sich als Zitrus bezeichnete, direkt in meinem Geist zu mir. Ich erfuhr ungeahnte Dinge, die ich zuvor nicht gewußt hatte, aber nach dem ersten Freudentaumel ängstigte mich dieses Erlebnis. Während dieser Jahre sprach die Intelligenz der Natur viele Male zu mir. Sie belehrte, besänftigte und öffnete mich für eine Realität, auf die ich nur in meinen lichtesten Momenten einen Blick werfen konnte. Viele Erfahrungen waren so überirdisch, daß ich sie nicht in mein tägliches Leben einbauen konnte. Es gab erhebende Augenblicke, in denen ich eine so mystische Schönheit wahrnahm, daß ich überempfindlich wurde.

Das Leben in dieser Welt stellte nur noch eine unerträgliche, qualvolle Prüfung dar. Ich mußte lernen, das Sichtbare mit dem Unsichtbaren, die Form mit dem Formlosen ins Gleichgewicht zu bringen. Trotz der vierzig Personen unserer Wohngemeinschaft und trotz Treenies unschätzbarer Unterstützung, hatte ich mich in meinem ganzen Leben noch nie so allein und isoliert gefühlt. Es gab Zeiten, in denen ich meine geistige Gesundheit in Frage stellte. Ich rang darum, meine Erlebnisse als real annehmen zu können, doch sie waren meiner normalen, weltlichen Wirklichkeit so fremd, daß mich der Kampf um Anpassung innerlich zerriß.

Ich versuchte sogar, meine Erlebnisse mit Mitgliedern und Gästen der Gemeinschaft zu teilen, in der Hoffnung, daß ich diese Dinge vielleicht akzeptieren konnte, wenn andere sie akzeptierten. Aber es funktionierte nicht. Im Gegenteil – je mehr Menschen *meine* metaphysischen Erfahrungen anerkannten, desto bedrohter fühlte ich mich.

Diese Phase meines Lebens endete ziemlich abrupt. Ich erzählte eines Abends in der Gruppe von einem besonders feinsinnigen Erlebnis, als ein Mann, den ich sonst gern mochte, dazukam. Er war offensichtlich beschwipst. Er hatte gerade genug Wein getrunken, um beleidigend zu werden. Nachdem er mir eine Weile zugehört hatte, begann er zu lachen. Es dauerte nicht lange, und die ganze Gruppe lachte. Sie lachten einfach nur. Doch von meinem Standpunkt aus betrachtet, lachten sie *über mich*. Ich hörte auf zu reden. Nie wieder teilte ich derlei Dinge mit mehr als einer Person in der Gemeinschaft. Als die Gruppe lachte, hatte ich das als elementare Ablehnung empfunden, doch sollte es letztlich als Katalysator für die Entwicklung meiner Selbstannahme dienen.

Von diesem Abend an begriff ich, daß ich nur Frieden finden konnte, indem ich endlich meine eigene Realität anerkannte. Das konnte durch niemand anderen geschehen, nicht einmal durch Treenie. Ich mußte lernen, sie zu akzeptieren, selbst wenn diese Realität nicht mehr länger mit der anderer Leute übereinstimmte. Nachdem ich eine Reihe erhebender, mystischer Erfahrungen gemacht hatte, die ich in *Mit der Natur reden* geschildert habe, gelang es mir schließlich anzuerkennen, daß sich meine Welt weit über die normale Realität hinaus erstreckte.

Meine Träumerei wurde abrupt durch Thanes Worte beendet: «Ich muß jetzt gehen, doch ich verlasse dich niemals wirklich. *Du* bist Thane; ich bin dein Ziel.»

Mit diesen seltsam herausfordernden Worten verschwand Thanes kleine Gestalt rasch aus meinem Blickfeld. «Warte», rief ich laut und sprang ihm hinterher, doch der riesige Saal war leer.

5
Ungeahnte Dimensionen der Realität

Die Augen schließ' ich zu,
und in dem Schließen blinzle ich die Sterne aus.
Ich träum' von einer längst vergessenen Vergangenheit,
von einer Zukunft einst gekannt,
und in irgendeiner andren Wirklichkeit
erlebe ich ein Déjà-vu.

«Verdammt», murmelte ich. «Jeder außer mir scheint hier zu verschwinden.» Entschlossen, aus dem Tempel des Lernens herauszufinden, ging ich in die Richtung weiter, in die Thane verschwunden war. Ich umrundete eine schlanke, wunderbar gemeißelte Säule. Fasziniert ließ ich meinen Blick die Säule entlang nach oben zur Decke gleiten. Ohne großes Erstaunen stellte ich fest, daß die Decke nicht von den Säulen gehalten wurde, sondern einen Hauch über ihnen zu schweben schien, als ob sie auf einem Luftkissen ruhte. Bei näherer Betrachtung der Säule bemerkte ich, daß die eingemeißelten Bilder einen tiefen Canyon darstellten, der sich in ockerfarbene Felsen gegraben hatte. Kakteen wuchsen unter flimmernder Hitze. Die Hitze strahlte nach außen und verstärkte die Kraft der eingemeißelten Bilder auf bemerkenswerte Weise. Als ich beiseite trat, stolperte ich über ein paar Steine. Die Hitze war so groß, daß ich mich unter einem ausladenden, niedrigen Baum in den Schatten duckte.

Und wieder war es geschehen. Gerade als ich es am wenigsten erwartete, hatte eine weitere Szene Besitz von mir ergriffen. Da war kein Tempel mehr. Ich kauerte im Schatten eines dickblättrigen, dornigen Baumes inmitten des breiten Canyons und beobachtete einen Indianer, der auf mich zukam. Heftig wallte die Erinnerung an ein intensives Déjà-vu-Erlebnis in mir auf. Es war erst kürzlich bei einem Aufenthalt in Amerika gewesen. Treenie und ich besuchten in Arizona, in der Nähe von Sedona, zusammen mit einer befreundeten Familie einen der energetischen Erdkraftwirbel, von denen man uns erzählt hatte. Auf dem Weg dorthin fühlte ich mich unwiderstehlich dazu getrieben, über die Felsen zu eben diesem Baum hochzuklettern. Ich war dort gekauert und hatte beobachtet, wie sich dieser Indianer näherte. Jetzt verschmolzen Vergangenheit und Gegenwart, und ich wußte intuitiv, daß diese Erfahrung eine möglicherweise größere Zukunft gebären würde. Ich wußte das, und dennoch war ich von dem Paradox gefesselt, die Vergangenheit noch einmal zu erleben, während ich mir der Gegenwart bewußt war.

Fasziniert beobachtete ich, wie der Indianer näher kam. Seine Bewegungen waren der Ausdruck reinster Anmut, wie ein wogendes Feld schlanker, geschmeidiger Halme, über die der Wind hinwegstrich. Seine Füße schienen fest mit dem Erdboden verhaftet, und im metaphysischen Sinne waren sie das auch, trotzdem stießen sie kein Steinchen weg und wirbelten kein Staubkorn auf. Ich hatte mich etwas vom Baum entfernt, um ihn zu empfangen. Als er mich erreichte, verspürte ich wiederum den heftigen Schock des Wiedererkennens.

«Weißer Bär!» keuchte ich.

Verwirrung umhüllte mich wie mit seidenen Fäden und drohte das Erlebnis zu ersticken, doch dann schüttelte ich sie ab. Nach alldem, was ich schon durchgemacht hatte, würde ich damit sicherlich fertigwerden. Während ich mich von Ruhe durchströmen ließ, ging ich die heftigen Erinnerungen, die plötzlich wachgerufen worden waren, noch einmal durch. Ich hatte einst ein langes, fruchtbringendes, irdisches Leben als Weißer Bär verbracht. Als ich starb, war ich spirituell sehr weit fortgeschritten, und meine geistigen Fähigkeiten waren so entwickelt, daß ich meinen physischen Körper mittels einer Zeremonie verließ und unkörperlich noch für weitere zweihundert Jahre linearer Zeit auf der Erde verweilte. Meine unkörperliche Gegenwart war meinem Volk bekannt und wurde von ihm geachtet. Wenn ein Kind geboren wurde, war ich zugegen, hieß die neugeborene Seele in ihrem physischen Vehikel willkommen und gab ihr etwas von meiner Weisheit mit auf den Weg. Wenn die Alten starben, befreite ich ihre Sicht von Täuschungen, und jenen, die dafür bereit waren, zeigte ich die Wahrheit des Selbst. Ich besuchte die Kranken, gelangte durch ihre Fieberträume in ihre Psyche, und indem ich sie von ihren Ängsten befreite, wurden sie wieder gesund. Ich machte die Menschen meines Volkes mit mir vertraut, indem ich Symbole in ihre Träume einflocht, die ihnen ihren Lebensweg aufzeigten.

Ich erinnerte mich augenblicklich an all diese Dinge. Meine Verwirrung beruhte auf dem Versuch, verstehen zu wollen, wie ich denn einem anderen «Ich» von Angesicht zu Angesicht gegenübertreten konnte. In meinen früheren Erfahrungen, von denen ich in *Im Reich des Pan* berichtet habe, war ich in das Geschehen einbezogen gewesen, indem ich *zu* dem jeweiligen Ich wurde, doch ich war nie mit ihm als *Gegenüber* konfrontiert worden. Logik und Vernunft, beides ausgezeichnete Instrumente für die physische Realität, waren für die Handhabung dieser Situation völlig unangemessen. Also akzeptierte ich die größere Wirklichkeit, indem ich meinen Widerstand und mein Bedürfnis zu verstehen losließ.

Weißer Bär nickte zustimmend. Er wußte genau, was mir durch den Kopf gegangen war; schließlich und endlich waren wir ja eins. Obwohl wir, was den zeitlichen Bezugsrahmen anlangte, in unterschiedlichen Realitäten lebten, stellten wir Aspekte des einen Selbst dar. Sich auf diese Weise gegenüber zu stehen bewies nicht nur die Illusion der Zeit, es legte auch die vielen Ebenen der Realität dar, in die wir alle verwoben sind. Diese Tatsache nicht anzuerkennen ändert nichts daran, daß es so geschieht. Es macht uns lediglich blind, wodurch wir zu Gefangenen der Idee der Abgetrenntheit werden. Wir sperren uns selbst ein.

«Willkommen Thane!» projizierte Weißer Bär still und lachte über meine unwillkürliche Reaktion.

«Mach dich nicht lächerlich! Ich bin nicht Thane», protestierte ich.

«Aber natürlich bist du es, Michael. Wenn es nicht so wäre, könnte ich nicht hier stehen. Thane ist jener Aspekt des Selbst, der ein Jünger der Wahrheit ist. Du hast erfahren, daß man erst beim Freiwerden seinen Lebenssinn erkennt, und deine Aufgabe besteht darin, deine Wahrheit anderen zu vermitteln.» Weißer Bär lächelte herzlich. «Das ist eine heikle Sache, denn Wahrheit bedeutet jeweils etwas Verschiedenes für die verschiedenen Menschen. Das ist wieder ein Paradox: Wahrheit ist nur zum jeweiligen Zeitpunkt Wahrheit, und doch ist Wahrheit immer Wahrheit. Dein Lebensziel besteht darin, das Bewußtsein jener Menschen zu erweitern, die offen und empfänglich sind, wodurch du im Vorfeld der Gestaltung der Realität einwirken kannst. Das ist zur Zeit genau das Richtige, denn die Wahrheit fordert eine Ernte ein.»

«Dessen bin ich mir nicht so sicher», knurrte ich. «Ich habe um der Wahrheit willen zu oft gelitten und bin für sie schon zu oft gestorben. Das war genug!»

Weißer Bär blickte mich streng an. «Willst du mir mein Schicksal leugnen? Du sagst, du seist gestorben. Wer, bitte, steht dann hier vor mir? Bist du eine Illusion? Es war deine Angst, die gestorben ist. Wir sind ungeboren, unsterblich. Deine Ablehnung Thanes hat sich in deinem Widerwillen dargestellt. Ja, du hast in dieser wiederkehrenden Rolle gelitten, sogar furchtbar gelitten, aber kannst du mir ein menschliches Wesen zeigen, auf das dies nicht zuträfe? Leiden ist und war immer nur eine menschliche Schöpfung, um die Lüge der Getrenntheit sichtbar zu machen. Der Tod bedeutet nie ein Problem, denn jeder körperliche Tod enthüllt die Wahrheit des Selbst, doch die Gewohnheit des Getrenntseins setzt sich immer und immer wieder in Szene. Für dich ist das beendet. Es ist nun an der Zeit, den Aspekt deines Selbst, der Thane ist, freizugeben.»

«Thane freigeben? Was meinst du damit?»

Weißer Bär saß mit überkreuzten Beinen auf der ausgetrockneten Erde unter dem ausladenden Baum und forderte mich auf, es ihm gleichzutun. Die vertraute Form der Körperlichkeit vermittelte ein Behagen, das schwer zu beschreiben ist.

«Ich meine, daß du Thane eingeschlossen hältst, ein Kind in deinem Inneren, das auf seine Freilassung wartet. Thane – ein Jünger der Wahrheit! Mit deinem Widerstand, das zu akzeptieren, verleugnest du nicht nur deine eigene Wahrheit, sondern auch jeden anderen Aspekt von dir. Bedenke, welch ein Segen es für dich ist, Treenie an deiner Seite zu haben! Mit Treenie besteht deine Aufgabe in eurem Beisammensein. Ihr seid ein Paar, das über die Seele verbunden ist. Zusammen bringt ihr eine Einsicht und Herzenswärme zum Ausdruck, die wirklich eine Ganzheit bilden. Wenn ihr eure gemeinsame Realität lebt, wird das spürbar auf Bewußtseinsebenen, die weit über das gesprochene Wort hinausgehen. Das ist eine Gabe, die ihr gemeinsam habt.» Weißer Bär schenkte mir ein rätselhaftes Lächeln. «Du bist mehr als ich und doch nicht mehr.»

Jetzt begriff ich, warum Thane als sechsjähriger Junge erschienen war. Sein Alter symbolisierte meinen kindischen Widerwillen, sich an unserer gemeinsamen Aufgabe zu beteiligen. Doch was die letzte Bemerkung anbelangte...? Ich seufzte. «Wenn du mich so gut kennst wie ich dich, dann weißt du, daß ich Rätsel verabscheue.»

Weißer Bär sah belustigt drein. «Es ist ein Rätsel, das bald gelöst sein wird, das verspreche ich dir.»

Ich starrte ihn an, in Ehrfurcht vor der menschlichen Komplexität inmitten der schlichten Einfachheit des Lebens. Ich mußte einfacher werden und dem Leben offener entgegentreten. Was ich brauchte war, nichts zu brauchen! Keine Wünsche, keine Sehnsüchte, kein Sichhängenlassen! Als ich Weißen Bär so anstarrte, bemerkte ich, daß seine metaphysische Erscheinung weiterhin seinem/meinem irdischen Aussehen von damals glich. Sein Haar war buchstäblich schneeweiß, doch sein Körper wirkte nicht älter als vierzig, schlank und vital.

«So wie ich», erklärte er, «hast du keinen Ort, den du Zuhause nennen kannst. Du bist ein Wanderer. Die Wahrheit bestimmt, wo du deine Energie manifestieren und eine Verkörperung annehmen wirst, und nur die Wahrheit wird dich fortbewegen. Du kannst nicht erwarten, ungestört in deinem Elfenbeinturm zu leben. Das ist die Verhaftung deines Ego-Selbst. Schenke Thane die Freiheit! Orte bieten keinen dauerhaften Trost für dich. Reise, inspiriere, hilf den Menschen zu erwachen und zieh weiter!»

Mein Widerwille regte sich. «Warum behauptest du, mein Zuhause sei nicht mein Zuhause? Das paßt mir gar nicht.»

«Michael!» Die Energie in den Worten von Weißer Bär liebkoste mich, besänftigend und fürsorglich. «Ich fühle, was du fühlst. Kein *Ort* ist ein Zuhause für dich, und diesen Anspruch darfst du auch nicht stellen. Es wird zu leicht zur Verhaftung für dich. Zuhause sollte für dich nicht mehr als ein Ort der Ruhe bedeuten, ein Ort, an den du zurückkehren kannst. Du darfst allerdings einen solchen Ort lieben, denn Liebe bedeutet keine Verhaftung.»

Obwohl ich mir kleinlich vorkam, wehrte ich mich gegen seine Worte. Ich wußte, daß ich eigentlich ohne Bindung und ohne Begrenzung sein sollte, aber alles, was ich zu fühlen vermochte, war Widerwille.

«Es ist nun einmal so, daß ich den Ort, an dem ich wohne, mag. Es behagt mir, wenn mich Vertrautes umgibt. Ich mag es, meine Familie in der Nähe zu haben, ich mag die Bäume und all die Pflanzen um mich herum. Es gefällt mir, Bananen, Topfpflanzen und tropische Fische zu züchten.» Ich zögerte. «Ich akzeptiere zwar, daß dies meine Verhaftungen sind, doch sie gehören zu meinem Michael-Ich. Sag mir, warum steht meine höhere Zielsetzung im Gegensatz zu meiner Persönlichkeit? Ich bin eine sensible Person. Ich verabscheue Menschenmengen, Großstädte und Dogmen. Und was wird von mir gefordert? Ich werd's dir sagen:

meine Zeit in Menschenmassen und in Großstädten zu verbringen, den Nährböden für Dogmatismus! Pfui!»

Zu meinem Erstaunen kicherte Weißer Bär mit einem Ausdruck der Bewunderung auf seinen Zügen. Sein Glucksen wuchs zu einem vollen Lachen an, und dann fiel er hintenüber und lachte aus vollem Halse. Nichts ist ansteckender als Gelächter, und bald lachte auch ich in völliger Ausgelassenheit, um so mehr, als ich wußte, daß wir mich selbst auslachten.

Seltsamerweise schien das Gelächter etwas zu lösen. Es war, als wäre etwas vor langer Zeit Verschobenes wieder zurechtgerückt worden, und zwar an die richtige Stelle. Höchst eigenartig! Ich war verblüfft, als ich meine nächste Frage hörte – als hätte ich etwas akzeptiert und dann vergessen, es mir selbst zu sagen. «Jedenfalls, wo soll denn die Reise hingehen?» fragte ich.

«Treenie wird es wissen. Im Gegensatz zu dir fügt sie sich bereitwillig in ihre höhere Bestimmung. Für mich ist es nun Zeit, diesen Realitätsrahmen zu verlassen. Ich habe meine Verkörperungen beendet. Weißer Bär bin ich nur als Bezugsname. So wie du Thane befreien mußt, indem du *ihm* Ausdruck verleihst, mußt du *mir* Ausdruck verleihen.»

Weißer Bär war mit einer raschen Bewegung auf den Beinen. Erschrocken sprang auch ich auf. Er trat vor, um mich zu umarmen, und indem er das tat, verschmolz er mit mir. Obwohl ich eine Art Schock verspürte, hatte ich seltsamerweise intuitiv gewußt, daß er das tun würde. Es stand außer Frage, daß ich mich nun vollständiger und, ich wage es kaum zu sagen, weniger widerwillig fühlte.

Ich hatte erwartet, daß die Verschmelzung mit einer vergangenen Zeit hier an diesem Punkt enden würde, doch als ich den Schatten des Baumes physisch wieder verließ, versengte mich die Hitze. Ich schloß mich Treenie, Tom, Linda und ihren Kindern an, und wir wanderten zu ihrem großen Silverado zurück. Die Klimaanlage verschaffte uns bald Erleichterung von der Hitze. Wir befanden uns nach einem Ausflug zum ehrfurchtgebietenden Grand Canyon auf dem Rückweg nach Phoenix. Der Besuch des Erdkraftwirbels war nur ein kleiner Abstecher gewesen. Im Auto wurde mir ganz deutlich bewußt, daß mein physisches, persönliches Selbst eigentlich gegen alles, was Weißer Bär gesagt hatte, Widerstand leistete. Es war mein *metaphysisches* Selbst der Gegenwart, das dieses schallende Gelächter und die Verschmelzung des Selbst erlebt hatte. Das widerwillige Ich in Amerika war eben drauf und dran, den Zwischenfall als hitzebedingte Halluzination abzutun, als wir in den Außenbezirken von Sedona an einer kleinen Straße vorbeifuhren. Ein Schreck durchzuckte mich förmlich.

«Tom», rief ich aufgeregt, «wärst du so nett, noch einmal zu der Straße zurückzufahren, die wir gerade passiert haben?» Einen Augenblick später hatte Tom gewendet, und ich konnte das Straßenschild nochmals lesen. Da stand ganz deutlich: WEISSER-BÄR-STRASSE.

Nachdem das Ich in Amerika nun endlich all die Dinge annehmen konnte, die geschehen waren, war ich auch aus dieser Zeitspur entlassen.

Ich stand vor der Säule im Tempel des Lernens und fühlte die tiefste Hochachtung für das, was dieser Name bedeutete. Als ich das Relief ein letztes Mal anschaute, bemerkte ich eine Veränderung: Die Kakteen in der Wüste blühten.

Ich blickte mich nach Thane oder Ceine um, aber ich war allein. Da ich nun genau wußte, warum ich mich in diesem Tempel befand, bezweifelte ich, daß ich den Ausgang auch nur einen Moment früher, bevor mein Widerwille vollständig aufgelöst wäre, finden würde. Ohne klare Vorstellung davon, wohin ich mich wenden sollte, setzte ich meinen Weg in der vorher eingeschlagenen Richtung fort, an der Säule vorbei und um eine Ecke.

Ich gelangte in einen Bereich mit Pflanzen. Ihre überirdische Schönheit verschlug mir den Atem. Pflanzen aus vielen Realitäten befanden sich hier, bunt durcheinandergemischt. Ich war mir nicht sicher, woher ich das wußte; es war ein Gefühl des Wiedererkennens. Die einzige Farbe war Grün, unglaubliche Töne und Schattierungen von Grün, die es auf dem Planeten Erde gar nicht gab. Sogar das Licht war grün geworden, aber ein Grün von Gesundheit und Vitalität. Eine Art ätherisches Chlorophyll und Sauerstoff ergaben eine Mischung aus Energie, wie sie in einer physischen Realität wohl kaum existieren konnte.

«Vielleicht engst du die Zukunft der Erde ein», machte mich Ceine aufmerksam, als er aus einem großen Büschel Farnkraut hervortrat.

Keineswegs erstaunt über sein plötzliches Erscheinen, sah ich ihn nachdenklich an. «Ja, du könntest recht haben. Das würde ich nicht wollen. Vielleicht ist das die pflanzliche Lebensform einer zukünftigen Erde, jedenfalls eine mögliche Zukunft.»

Ceine lächelte mich erfreut an, und wiederum bemerkte ich, daß seine Züge, ähnlich wie die eines Delphins, zum Lächeln wie geschaffen schienen.

«Du hast zwei Aspekte des Selbst erlebt, aber ein anderer Aspekt ist noch übrig. Nein, kein Aspekt des Selbst», berichtigte er sich, «es ist eher ein Ruhepol für die Aspekte, die du nun verinnerlicht hast. Thane steht für deine Bestimmung, Weißer Bär für deine Weisheit.» Sein Lächeln ließ Belustigung erkennen. «*Du* stehst für deinen Widerwillen. Natürlich gibt es noch viele weitere Aspekte des Selbst – Aspekte in zahlreichen anderen Dimensionen und Realitäten –, aber alle Aspekte, auf die du hier triffst, sind ein Schlüssel, um deinen Lebenszweck zu offenbaren, dein Thane-Selbst.»

Ich wartete und sagte nichts. Ich wußte, daß noch einiges folgen würde.

«Unter diesen Pflanzen befindet sich eine unterirdische Kammer. Sie ist mit einer Anzahl von Kammern verbunden, die in deiner Erd-Realität gebaut wurden, auch mit jener, in der du in Woodstock meditiert hast.»

Ich erinnerte mich sehr gut an diesen Zwischenfall. Treenie und ich befanden uns im Wittenburg-Zentrum, um dort ein Wochenendseminar abzuhalten. Gespannt war ich in die Kammer eingetreten und hatte mich spontan hingesetzt, um zu meditieren. Von diesem Moment an hatte ich alles, was geschehen war, tief in mein Unbewußtes gedrängt, weit entfernt von jeder Erinnerung.

«Um deinen Verdacht vorwegzunehmen: Du sollst wissen, daß ich nicht versuche, dich hinters Licht zu führen. Ich bitte dich, die Kammer hier in diesem Raum zu betreten. Du wirst zu jenem Erlebnis zurückkehren, das du so grundlegend abgelehnt hast. Sobald du drinnen bist, gibt es keinen Ausweg mehr, außer durch Entschlossenheit. Ich kann nur sagen, daß dein restlicher Widerwille auf deiner Unfähigkeit, einer bestimmten Wahrheit ins Gesicht zu sehen, beruht.» Ceine hielt kurz inne, mit einem sonderbaren, unergründlichen Ausdruck im Gesicht. «Du kannst dich natürlich weigern, die Kammer zu betreten.»

Ich lachte erstickt, halb wütend, halb wirklich belustigt. «Ceine, du bist ein listenreiches Wesen. Du verwendest Offenheit und Ehrlichkeit dazu, mich zu entwaffnen. Jetzt kann ich mich nirgendwo verstecken, es gibt keine Ausreden.»

Er sah äußerst selbstzufrieden aus.

In dem Wissen, daß mir Ceine die Wahl, keine Wahl zu haben, angeboten hatte, beschloß ich, sofort hineinzugehen. Ich ignorierte ihn mit seinem breiten, selbstzufriedenen Lächeln und bahnte mir meinen Weg durch die dichte Vegetation. Das erste Rätsel war – wie konnte diese Fülle von Pflanzen direkt aus dem leuchtenden Boden wachsen? Es gab keinerlei Anzeichen für fruchtbare Erde. Ich hatte jedoch nur wenig Zeit, um darüber nachzugrübeln, denn ich gelangte rasch zu einer Lichtung. Dort entdeckte ich die Kammer. Sie schien der zu gleichen, die ich schon einmal betreten hatte. Weißer Bär und die Kammer: Das waren in Amerika meine zwei Hauptkonfrontationspunkte gewesen. Mit Weißer Bär war ich zurechtgekommen; die Kammer hatte ich tief in meinem Unbewußten vergraben, zusammen mit all den anderen Erlebnissen, die zu schwierig waren.

Über der Kammer lag eine Kuppel aus Erde. Meine Intuition sagte mir, daß diese Kuppel im Tempel des Lernens überhaupt nicht existierte. Ich hatte das Gefühl, daß das Wandgemälde, die Säule und jetzt die Kuppel Tore in vergangene oder zukünftige Realitäten darstellten. Die Besucher des Tempels würden jeweils sehen, was für sie passend war, und dadurch würden die Ereignisse ausgelöst werden. Ich stand da und überdachte diese Dinge einige Augenblicke lang, wobei ich mir meines Widerstands, hineinzugehen, bewußt war. Ich hatte das, was in dieser Kammer vorher geschehen war, ausgelöscht, und ich war mir nicht sicher, ob ich es wirklich wiederbeleben wollte. Und diese Sache, daß es keinen Ausweg gäbe, außer durch einen Beschluß, war auch nicht gerade verlockend. Mit einem Groll auf kosmische Lehrer im allgemeinen betrat ich schließlich die unterirdische Kammer.

Der Geruch der Erde war so stark wie immer, und ich fühlte mich wieder zu den Kristallen in der Mitte der Kammer hingezogen. Ich hatte das Gefühl, daß dieses Erlebnis irgendwie anders war als zuvor, und wartete darauf, daß eine Verschmelzung mit der vergangenen Realität stattfinden würde. Nichts geschah. Hier befand sich ein metaphysisches Ich in einer jenseitigen Realität. Ich erkannte zu spät, daß mich Ceine schließlich doch noch hinters Licht geführt hatte. Kein Wunder, daß er so selbstzufrieden aussah. Während ich mich in der Nähe der Kristalle hinkauerte, versuchte ich herauszufinden, wohin der Eingang verschwunden war. Solch eine Schuftigkeit! Ich hatte es doch geahnt. Ohne Eingang oder Ausgang, ohne Ausweg war die Situation deutlich anders als beim letzten Mal. Die Kammer war von einem Licht erhellt, das ich nur als Erdlicht beschreiben kann. Es war gedämpft, aber klar. Ich verspürte keine Angst, nur eine leichte Unruhe.

Ich habe keine Ahnung, wie und wann das Wesen erschien. Alles, was ich wußte, war, daß ich nicht länger allein war. Das Wesen, das mich von der anderen Seite der Kammer her betrachtete, war der Grund, warum ich die Erfahrung zuvor aus meinem Bewußtsein verbannt hatte. Es war insektenähnlich und etwas größer als ich. Aufrecht stand es auf zwei Beinen, die kaum dicker als Holzstäbchen waren. Es war schlank, sehr schlank oder schmal, je nachdem, was einem zutreffend erscheint. Sein Kopf war sehr klein, und auf dem Rücken schienen sich zusammengefaltete Flügel zu befinden. Wenn das Gehirn immer im Kopf angesiedelt ist, dann hatte dieses Geschöpf kein Gehirn, was wiederum verwirrend war, denn von diesem Wesen strahlte eine hohe Intelligenz förmlich aus.

Obwohl sein Kopf im Vergleich zu meinem so winzig war, paßte er in den Proportionen jedoch genau zu dem skelettartigen Körper. Sehr kleine Kinnbacken deuteten einen Mund an, und die Augen bestanden aus engen, irisierenden Schlitzen von Obsidianschwarz. Vier reisigdünne Arme rundeten das Bild ab, was jedoch so natürlich erschien, daß zwei Arme ziemlich lächerlich gewirkt hätten. Intelligenz war nicht das einzige, was von dem Wesen ausging. Es strahlte auch ein so starkes Wohlwollen aus, daß ich es nun unmöglich fand, Beunruhigung zu zeigen.

Verdutzt brachte ich die üblichen, trivialen Fragen vor: «Wer bist du? Woher kommst du?»

Die Antwort erfolgte durch Telepathie, stärker als alles andere, was mir bereits begegnet war. Vielleicht wirkte es auch nur so, weil nichts vorhanden war, was an einen menschlichen Mund erinnerte oder auch nur an die Möglichkeit, Sprache zu äußern. Die Antwort war sehr klar und präzise.

«Es ist nicht wichtig, mich zu identifizieren, aber es hilft. Ich stamme von Ceti, einem sehr weit entfernten Planetensystem.»

Ich beschloß, ehrlich zu sein. «Mit diesen Planeten, von denen angeblich andere Wesen kommen, habe ich Schwierigkeiten. Angenommen, du stammst von einem Planeten, von dem unsere Raumsonden anzeigen, daß dort kein Leben möglich ist. Wie erklärt sich das?»

«Es erklärt die Begrenztheit eurer Raumsonden. Alles physische Leben auf dem Planeten Erde ist dreidimensional. Eure Raumsonden können also nur dreidimensionale Realitäten untersuchen. Das kann sehr wohl ergeben, daß ein Planet auf dreidimensionaler

Ebene tatsächlich ein feuriger Glutofen oder ein Gasball unter dem Gefrierpunkt zu sein scheint, doch gibt das keinen Hinweis auf anders dimensionierte Realitäten.» Der Strom der Worte endete, und ich spürte, wie das Wesen nachzufragen schien.

«Gut, ich nehme an, das kann ich akzeptieren», gab ich zur Antwort.

«Ich komme aus einer sechsdimensionalen Realität», fuhr es fort. «Während du auf einer metaphysischen Reise hier bist, befinde ich mich hier in einer physisch dimensionierten Wahlrealität.»

«Jetzt bin ich nicht mehr mitgekommen», unterbrach ich. Obwohl dieses Wesen nach unseren Begriffen nicht lachen konnte – – seine äußere Struktur erlaubte es nicht –, konnte ich sehr deutlich Fröhlichkeit spüren und hören.

«Wir sind Meister des Immateriellen», erklärte es weiter. «Wir können willentlich an jeden beliebigen Ort und in jede beliebige Zeit reisen. Welche dimensionellen Veränderungen auch erforderlich sein mögen, wir können sie vollziehen. Dichte und Form sind für uns nicht festgelegt, obschon wir gewöhnlich unsere eigene, natürliche Erscheinungsform beibehalten, wie du sie jetzt an mir siehst. Auf unserem Heimatplaneten erfreuen wir uns jedoch einer Körperlichkeit, die nicht die geringste Ähnlichkeit mit eurer hat. Ohne dich herabsetzen zu wollen – ein Verstand, der von einer dreidimensionalen Realität gehalten wird, könnte sich die physischen Gestaltungsmöglichkeiten, auf die ich mich beziehe, nicht einmal vorstellen.»

«Hm.» Mir fehlten die Worte, bis eine weitere Frage auftauchte. «Also warum sind wir beide hier?»

Es kam keine Antwort. Da ich fühlte, daß ich mich dem Wesen nähern sollte, anstatt Distanz zwischen uns zu wahren, ging ich langsam auf es zu. Ich hatte gedacht, die Hülle, die seinen Körper wie eine Haut umgab, sei von einem dunklen Blau, das beinahe ins Schwarz ging, doch aus der Nähe betrachtet, zeigte sich eine andere Farbe. Die Hülle war dunkelblau mit einem Schuß ins Amethyst. Darüber lag ein hauchzartes, aber engmaschiges Gewebe von leuchtendem Himmelblau, das den gesamten Körper überzog, ausgenommen die Arme.

«Kannst du fliegen?» fragte ich und deutete auf die Flügeldecke.

«Das sind keine Flügel. Diese Hülle bedeckt Apparaturen, die in meinen Anzug eingebaut sind.»

Da begriff ich, daß das himmelblaue Gewebe seinen Anzug darstellte.

«Darf ich es anfassen?» fragte ich. Ich spürte die Bestätigung. Als ich das Gewebe berührte, fühlte es sich fein wie Spinnweben an, doch eine Empfindung höchster Dehnbarkeit und Festigkeit übertrug sich auf meine Fingerspitzen. Die Berührung des Wesens sprach eine ganz eigene Sprache, also berührte ich auch seinen Körper. Augenblicklich bekam ich den Eindruck von unendlichem Raum, der mit unendlichem Licht erfüllt war, ohne eine Spur von Dunkelheit. Und unter meinen Fingern spürte ich Liebe. Alle Ängste, die noch vorhanden gewesen waren, verschwanden mit einem Schlag. Vielleicht brachte das die Antwort auf meine unbeantwortete Frage hervor.

«Wir beide sind deinetwegen hier. Es ist an der Zeit, einige der tief verwurzelten Blockaden in dir zu entfernen. Du hast das Wissen um andere Wesen schon lange in deinem Bewußtsein bewahrt. Zusammen mit dem Wissen um die verschiedenen Aspekte deines Selbst hat dies zu einer inneren Verwirrung geführt. Jetzt bist du unsicher, was die wahre Natur deines eigenen Wesens anbelangt. Dein Widerwille beruht zum Teil auf dieser Verwirrung.»

Ich rang nach Luft. Es war, als hätte das Wesen in die tiefsten Winkel meines Bewußtseins gefaßt und die unterbewußte, verborgene Angst hervorgeholt, um sie mit erstaunlicher Klarheit und Einsicht zu enthüllen. «Woher hast du all das gewußt?»

«Ich weiß es, denn ich bin ein Koordinator.»

«Äh ... was koordinierst du denn?»

Das Wesen sah mich unverhohlen an, und es erschien mir nicht mehr länger seltsam oder bizarr. «Wir koordinieren die Bewegung und Erweiterung empfindenden Gewahrseins. Die Menschheit ist ein Teil dieser Bewegung. Im Moment bist du jedoch der Grund, warum ich hier bin. Du bist der Gegenstand meiner Fürsorge.»

Das Wesen strahlte Mitgefühl aus. Es streckte eine gefiederte «Hand» aus, mit beweglichen, drahtähnlichen Fortsätzen, die sich in jede Richtung biegen und bewegen konnten. Wenn uns schon Finger Geschicklichkeit verleihen, so war diese Hand noch hundertmal effizienter. Ich nahm sie, ohne zu zögern, und hielt sie fest, was nicht nötig gewesen wäre. Im selben Moment befanden wir uns schon woanders.

Wir standen in einem kristallenen Tal, das ich wiedererkannte. Die Erinnerung, die ich in *Im Reich des Pan* beschrieben habe, war bereits früher wiederbelebt worden und hatte mit einem Mysterium geendet. Es war mir gelungen, dieses Erlebnis zu akzeptieren, doch ein Gefühl von Unerfülltheit war dabei zurückgeblieben. Jetzt stand ich wieder in diesem Tal, umgeben von Bergen aus Kristall, die vielleicht drei- bis vierhundert Meter hoch in den fremdartigen Himmel ragten. An der Basis noch milchig, wurde die Farbe nach oben hin immer schwächer, bis sich die obersten Bereiche als durchscheinende Türme von kristallener Klarheit abzeichneten.

«Das ist der Ort, wo ich ...» Meine Worte erstarben. Es wußte. Ich bezweifelte nicht, daß es mehr über mich wußte als ich selber. Ich fühlte mich sehr benachteiligt. Ich kannte nicht einmal seinen Namen. «Wie ist dein Name?» fragte ich abrupt.

«Keine Namen, bitte. In Wahrheit bin ich namenlos wie alle meiner Art. Wir drücken eine Seinsweise aus, die uns identifiziert, doch das trennt uns nicht im Sinne von Namen. Die Ausstrahlung, die du von mir wahrnimmst, kommt einem Namen, den ich weder besitze noch benötige, am nächsten.»

Nun verspürte ich eine komplexere Ausstrahlung. Sie enthielt den vorherigen Eindruck von hoher Intelligenz, vermengt mit einem Gefühl von Raum und Sinngebung. Sehr sonderbar.

«Deine Zusammenfassung ist erstaunlich richtig. Obwohl du die Feinheiten übersehen hast, hast du das Wesentliche erfaßt. Du fühlst dich in meiner Gegenwart wohl; so laß bitte zu, daß dich meine Namenlosigkeit für eine tiefere Verbundenheit im Bewußtsein öffnet. Erkenne mich als eine innere Antwort, nicht eine äußerliche Bezeichnung! Verbinde dich, denn das ist deine Aufgabe! In der Verbindung liegt direktes Wissen.»

Ich beobachtete nun das Wesen im Tal, das ich als einen anderen Aspekt meines Selbst kannte, wie es das Experiment zur Übertragung der Psyche vornahm. Beim vorigen Mal war ich mit dem Wesen eins geworden und hatte das Experiment erlebt, doch ich war ohne Wissen darüber oder über diesen Aspekt des Selbst zurückgeblieben. Wiederum sah ich die gewaltige, fremdartige Sonne in einer einzigen, weichen Bewegung über den kristallenen Bergen aufgehen. Ein Licht, so kraftvoll, daß ich es nicht beschreiben kann, sprang von Turm zu Turm, während es immer mehr an Stärke und Substanz gewann. Schließlich fing es sich im höchsten Turm, und nachdem es seiner vorausberechneten Bahn gefolgt war, traf es auf die große, dünne, menschenähnliche Gestalt in der Mitte des Tales. Obwohl ich diesmal abseits stand, sprengte mich der Schock wieder in eine Leere hinaus, und meine Psyche dehnte sich durch alle Ewigkeiten aus. Augenblicklich *wußte* ich. Ich verband mich mit all den anderen Aspekten meines Selbst – und ich wußte. Während einer Zeit, die wie eine Ewigkeit in einer Sekunde erschien, erstreckte sich das Selbst in das unendliche Jenseits hinaus, und ich erlebte auch jene Wesen, die mein Geist durch Angst ernährt hatte. Das Wesen, welches das Experiment der psychischen Übertragung vorgenommen hatte, besaß den Schlüssel. Nach unseren Begriffen war es alt, viele Tausende von Jahren alt, und sein Wissen war so gewaltig, daß ich das meiste davon nicht einmal erfassen, geschweige denn speichern konnte. Es hatte willentlich einen furchtbaren Preis bezahlt, denn sein physischer Körper war förmlich atomisiert worden, doch es wurde bewußt eins mit allen Aspekten des Selbst. Sein Experiment war zum Triumph geworden.

In dieser zeitlosen Ewigkeitssekunde erlebte ich viele Aspekte meines Selbst wieder. Ich war das schlanke, blaue Wesen, das mich so beunruhigt hatte, als ich vor Jahren einmal von ihm träumte. In dem Traum war ich etwa 1,60 Meter groß, anmutig und elegant. Ich besaß Fähigkeiten, die der Menschheit nicht bekannt waren, und ich wußte, wer ich war und woher ich kam. Plötzlich unterbrach eine Stimme den Traum: «Er ist noch nicht bereit dafür. Es ist viel zu früh.» Dann endete der Traum, und ich erwachte. Beim Aufwachen erinnerte ich mich an den Namen, den Ort und andere Einzelheiten, doch als ich nach Papier und Stift griff, um sie niederzuschreiben, spürte ich, wie mein Verstand die Dinge absichtlich zersetzte. Und das war's dann. Ich erinnerte mich zwar an das Ereignis, doch an keine Einzelheiten. Ich war so verzweifelt, daß ich diese Erfahrung zusammen mit meinen anderen unerklärlichen Erlebnissen im Dunkel meines Unbewußten begrub.

Jetzt befand ich mich bei den blauen Wesen in ihrer Stadt aus lebendigem Glas. In unumschränktem Zusammenwirken bildete und formte sich das Glas zu strudelnden Wirbeln vielfarbiger Gebäude. Durchsichtige, bunte Blasen hingen an Fäden gesponnenen Glases, fast wie Tautropfen auf einem Strang Spinnweben. Überall leuchteten und sprangen Farben in den feinsten, ständig wechselnden Regenbogentönen hervor, und die Vertrautheit und Schönheit waren so groß, daß ich weinen mußte. Die blauen Wesen badeten mich in Gedanken der Liebe. Manche erkannte ich wieder. In ihrer Liebe, die mich nun wiederbelebte, spürte ich das unausgesprochene Versprechen einer Wiederkehr. Auch jetzt wußte ich weder, wer sie waren, noch wo sie lebten, aber ich war zufrieden.

Nachdem all das sanft verblaßt war, trat mein Selbst in Form der goldenen Frau meiner Zukunft in mein Gewahrsein ein. Auch sie hatte ich schon einmal erlebt. Sie stellte die klassische Erscheinung einer mythischen Göttin dar, mit einer eindrucksvollen Größe von über zwei Metern, hoher Intelligenz und einem wundervollen Intellekt. In ihrer Dimension waren die kulturellen und sozialen Anforderungen, die eine Stadt stellt, auf atemberaubend schöne Weise gelöst worden – in einer Verbindung von Architektur und Natur. Die vorherrschende Farbe war golden, und wie beim Tempel des Lernens bestanden die Gebäude aus Gedanke und Materie, was sich in ihrer kathedralenartigen Schönheit manifestierte. Gemeinsam, das heißt als eins, gingen wir einen beweglichen Lichtstreifen entlang, der locker über ein Bett aus glatten Kieselsteinen gelegt war. Wir betraten ein Gebäude, das dem Tempel des Lernens verdächtig ähnlich sah, und schlossen uns einer großen Gruppe anderer Personen an. Eine Wesenheit erkannte ich als einen Aspekt von Treenie. Bald zog die enorme Aura eines strahlend goldenen Wesens, das auf einem Podest stand, so daß alle es sehen konnten, meine Aufmerksamkeit in seinen Bann.

Es sprach mit stiller Eindringlichkeit auf telepathischem Wege. Es betonte, daß wir alle Freiwillige seien. Ich bemerkte, daß sich Tausende von Zuhörern in diesem Gebäude befanden, das sich jeder beliebigen Besucherzahl anzupassen schien. Weiter erklärte es, daß es für uns an der Zeit sei, die Verpflichtung, die wir eingegangen wären, einzulösen. Wir müßten in eine Zeit vor dieser Zeit zurückreisen und in unsere eigene Vergangenheit inkarnieren. Einmal mehr würden wir das Trauma auf uns nehmen müssen, das mit solchem Geschehnis einhergeht. Jeder würde sich in jene Zeitspur einklinken, die ihm am passendsten und verlockendsten erschiene, doch in uns allen würde der Same eines größeren Verstehens tief verborgen bewahrt bleiben. Es läge dann an uns, dieses versteckte Wissen wieder von neuem zu entfachen. Nur auf diese Weise könnten wir die Leidenschaft und Hingabe entwickeln, um unseren Lebenszweck anzunehmen und zu erfüllen. Das Ergebnis würde den Wandel der Erde beeinflussen, wenn in einer Zeit der Umwälzungen neue Impulse durch die Galaxie gingen. Ich erkannte plötzlich, daß unsere gegenwärtige Erde schon den heulenden Windstößen der Veränderung ausgesetzt ist – jetzt, in diesem Moment!

Andere Aspekte des Selbst wurden mir vertraut, einer nach dem anderen, und meine frühere Verwirrung löste sich. Vorher war das Rätsel nicht-irdischer Wesen, die einen Aspekt meines Selbst darstellen sollten, unbeantwortet geblieben. Jetzt hatte sich meine Fähigkeit, das Selbst zu erleben, ausgeweitet, was mich auch dazu zwang, einer Wahrheit ins Gesicht zu blicken, die eigentlich jedes menschliche Wesen betrifft: Ich mußte einsehen, daß ich, als Selbst, nicht nur in einer zeitlich-irdischen Realität lebte, sondern auch in anderen Aspekten des Selbst in anderen Dimensionen existierte, die alle das Selbst im unendlichen Sein des Jetzt ausdrückten. Das konnte ich noch relativ leicht annehmen, da es nicht bedrohlich erschien. Die Wahrheit, die ich so schwierig fand und die auch meinen Widerwillen hervorgebracht hatte, war tief verborgen und unerreichbar gewesen – bis jetzt! Nun hatte ich sie erfahren: Bei all den vielen Aspekten meines Selbst hatte ein Aspekt beschlossen, die Einheit des Ganzen auszudrücken: *ich!*

Angesichts dieser Erkenntnis bebte ich. Jetzt wußte ich, was Weißer Bär gemeint hatte, als er mir sagte, ich sei mehr als er und doch nicht mehr. Ich begriff auch, daß die Verleugnung eines Aspektes des Selbst in einem gewissen Ausmaß bedeutete, alle Aspekte des Selbst zu verleugnen. Das Selbst ist untrennbar. Während sich diese neue Einsicht gebar, bemerkte ich kaum, daß das insektenähnliche Wesen meine Hand genommen hatte und wir uns wieder in der unterirdischen Kammer im Tempel des Lernens befanden.

«Warum ich?» flüsterte ich tonlos. «Ich bin zu einfach für das. Ich akzeptiere, daß ich diese Entscheidung getroffen habe, aber das war ein größeres Ich in einer anderen Zeit/Realität. Warum ist es nicht einer der anderen Aspekte des Selbst mit seinem weitaus überlegeneren Wissen und größeren Fähigkeiten, der das gesamte Selbst eint?»

Wohlwollen, Mitgefühl, Fürsorge und Liebe – all das ging von dem Wesen aus. «Von all den Aspekten des Selbst besitzt du die größte Kapazität, die Ganzheit in dich aufzunehmen. Das beweist die Macht der *Schlichtheit!*»

Dann tat das Wesen etwas Sonderbares. Es trat nahe an mich heran, nahm meine Hände und legte sie mit den Handflächen auf seinen kleinen Kopf. In meinem Schädel ereignete sich eine stille Explosion rosafarbenen Lichtes. Einen Augenblick lang schwindelte mir, doch dann überwog die Heftigkeit des sensorischen Eindrucks. Ich nahm großen Respekt wahr. Mit Schrecken stellte ich fest, daß dieses Wesen es als Privileg ansah, als Koordinator des Gefüges zu wirken, das mein Selbst einen würde. Es war ein Gefühl wie «Mission erfüllt!» Ich vermochte es mitzuempfinden, während ich bislang unerreichbare Emanationen in mich aufnahm. Zum erstenmal konnte ich im Beisammensein mit diesem Wesen selbst Liebe ausstrahlen in Erwiderung der Liebe, die ich von ihm empfing.

«Was kann ich mit dem, was ich weiß und was ich bin, tun?»

Die Ausstrahlung von Liebe und Fürsorge verstärkte sich noch. «Du lebst, du liebst, du teilst und du gibst. Zusammen mit Treenie richtest du dich darauf aus, die Menschen auf Erden zu erwecken. Das Leben wird dich weiterhin belehren und öffnen, und ein geeintes Selbst vieler Aspekte und Ebenen wird durch dich zum Ausdruck gelangen. Gemeinsam, als seelenverbundenes Paar, seid ihr ein Agens der Wandlung, das in das Leben der Menschen eintritt und es dann wieder verläßt. Zusammen fördert ihr die Alchemie des Wandels. So wie euch gibt es noch Tausende anderer, und du bist weder wichtiger noch weniger wichtig als sie. Du bist das Leben, das Leben entfaltet, Liebe, die Liebe ausdrückt. Gerade so, wie das deine Wahrheit ist, bedeutet es auch die Wahrheit jedes menschlichen Wesens.»

Wieder spürte ich, wie Liebe von dem Wesen ausströmte, doch als ich meine Hand von seinem Kopf nahm, war ich ganz allein in der Kammer.

Obwohl der Ausgang nun deutlich sichtbar war, verweilte ich noch lange nachdenklich in der Kammer. Dieses Erlebnis hatte sich beträchtlich von der ersten Erfahrung im Kristalltal und mit dem insektenähnlichen Wesen unterschieden. Obwohl es anfangs nach dem gleichen Grundmuster abzulaufen schien, hatte sich dann alles in ungeahnte Dimensionen erweitert, vor allem die Beziehung zu dem insektenähnlichen Wesen. Meine früheren Schwierigkeiten hatten offensichtlich die damalige Erfahrung begrenzt und eingeschränkt, weil ich sie blockiert und abgelehnt hatte. Jetzt hatte ich sie in mich aufgenommen und akzeptiert.

Erleichtert stellte ich fest, daß ich keinen Widerstand mehr verspürte, meine Bestimmung zu erfüllen und meinem Lebensziel zu folgen. Das war ein wirklich gutes Gefühl.

Ceine wartete draußen vor der Kammer, seine schimmernden Mondlichtaugen auf meine geheftet. Er sagte nichts, doch der Ausdruck in seinem Gesicht vermittelte mehr, als es Worte jemals vermochten. Er wandte sich um, und auf seine unerklärliche Weise war er mit drei Schritten verschwunden. Langsam bahnte ich mir den Weg aus dem Pflanzenbereich heraus und sah direkt mir gegenüber in der Säulenhalle eine offene Tür. Ich eilte darauf zu. Ich wußte, daß nun die Zeit gekommen war, den Tempel des Lernens zu verlassen. Als ich durch die Pforte trat, drehte sich die Zeit in einem Wirbel um mich herum.

Ich öffnete meine physischen Augen. Ich war zu Hause und saß in meinem bequemen Sessel. Abgesehen von dem üblichen Gefühl der Schwere und Trägheit, das immer nach der Rückkehr in meinen physischen Körper auftrat, fühlte ich mich großartig.

6
Zeit ist eine Illusion

Sphärische Zeit ist ein ewiger Moment
in einer unendlichen Realität.
Lineare Zeit verschafft uns einfach den Zugang
zur Unendlichkeit in annehmbarem Maße.
Wir lernen und wachsen durch Ursache und Wirkung,
die große Gabe linearer Zeit.

Ich saß eine ganze Weile in stiller Betrachtung da. Alles, was sich ereignet hatte, blieb klar und frisch in meinem Geist erhalten. War mein Widerwille zu guter Letzt stillgelegt worden? In der Vergangenheit, als jeder erlebte Aspekt des Selbst jeweils eine weitere Facette meines Widerwillens enthüllte, hatte ich immer geglaubt, diese eine Facette stelle das ganze Problem dar. Ich hätte es besser wissen müssen! In vielen wesentlich früheren Erfahrungen war mir gezeigt worden, daß ich in mehreren Leben als Ketzer unter der Folter geendet hatte und daß sich durch dieses Trauma ein enormer Widerwille dagegen angehäuft hatte, jemals wieder so viel Angst und Schmerz zu erleben. Ich hatte jedoch auch gelernt: Je mehr wir etwas Unangenehmes zu vermeiden suchen, desto stärker ziehen wir es an. Doch durch mein beharrliches Herumschnippeln an meinem Widerwillen hatte er sich allmählich auf eine für mich verblüffende Weise verändert. Das insektenähnliche Wesen hatte mir schließlich dabei geholfen, ihn ganz aufzulösen, indem es die tief in den Abgründen meiner Psyche verborgene Ablehnung, Verantwortung zu tragen, hervorholte.

Der Klang einer Stimme zog mich an, und ich wanderte in die Küche. Treenie sprach am Telefon und kicherte über irgend etwas, das ihr gesagt wurde. Sie lächelte mich an. «Hallo, mein Liebling», sagte sie leise, die Hand über den Hörer gelegt.

Während sie ihr Gespräch weiterführte, setzte ich den Wasserkessel auf. Der einzige Weg zu einer guten Tasse Tee ist eindeutig der physische!

Nachdem Treenie noch ein paar Minuten am Telefon geplaudert hatte, hing sie den Hörer ein. «Das war jemand aus Amerika, aus Washington, der für uns Vorträge und Seminare organisieren möchte.»

«Also, wann fahren wir?»

Treenie zog die Brauen erstaunt hoch. «Ist das nicht der Moment, in dem du dich gewöhnlich zu winden beginnst?» wunderte sie sich. «Normalerweise fängst du dann mit deiner ‹Ich-bin-zu-beschäftigt›-Masche oder mit ‹Müssen wir?› oder mit ‹Vielleicht nächstes Jahr› an. Wem oder was verdanken wir diese Veränderung? Oder ist das nur ein subtiler Scherz?»

«Würde ich über so etwas Witze machen?» fragte ich in gespielter Entrüstung.

Ich brauchte einige Zeit, um ihr all das, was sich ereignet hatte, zu erzählen. Besonders schwierig fand ich es, die betreffenden zeitlichen Zuordnungen oder, besser ausgedrückt, das Nichtvorhandensein linearer Zeit deutlich zu machen, als ich ihr die Ereignisse schilderte, die sich in jener so überaus reichhaltigen metaphysischen Realität abgespielt hatten.

«Ich weiß nicht warum, aber ich war erstaunt darüber, daß du Ceine auch kennst», meinte ich.

Treenie sah nachdenklich aus. «In diesem Punkt sind wir beide sehr verschieden, du und ich. Du durftest diese wunderbare Erfahrung machen und hast auch noch die Erinnerung daran behalten. Du hast zu einer metaphysischen Realität Zugang, die für dich ebenso leicht erreichbar scheint, wie du von einem Zimmer ins andere hinübergehen kannst. Ich erlebe es nicht auf diese Weise. Im Schlaf bin ich mir zweier Ebenen bewußt. Die eine ist ein normaler Traumzustand, die andere geht wesentlich tiefer. Es ist ein Ort der Kraft und Realität, wo ich wacher bin, als ich es physisch jemals sein kann. An diesem Ort treffe ich Menschen und andere Wesen, das weiß ich. Ich lehre und werde belehrt. Zeit hat dort keinerlei Bedeutung, und auf diesen inneren Ebenen werde ich genährt und erfüllt. Wenn ich jedoch morgens aufwache, habe ich keine klare Erinnerung mehr daran, nur noch ein intuitives Wissen.» Sie runzelte die Stirn vor Konzentration. «Ich finde es nicht so leicht, das in Worte zu kleiden wie du, aber ich weiß, daß ich Ceine kenne, obwohl ich mich nicht an ihn erinnere. Leuchtet dir das ein?»

Ich nickte lebhaft. «Ich finde das sehr einleuchtend. Ich nehme an, das Geschehnis mit den römischen Soldaten ereignete sich auf die gleiche Weise. Oder kannst du dich daran erinnern?»

Treenie schüttelte den Kopf. Sie mußte Augen und Gesicht vor dem Licht abschirmen, das durch die Glastür fiel. «Nein, ich erinnere mich nicht. Was ich bemerkenswert finde, ist der Zeitfaktor bei der ganzen Sache. Ich begreife, daß Zeit in einer größeren Realität *keinen* Faktor darstellt, aber sie ist so sehr Teil unseres täglichen Lebens, daß man sie nicht ignorieren kann.»

«Was meinst du damit?» hakte ich nach.

«Also, die Erlebnisse, von denen du mir gerade erzählt hast, klangen so, als ob sie lange Zeit in Anspruch genommen hätten, doch ...» Sie hob abwehrend die Hand, um meine Unterbrechung vorwegzunehmen. «Laß mich ausreden! Doch du warst nicht mehr als fünfundvierzig unserer Minuten in dieser Realität, scheinst aber ganze Zeitalter voll von Erfahrungen in mehreren zeitlichen Bezugsrahmen gesammelt zu haben. Ich habe währenddessen in der linearen Zeit nicht geschlafen, war aber trotzdem beteiligt. Offensichtlich hat sich meine Beteiligung zu einem anderen Zeitpunkt, während ich schlief, zugetragen. Du hattest zu dieser Zeit Zugang, und sie wurde in einer größeren Realität zum gegenwärtigen Moment.» Sie hielt inne. «Würdest du dem zustimmen?»

«Ja. Ich finde, du hast eine brillante Zusammenfassung gegeben. Das einzige, was ich noch hinzuzufügen hätte, ist, daß alle Zeit und alle Realitäten den gleichen Moment einnehmen – ein ewiges Jetzt. Wir benötigen die lineare Zeit, denn in unserer menschlichen Entwicklung sind wir für den Zugang zur Unendlichkeit noch nicht bereit, obwohl wir unendliche Wesen sind. Wir lernen und wachsen durch Ursache und Wirkung, die große Gabe linearer Zeit.»

Unsere Unterhaltung ging noch eine Weile weiter, dann hatte Treenie Post zu beantworten und einige andere Dinge zu erledigen.

Ich beobachtete sie, wie sie später an ihrem Schreibtisch saß und in den Aufgaben, die sie gerne erfüllte, aufging. Ich überlegte wiederum, was für ein Glück es für mich bedeutete, mit Treenie verheiratet zu sein. In einer Partnerschaft mit so tiefer Übereinstimmung zu leben ist ein großer Segen. Mir fiel Weißer Bär ein, der uns als seelenverbundenes Paar bezeichnet hatte. Ich bezweifelte keineswegs, daß Treenie und ich ein seelenverbundenes Paar bildeten, doch was bedeutete das eigentlich genau?

«Was ist ein seelenverbundenes Paar?» rief ich laut.

Treenie warf mir einen seltsamen Blick zu. «Abgesehen vom Offenkundigen ist es etwas, worüber du ziemlich bald mehr erfahren wirst.»

«Oh! Woher weißt du das?»

Wieder warf sie mir einen sonderbaren Blick zu. «Ich *weiß* es nicht wirklich; ich *fühle* es.»

Ich zuckte die Schultern. Ich konnte warten. Eines, worüber ich jetzt Bescheid wußte, war, den richtigen Zeitpunkt für Wissen abzuwarten. Intellektuelles Wissen kann man sich zu jedem beliebigen Zeitpunkt aneignen, doch lebendiges, tatsächliches Wissen eröffnet sich nur zum absolut richtigen Zeitpunkt. Und wir sind der Zeitpunkt!

Einige Wochen später, mitten in einer Dürreperiode, hatte ein sehr willkommener, heftiger Regenguß das lichte Buschwerk, das unser Haus umgab, wieder erfrischt. In der Nähe befand sich eine tief eingeschnittene Wasserrinne, und ich wollte feststellen, ob der Regen so ergiebig gewesen war, daß etwas Sickerwasser floß. Ich hatte bemerkt, daß dort neben Kriechfarn und großem Farnkraut auch einige Fächerpalmen wuchsen, aber ich hatte noch nie auch nur ein kleines Rinnsal vorgefunden.

Ich kletterte hinab und stellte mit Vergnügen fest, daß die felsigen Schieferplateaus von einem dünnen Wasserfilm überzogen waren. Frisches Wasser zieht mich an. Eine solche Fülle von Leben gedeiht am Wasser! Hier waren kaum mehr als ein paar Zentimeter träge dahintröpfelnden Wassers vorhanden, und doch zog es einige große, rote Libellen sowie ihre zierlicheren Vettern, die Wasserjungfern, an.

Ich folgte dem Einschnitt, wobei ich an den Stellen, wo das Rinnsal erkennbar war, sorgfältig Steine umdrehte und dann wieder an ihren Platz zurücklegte. Gelegentlich stieß ich auf kleine Frösche, meist braun und unansehnlich. Als sich meine Augen eingewöhnt hatten, konnte ich überall mehr und mehr Leben entdecken. Bald war ich völlig darin versunken, zu schauen, zu beobachten und daran teilzuhaben. Als das laute Scharren eines Ameisenigels, der halb unter einem umgestürzten Baumstamm versteckt war, die tiefe Stille durchbrach, war ich einen kurzen Moment erschrocken.

Ich ging auf das seltsame Geschöpf zu. Allgemein bekannt als Stacheliger Ameisenfresser, was eine sehr treffende Beschreibung darstellt, gehört der Ameisenigel zu den beiden einzigen Tierarten auf der Welt, die sowohl Eier legen als auch ihre Jungen säugen, wie es bei den Dinosauriern der Fall war. Ich sah dem Ameisenigel eine Weile zu, wie er sich mit seinen Klauen in ein kleines Nest von weißen Ameisen unter dem Baumstamm vorgrub. Ein freundlicher Baum, der in der Nähe stand, bot eine gute Rückenlehne. Ich setzte mich hin und lehnte mich zufrieden an. Sieh an, dachte ich, dieser Ameisenigel hat keine Ahnung davon, daß ich ganz nahe bei ihm sitze. Ich passe nicht einmal in seinen Bezugsrahmen. Hier bin ich mit meiner Fähigkeit, über seine Zukunft zu bestimmen, mich in sein Leben einzumischen oder ihn in

Ruhe zu lassen, und er weiß nichts davon. Er ist vollkommen damit beschäftigt, seine Nahrung zu beschaffen. Alles ist grundlegend und unmittelbar. Entspannt und bequem lehnte ich mich an meinem warmen Plätzchen zurück. Die Schatten schienen sich zu verschieben und zu verschwimmen.

Ich löste meine Aufmerksamkeit von der physischen Welt und war kaum verwundert, als eine ruhige Stimme in mein Gewahrsein eindrang.

«Wie sehr unterscheidet sich der Mensch davon?»

Meinen wachen physischen Sinnen entging die physische Beschaffenheit der Welt um mich herum nie ganz, doch die metaphysische Realität, die zum Vorschein gekommen war, zog meine gesamte Aufmerksamkeit auf sich.

Ich befand mich mit Ceine auf einem Bauernhof. Es war ein Ackerbaubetrieb, und als ich genauer hinsah, erkannte ich, daß es der Hof meines Vaters in England war. Ein viel jüngeres Ich saß in einer Baumhecke, mit einem 22er Gewehr auf dem Schoß. Ich näherte mich ihm aus reiner Neugier und rief: «Michael!»

Meine Worte waren lautlos, und so hörte er gar nichts. Obwohl Ceine und ich neben ihm standen, hatte dieses jugendliche Ich keine Ahnung davon, daß wir anwesend waren.

«Du hast recht. Dieses jüngere Ich ist sich unserer Anwesenheit genausowenig bewußt, wie es der Ameisenigel war.»

«Ist.»

«Was meinst du?»

«Er *ist* sich deiner nicht bewußt, nicht *war.* Diese Realität besteht immer noch. Körperlich sitzt du immer noch dicht bei dem Ameisenigel. Du mußt die Dimensionen von Zeit und Realität als etwas erfassen, das sich als *Jetzt* abspielt.»

Ich verstand, was Ceine meinte, aber ich war über dieses äußerst unbewußte Ich aus meiner Jugend etwas verstimmt.

«Wie oft geschieht das?» fragte ich. «Wie oft ist etwas, was in der Vergangenheit oder Gegenwart geschieht, an einer anderen Realität in einem anderen zeitlichen Rahmen beteiligt?» Ich lachte. «Ich bin mir nicht einmal sicher, ob ich die Frage richtig stellen kann, ohne alles durcheinander zu bringen.»

«Das widerfährt nicht nur dir, sondern allen Menschen, sogar sehr oft, aber es ist ihnen selten so bewußt wie dir jetzt.»

«Kann ich mein jüngeres Ich auf irgendeine Weise beeinflussen?»

«Hier ist die beste Gelegenheit, das herauszufinden.»

Wir beobachteten, wie Michael das Gewehr anlegte und auf einen Hasen zielte, der in wenigen hundert Metern Entfernung über das Feld hoppelte.

«Nicht schießen!» projizierte ich still und so kraftvoll, wie ich nur konnte. «Erlebe den Hasen!» Der junge Michael hielt weiter das Gewehr angelegt, und ich verzweifelte. Ich wußte nur zu gut, wie geschickt ich früher mit dem Gewehr umzugehen verstand. Doch dann erinnerte ich mich an den Zwischenfall.

«Er wird nicht schießen», sagte ich zu Ceine. «Jetzt erinnere ich mich. Aber ich weiß immer noch nicht, ob das ein Ergebnis meines Einflusses ist.»

«Beobachte einfach und spüre!»

Der Hase hüpfte mit ruckartigen, unregelmäßigen Sätzen quer über das Feld, was ihm ganz offensichtlich Spaß machte. Plötzlich hielt er inne. Dann schlug er im rechten Winkel Haken, um in seine ursprüngliche Richtung zurückzukehren und geradewegs auf Michael zuzuhoppeln. Dieser saß da wie versteinert, und ich wußte, daß er ob dieses Wunders wie gebannt war. Aus einer Entfernung von zwei- oder dreihundert Metern hatte sich der Hase rasch bis auf knapp fünf Meter genähert, und er lief immer noch weiter. Nur wenige Zentimeter von Michaels Füßen entfernt hielt er so abrupt inne, daß seine Hinterbeine in die Luft schlugen. Michael und der Hase saßen sich Aug in Aug gegenüber, das Gewehr war vergessen.

Mein jüngeres Ich hielt den Atem an, aus Angst, irgendein Geräusch zu verursachen, das den Zauber des Augenblicks zerbrechen könnte. Und dann, als ob er alle Zeit der Welt hätte – und die hatte er –, wandte sich der Hase um und hoppelte davon.

Der junge Michael atmete mit einem Stoß aus. Er hob das Gewehr rasch an die Schulter, um den Weg des Hasen durch das Zielfernrohr zu verfolgen, doch sein Finger kam nie in die Nähe des Abzugs.

«Mein Gott! Das wird mir niemals jemand glauben», sagte er laut.

«Ich glaube es», versicherte ich ihm, aber er war mir gegenüber so taub und blind wie der Ameisenigel.

Ceine berührte leicht meine Schulter, und augenblicklich befanden wir uns an einem anderen Ort, in einer kleinen, ländlichen Stadt. Es war ein seltsames Gefühl, mitten auf der Hauptstraße zu gehen und zu wissen, daß uns nichts Physisches sehen oder berühren konnte.

«Ich habe mich beeinflußt. Ich weiß es.»

Ceine lächelte, doch er machte keine weitere Bemerkung zu dem Geschehenen. «Sieh dich um! Beobachte alles, was du wahrnehmen kannst!»

«Alles?»

«Beobachte einfach! Du wirst schon verstehen.»

Ich werde niemals wissen, ob eine Anpassung an meine metaphysische Wahrnehmungsfähigkeit vorgenommen wurde oder ob seine Suggestivkraft sie gesteigert hatte. Alles, was ich weiß, ist, daß auf der Straße auf einmal weit mehr als nur alltägliche Leute zu sehen waren. Ich schaute herum. Eine Mischung von körperlichen und unkörperlichen Gestalten befand sich nun in den Straßen, und es gab darunter Wesen, die eindeutig keine Menschen waren.

«Ist das eine normale Szenerie auf den vielen Realitätsebenen, oder ist sie zu meinem Nutzen übertrieben worden?» Ich rang nach Luft.

«Ziemlich normal, Michael. Wie du korrekt zusammengefaßt hast, stellt das die Normalität auf den verschiedenen Dimensionsebenen dar. Es gibt tatsächlich noch wesentlich mehr, denn vieles liegt jenseits deiner Wahrnehmung.»

Während ich weiter meine Beobachtungen anstellte, bemerkte ich, daß zwar sehr viele Wesen an dieser Szenerie beteiligt waren, daß aber keine Massen vorhanden waren, zumindest nicht auf der jeweiligen Realitätsebene. Nur die üblichen Stadtbewohner waren verstreut zu sehen, und jede metaphysische Realität dieser Stadt schien perfekt an die andere anzugrenzen. Sie störten sich nicht. Alle nahmen zwar irgendwie denselben Raum ein, doch in sehr unterschiedlichen Dimensionen oder Zonen. Durch all das hindurch bewegten sich mit geruhsamer Eleganz einige Wesen, die aus einer Anderswelt stammten.

«Gütiger Himmel, schau! Da ist ein Wesen wie du», rief ich und wandte mich zu Ceine. Noch während ich aufgeregt mit dem Finger zeigte, standen sie einander bereits in scheinbarem Schweigen gegenüber und sandten ihr schönes, natürliches Lächeln aus. Ich wußte, daß sie in tiefer, telepathischer Kommunikation miteinander standen. Ich erkannte auch, daß sie Wissenskugeln miteinander teilten, wodurch sie in einem Augenblick wirkungsvoller kommunizieren konnten als manche Menschen über Wochen hinweg.

Da Ceine beschäftigt war, beschloß ich aus Neugier, einer der Personen zu folgen. Ich suchte mir eine alte Frau aus, die sich mit einem Schal gegen den Wind schützte, der durch die Gassen pfiff. Sie hinkte etwas und trug einen vollen, schweren Einkaufskorb, der an ihrem rechten Arm zerrte. In ihrem Inneren konnte ich tiefe Verzweiflung fühlen. Hie und da hustete sie. Es war ein tiefes, verschleimtes Husten, das sie schüttelte. Plötzlich überkam mich die Erkenntnis, daß dies sehr wohl ihr letzter, mühseliger Gang sein könnte. Ich wollte ihr helfen, doch was sie anbelangte, war ich ja gar nicht vorhanden. Ich konnte also nichts tun.

Sie wohnte in einem kleinen strohgedeckten Häuschen, dessen

Eingangstür sich praktisch direkt auf die Straße öffnete. Ich folgte der alten Frau ins Innere des Hauses. Dort gelangte ich mit einer weiteren Dimension des Seins in Berührung, denn in dem Raum wartete ein junger Mann auf sie. Ich konnte ihn mit Leichtigkeit sehen, sie jedoch nicht. Genausowenig konnte er mich sehen. Ich hörte ihn zu ihr sprechen. «Großmutter, ich bin gekommen, um dir auf die andere Seite hinüberzuhelfen.» Sie vernahm jedoch nichts. Bestürzt starrte ich ihn an. Was war das für ein Unsinn? Es gibt keine andere Seite. All die vielen Dimensionen des Seins werden in einem vieldimensionalen Jetzt gehalten. Das schließt auch den sogenannten Tod ein. Tot zu sein bedeutet nicht, daß wir die Seiten wechseln, als befänden wir uns in einem kosmischen Kricketspiel. Tod ist ein Übergang zu einer anderen Realität. Da er diesen Übergang bereits vollzogen hatte, müßte er das doch eigentlich wissen...?

Ich ging zu ihm hinüber und spürte den Impuls, meine Hand auf seinen Kopf zu legen. In einem Augenblick erfaßte ich seine Realität. Auf so einfache Weise konnte ich Einsicht in sein Bewußtsein nehmen. Er kannte die Wahrheit nicht. Der Tod hatte keine Antwort für ihn bedeutet, sondern nur eine Fortsetzung seiner vorherigen Anschauungen. Er glaubte, daß er durch den Tod auf die andere Seite übergewechselt war. Welche andere Seite dies genau sein sollte, wußte er nicht, doch es war ein Glaube, auf den er noch nicht zu verzichten bereit war. Die Absicht seiner Großmutter gegenüber war jedoch gütig und fürsorglich.

Neugierig geworden, legte ich meine Hand kurz auf ihre Stirn. Und wiederum gewann ich eine klare Einsicht in die Realität einer anderen Person. Sie zitterte und zerrte sich den Hut vom Kopf. «Jemand ist über mein Grab gegangen», murmelte sie vor sich hin, ohne sich ihrer Gesellschaft bewußt zu sein.

Einen Augenblick lang runzelte ihr Enkel die Stirn und starrte in meine Richtung. Als ich seine Augen beobachtete, fragte ich mich, ob er mich wahrnehmen könnte, doch er sah fast augenblicklich wieder weg. Seine einschränkenden Ansichten und Begrenzungen waren zu mächtig.

«Sorg dich nicht, Großmutter! Ich werde auf dich warten. Du wirst bereit sein, um heute nacht hinüberzugehen.»

Nachdem ich begriffen hatte, daß ich in dieser Situation nichts Wertvolles beitragen konnte, ging ich durch die Wand auf die Straße hinaus. Zu meinem Erstaunen erwartete mich ein Wesen, das die reine Essenz absoluter Schönheit darstellte. Es besaß keine klar umrissene Gestalt, keine Form, auf die ich Bezug nehmen konnte; es drückte sich vielmehr als ein Gefühl der Schönheit aus. Ich wußte intuitiv, daß es sich jedem auf die Weise zeigen würde, die dieser als schön wahrnahm. Ich erlebte es als ein Gefühl von Wasserfällen und Einhörnern, vermengt mit der Empfindung wunderbarer Musik. Darüber hinaus bin ich nicht imstande, es zu beschreiben.

Das Wesen sprach nicht zu mir, doch ich spürte die Kraft seiner Suggestion in mich eindringen. Keine Worte, nur Gefühl. Die Eingebung schien zu besagen, daß ich in sein Energiefeld eintreten solle.

Das tat ich. Um ehrlich zu sein, ich war von dieser Schönheit geradezu überwältigt. Etwas so urtümlich Reines, ohne Humor, Leidenschaft oder Worte, war etwas verunsichernd.

Sobald ich in das Energiefeld dieses Wesens der Schönheit eingetreten war, durchlief meine Umgebung eine allmähliche Veränderung. Die Stadt als dominante Silhouette verschwamm, und statt dessen enthüllte sich eine Landschaft aus buntem Eis und Schnee. Ich erkannte sofort, daß ich mich geirrt hatte. Ich hatte versucht, den nebulösen Formen und Gestalten um mich herum Namen zu geben, doch das war falsch. In der vagen Erscheinung von Schnee und Eis erkannte ich lebendiges Plasma, dessen Farbgebung aus einer Anderswelt stammte, das sich in einem langsamen und vorgegebenen Tanz zu bewegen schien. Während ich dies betrachtete, wurde ich in den Tanz hineingenommen – einen Tanz, der den Ausdruck intelligenter Schönheit darstellte. So wie dieses Wesen aus Schönheit bestand, wurde diese Realität von Schönheit beherrscht. Sie war nicht im entferntesten menschlich, sie würde es auch niemals sein. Und doch nahm sie denselben Raum ein wie die kleine, ländliche Stadt.

Still fragte ich nach, welche Dimension dies sei, doch jede Antwort wäre bedeutungslos gewesen. Einen Augenblick lang überlegte ich, warum ich hier war, dann wußte ich es. Auf unerklärliche Weise eröffnete mir mein Hiersein die Wahrnehmung für das Unbekannte. Ich wußte, ohne zu wissen, woher ich es wußte, daß jedes Wesen, das diese Realität aufsuchte, seine Umgebung auf andere Weise wahrnehmen würde. Ich erkannte, daß unser Verstand die Welt erschafft, in der wir leben, und daß Konsens ein wichtiger Teil der irdischen Realität ist. *Hier* mußte ich *meiner* eigenen Erfahrung der Realität vertrauen, in dem Wissen, daß sie gültig war. Die Energie der Schönheit gab mich wieder frei, und wie in einer langsamen Überblendung...

...als betrachtete ich ein Dia in einem langsam arbeitenden Projektor, erstand die Stadt allmählich wieder um mich herum.

«Das war ein Privileg», sagte Ceine.

Ich konnte nicht sprechen. Für einige lange Augenblicke waren meine Augen mit Tränen gefüllt, und ich war mir der Emotionen in meinem physischen Körper, der am Baum in der kleinen Schlucht saß, so sehr bewußt, daß ich fühlte, ich würde dorthin zurückgezogen werden.

Ceine legte seine geschmeidige, starke und dicht behaarte Hand auf die meine. Das goldene Fell, das seinen gesamten Körper überzog, war nur kurz und, wie bei einem Maulwurf, in jeder Richtung weich. Ich spürte die Stärke und Beruhigung, die von ihm ausgingen. Meine Emotionen ebbten ab, und es gelang mir, in dem metaphysischen Zustand zu verweilen.

«Es war die Schönheit, Ceine», flüsterte ich. «Ich hätte mir nie träumen lassen, daß Schönheit eine lebendige Ausdrucksform sein könnte. Ich verstehe es nicht, weil ich weiß, daß es nicht möglich ist, aber es hat etwas an mir verändert, etwas in meiner Psyche.»

Ich beobachtete, wie sich nicht verkörperte Menschen unter verkörperte mischten. Die Verkörperten waren normal, in physischer Gestalt, während die nicht Verkörperten kein physisches Vehikel besaßen. Manche waren offensichtlich verwirrt, als ob sie noch nicht wüßten, daß sie unkörperlich waren, einige wenige hingegen gingen zielstrebig umher. Ich sah eine Frau, die hell schimmerte. Sie hatte jene Erscheinungsform, die man klassischerweise als die eines Engels beschreiben würde.

«Wer ist sie?» fragte ich Ceine.

«Schau einfach!»

Sie bemerkte, daß wir sie beobachteten, und kam zu uns herüber, wobei ihr unsere Gegenwart offensichtlich bewußt und auch angenehm war.

«Hallo, Ceine.»

«Die Sterne lächeln dir zu», antwortete er formell.

Sie lachte erfreut. «Du vergißt es nie, nicht wahr?»

Sie kicherten beide über irgendeinen persönlichen Scherz, der offensichtlich aus ihrer Vergangenheit stammte – oder aus ihrer Zukunft.

Ceine wandte sich um und deutete höflich auf mich. «Du kennst Michael natürlich, aber ich fürchte, er weiß nicht, daß er dich kennt», erklärte er mit einem entwaffnenden Lächeln.

Dann stellte er sie mir vor. «Michael, das ist die Dame in Gold.»

Ich sollte sie kennen? Mein Erinnerungsvermögen verweigerte einfach die Mitarbeit. Und ihr Name, die Dame in Gold, erschien mir seltsam.

Sie sprachen still miteinander, und ich bemerkte, daß zwischen ihnen Kugeln von Information und Erfahrung ausgetauscht wurden. Eine davon mußte wohl in meine Richtung gesandt worden sein, denn plötzlich wußte ich, daß die Dame in Gold die Teams erwachter, bewußter, nicht verkörperter Menschen leitete, die den noch schlafenden, unbewußten Seelen zur Seite standen, die erst kürzlich gestorben waren. Während ich das erfuhr, begriff ich, daß in manchen Fällen einige hundert Jahre immer noch «kürzlich» bedeuteten.

«Es hängt alles von den starren Strukturen ihres Lebens und der Stärke ihrer Überzeugungen ab», teilte mir die Dame in Gold mit.

«Viele offene und bewegliche Seelen tauchen mit offensichtlicher Leichtigkeit und Freude in die Wandlung ihrer Realität ein. Das wird nicht so sehr von ihrem Wissen bestimmt, sondern vielmehr von ihrer Offenheit sowie dem Nichtvorhandensein von Furcht. Im allgemeinen könnte man sagen, daß jede Vorstellung über das Leben irgendwie auch mit Furcht verbunden ist.»

«Was mich erschreckt, ist die Tiefe, die Intensität und die vielen Ebenen all dessen», sagte ich. «Das hier ist nur eine ländliche Kleinstadt. Wie muß das erst in einer Großstadt aussehen?»

«Mehr Verwirrung, mehr Leid und viel mehr Intensität», erwiderte sie. «Auf vielen Ebenen weben Lichtarbeiter die Wahrheit in die Herzen jener Verkörperter und Nichtverkörperter ein, deren Empfänglichkeit es gestattet, doch meine Arbeit dient jenen, die sich in ihrem Tod verloren haben.»

Sie bewegte sich von uns weg, als wäre sie ein Hauch frischen, goldenen Nebels, der auf einer ganz leichten Brise entschwebt.

Ceine legte mir eine Hand auf die Schulter, und wiederum veränderte sich alles. Wir befanden uns in einem Krankenhaus, aber es war kein irdisches Krankenhaus. Ein sanft schimmerndes Licht erhellte den gesamten Bereich, und das Ganze erschien wie eine Mischung aus einem Gebäude von großer spiritueller Qualität und gleichzeitig einem Tal von erstaunlicher Naturschönheit.

«Ich habe nicht gewußt, daß Schönheit eine so ausschlaggebende Rolle für unsere Ganzheit spielt», flüsterte ich ehrfurchtsvoll. Ich erfaßte, daß in diesem Krankenhaus von vielen Bewußtseins- und Daseinsebenen Eingebungen erfolgten, doch durch all das schimmerte eine Schönheit hindurch, die geradezu greifbar war – eine Schönheit, die eine solche Leuchtkraft besaß, daß das gesamte Krankenhaus allein durch ihre Gegenwart schimmerte und leuchtete.

Ceine sah erfreut aus. «Das zeugt sowohl von Auffassungsgabe als auch von Genauigkeit. Die Patienten in diesem Krankenhaus sind im allgemeinen Menschen; alle sind hier unkörperlich, aber viele von ihnen befinden sich in der irdischen Realität noch am Leben.»

«Oh! Wie ist denn das möglich?»

Er bedeutete mir, mit ihm zu gehen, und wir schritten in die weitläufige, außergewöhnliche Kombination von Garten und Gebäude hinaus. Das helle Geräusch rieselnden Wassers, das über Felsen herabfiel, zog uns an, und bald standen wir an einem kleinen Wasserfall. Er war deutlich anders als in der normalen, physischen Welt. Hier schienen andere Regeln zu gelten – wenn überhaupt welche galten: Während ein Teil des Wassers herabfiel, stieg eine andere Wassersäule empor, um der herabfallenden zu begegnen. Das Zusammentreffen beider erzeugte ein weiches, klingendes Geräusch von ätherischer Schönheit, als ob Engel und Feen all ihre Grazie und Kunst vereint hätten, um den Klang beständigen Lebens hervorzubringen.

Es war Ganzheit als Klang, eine Schwingung von unglaublicher Heilkraft. Ich lauschte wie gebannt, und eine Woge erfrischender Energie durchflutete mich dabei. Ich war so sehr in den Wasserfall vertieft, daß Ceine mehrere Momente brauchte, um meine Aufmerksamkeit auf die Personen in unserer unmittelbaren Nähe zu lenken.

«Beobachte», sagte er lautlos, «und fühle dich ein! Die Menschen, die hierherkommen, leiden unter akuter Vereinsamung oder unter der Verwüstung, die Zerrissenheit, Schuld und Verzweiflung in ihrem Leben angerichtet haben.»

Einen Augenblick lang dachte ich, Ceine scherzte, doch als ich mich in eine junge Frau einfühlte und ihre Verzweiflung mitempfand, verstand ich ihn besser.

Nachdem ich begriffen hatte, daß ich für sie unsichtbar war, legte ich meine Hand kurz auf ihre Stirn. Vor meinem inneren Auge entstand sofort ein bewegtes, lebendiges Bild, in dessen Mittelpunkt die junge Frau stand. Es ging um ein Ereignis, das sich gerade erst in ihrem Leben abgespielt hatte. Zusammen mit der Szene erhielt ich gleichzeitig das Wissen darum, wie es zu alldem gekommen war. Eva, so war ihr Name, eine dunkelhaarige, junge Frau, hatte eine außereheliche Affäre gehabt. Ihr Mann, Ken, hatte das herausgefunden und sie in seinem Zorn und seiner Gekränktheit aus dem Haus gejagt. Er hatte ihr geschworen, daß sie ihre beiden kleinen Kinder nie wieder sehen würde, und alle ihre Kleider und persönlichen Sachen aus dem Haus geworfen. Dann hatte er die Haustür auch noch verschlossen und verbarrikadiert.

In ihrer Verzweiflung war sie zu Lennie gefahren, dem anderen Mann, und hatte ihm ihr Herz ausgeschüttet. Zu ihrer größten Verwirrung wies er sie ab. «Du warst schon in Ordnung für ein bißchen Spaß so nebenher», erklärte er in beiläufigem Ton, «aber das ist auch schon alles, was es mir je bedeutet hat. Ich nahm an, für dich wäre das genauso – nur ein kurzes Abenteuer.»

«Aber ... ich dachte, du liebst mich», flüsterte Eva heiser.

Lennie sah erstaunt drein. «Liebe? Du machst wohl Witze!» Er sah auf seine Armbanduhr. «Du gehst jetzt ohnehin besser. Meine Frau wird bald zu Hause sein. Sie weiß nichts von dir, und ich möchte auch nicht, daß sie es herausfindet.»

Er brachte Eva an die Tür, öffnete sie und schob sie hinaus.

«Es ist alles vorbei, Eva, also verschwinde!» verabschiedete er sie mit gleichgültiger Härte.

Sie fuhr wie betäubt weg und wußte nicht, wohin. Ihr Leben lag in Scherben, und sie fühlte sich verzweifelter und einsamer als je zuvor. Eva fuhr dreimal an ihrem Haus vorbei. Der Kopf drehte sich ihr, als sie nochmals an die Kreuzung gelangte, die am Ende der vertrauten Straße lag. Sie bemerkte den Lastwagen nicht, dem sie, ohne ihn zu sehen, in den Weg geraten war. Sechs Stunden lang schwebte sie in der Intensivstation des örtlichen Krankenhauses zwischen Leben und Tod. Nachdem die Operation erfolgreich verlaufen war, wurde Ken benachrichtigt.

Ken saß nun mit tränenüberströmtem Gesicht bei ihr und hielt ihre Hand. «Es ist alles gut», murmelte er immer wieder monoton in seinem Elend, während er in ihr schlaffes, erschreckend blasses Gesicht starrte. «Es ist alles gut. Ich vergebe dir. Ich liebe dich.»

Ich sah mir Eva an. Ihr physischer Körper lag zwar in einem Krankenhausbett, doch die metaphysische Eva saß hier am Wasserfall. Sie stand eindeutig unter seinem Einfluß, war aber trotzdem benommen und unbewußt. Ich begriff, daß es nicht ihre beträchtlichen Verletzungen waren, die sie langsam dem Tod näherbrachten, sondern ihre innere Verzweiflung. Sie konnte mit der plötzlichen, verheerenden Zertrümmerung ihres Lebens, mit der Schuld und Verzweiflung über ihre Selbsttäuschung und Narrheit nicht weiterexistieren.

«Kann ich irgendwie helfen?» fragte ich Ceine.

«Erinnerst du dich an die Familie aus dem Elendsviertel, die Thane dir gezeigt hat? Ihnen konntest du helfen.»

«Ja, natürlich – Liebe! Wenn ich sie um ihretwillen liebe, so wie sie ist, gelingt es ihr vielleicht, sich auch selbst zu lieben.»

In dem Maße, wie meine Einsicht klarer wurde, erfaßte ich Evas mißliche Lage besser. Ken war ein Mann voller unterdrückter Gefühle. Seine Eltern hatten ihn ohne große emotionale Zuwendung aufgezogen. Eva sehnte sich nach Zuneigung, und in ihrer Suche nach eher offen ausgedrückter Liebe war sie in die alte Falle der Sexualität geraten. Jetzt verhinderte ihre Selbstverachtung ihre körperliche Genesung.

Ich näherte mich Eva und nahm sie sanft in meine Arme. Weder im physischen noch im metaphysischen Bereich war sie sich dessen bewußt. Ich dachte über das Elend der Menschheit nach und sah uns alle wie Raupen, die von ihrer zukünftigen Schönheit und Freiheit als Schmetterling nichts wissen. Eva wurde zum Mittelpunkt meines Mitgefühls für die Menschheit, nicht im persönlichen Sinne, aber doch als Individuum. Ich sah sie als das

Lichtwesen, das sie in Wirklichkeit ist – so wie wir es alle sind –, und hielt sie liebevoll im Arm.

Nur ein paar Augenblicke schienen zu vergehen, bis sie sich aus ihrer Lethargie regte und ihre Augen klar und scharf wurden. Anscheinend konnte sie den Klang des Wasserfalls jetzt hören, und so trat ich von ihr zurück.

«Das ist schön, einfach wunderschön», murmelte sie in sich hinein. Man konnte die Schönheit an ihren Zügen ablesen, als sich ihr Gesicht durch ein neues Selbstwertgefühl erhellte. Sie sah sich mit großen Augen um, doch mir war klar, daß sie dieses andersartige Krankenhaus nicht wirklich erfaßte, sondern nur Trost und seelische Kräftigung verspürte.

Meine Schau führte mich in das physische Krankenhaus zurück, wo sich ihr Körper zu regen begann. Wie anders es hier war! Die Aura des Pflegepersonals zeigte an, daß viele für ihre Patienten wirklich Hingabe und Fürsorge empfanden, doch in der Atmosphäre lag eine spröde Starrheit, die auf traurige Weise zu der Sterilität des ganzen Hauses paßte.

In der abgeschirmten Abteilung, in der Eva lag, konnte ich andere unkörperliche Wesen erkennen, die an den Betten von Patienten standen, deren Leben in der Schwebe war.

Ich war noch nie auf den Gedanken gekommen, daß sich auch Krankenhäuser in anderen Dimensionen um die Schwerkranken kümmern könnten. In diesen ätherischen Krankenhäusern strebte man danach, anstelle der körperlichen Verletzungen die Disharmonie der Seele zu heilen. Die Arbeit erfolgte in perfektem Zusammenspiel mit dem irdischen Krankenhaus, natürlich unbemerkt. Beide waren der Betreuung menschlichen Lebens gewidmet, wenn auch das metaphysische Krankenhaus mehr auf eine ganzheitliche Heilung ausgerichtet war. Der wirkliche Unterschied lag jedoch in der Betrachtungsweise. Für das irdische Krankenhaus war der Tod das Ende, was oft als Mißerfolg angesehen wurde. Für das andere Krankenhaus bedeutete der Tod einen Übergang, der den Beginn einer neuen Phase des Wachstums und inneren Fortschritts signalisierte.

Als ich dicht bei Ken stand und mein Gewahrsein die vielen beteiligten Seinsebenen umfaßte, flatterten Evas Augen und öffneten sich.

«Es tut mir leid, Liebling», begrüßte Ken sie mit brüchiger Stimme.

Evas Augen öffneten sich weit. «Du hast mich Liebling genannt? Das hast du noch nie getan. Hör nicht auf!»

«Liebling, Liebling, Liebling», stammelte Ken tränenerstickt. «Ich wußte doch nicht, wie ich es ausdrücken sollte. Ich verspreche, ich werde nie mehr aufhören, dich so zu nennen. Mein Liebling!»

Ich befand mich wieder in der ätherischen Schönheit des metaphysischen Krankenhauses. Eva war jetzt nur noch ein schwacher Schatten, der allmählich verschwand, als sich die Richtung ihres Lebens wieder auf die physische Realität verlagerte.

Ich warf einen letzten Blick auf das wiedervereinte Paar. «Ich hatte einen unglaublichen Traum», flüsterte Eva schläfrig. «Ein Engel hielt mich in seinen Armen, und die unglaublichste Musik, die ich je gehört habe, überflutete uns. Ich glaube, ich lag im Sterben. Dann war da Liebe und...» Sie war eingeschlafen.

Zurück im metaphysischen Reich sah ich Ceine erstaunt an. «Was hat sie gemeint? *Ich* habe sie doch umarmt, nicht ein Engel.»

Er lachte. «Hast du eine Vorstellung davon, wie ein Lichtwesen, ob menschlich oder andersgeartet, für einen gewöhnlichen Menschen aussieht? Das war jedenfalls die Art, wie sich ihr Verstand die Sache erklärt hat.»

Ich fragte mich, wie oft wir wohl einander in kritischen Momenten, bei heftigem Schmerz, bei Krankheit oder Tod, Engel sind. Ganz unerwartet fügen wir uns in das Leben anderer ein – unserer Nächsten oder Außenstehender –, auf einer Ebene, die der Verstand weder fassen noch akzeptieren kann. Das Band der Menschheit ist viel subtiler, als es äußerlich scheint. Ceine und ich verließen langsam den Wasserfall, ohne besondere Absicht und Richtung.

«Das war wirklich kein schwieriger Fall», meinte ich. «Eva schien sich sehr rasch zu erholen.»

«Da gibt es noch zwei Punkte, die du in Betracht ziehen mußt: Erstens befinden wir uns in sphärischer Zeit, du kannst also die irdische Realität gar nicht messen. Zweitens, die Zeitspanne zwischen Evas Unfall und ihrer Genesung im physischen Sinne entspricht nicht der Dauer ihres Aufenthalts in diesem ätherischen Krankenhaus. Ich gebe allerdings zu, daß die Liebe, die sie von dir fühlen konnte, viel zu ihrer Genesung beigetragen hat. Wie du bereits durch die Familie im Elendsviertel erfahren hast, ist es der Mensch, der den Menschen erheben muß. Du hast sie als ihr wahres Selbst geliebt und dieses Geschenk mit ihr geteilt.»

Ich erinnerte mich daran, daß Ceine gesagt hatte, *einige* der Patienten wären physisch noch am Leben, und plötzlich fiel es mir wie Schuppen von den Augen.

«Gibt es hier auch Patienten, die physisch tot sind?»

«Ja, viele sind tot.»

«Wie wird ein unbewußter Mensch damit fertig, daß er, zumindest eine Zeitlang, keine Rückfahrkarte hat?»

«Wie wär's, wenn du das selbst herausfindest?»

Ceines Hand berührte mich leicht, und...

...ohne weitere Warnung befand ich mich in einem kleinen Flugzeug. Es kam mir vor, als wäre ich in meinem physischen Körper, denn ich hatte meinen eigenen Sitzplatz, und der Lärm der Motoren war so laut wie immer. Ich erschrak: Vorsichtshalber hatte ich mich in den Arm gekniffen, und es tat weh. Trotzdem fühlte ich eine gewisse Art ruhiger Klarheit und Wahrnehmungsfähigkeit, die über mein normales physisches Vermögen hinausging. Als die Maschine jedoch plötzlich stotterte und der Motor zu spucken begann, war der Schreck, den ich verspürte, hundertprozentig echt.

Ich war erleichtert darüber, daß Treenie nicht bei mir war. Es war mir ein völliges Rätsel, wo ich denn da alleine hinreiste und warum, aber all diese Überlegungen wurden nebensächlich, als der Motor nun ganz aussetzte. Ich hörte die Stimme des Piloten über die Bordsprechanlage, aber seine Worte wurden vom Pochen meines eigenen Herzens verschluckt. Obwohl irgendwo in meinem Gewahrsein ein Gefühl schwebte, daß dies nicht wirklich echt sei, gab es keinen Ausweg. Mit aller Energie, die ich aufzubringen vermochte, wünschte ich mich zu Ceine zurück, doch ich blieb weiterhin in meinem Sitz angeschnallt – in einem Flugzeug, das gerade vom Himmel fiel.

Es gab eine dumpfe Explosion, ein riesiges Metallstück aus dem Vorderteil des Flugzeugs hatte sich gelöst und segelte an meinem Fenster vorbei. Angesichts dessen, was zu erwarten war, wurde ich bleich.

Leute schrien, und ich roch den ekelerregenden Gestank von frisch Erbrochenem. Gemeinsam mit den anderen Passagieren reagierte ich instinktiv nach den Anweisungen für den Notfall und zog den Kopf ein. Das Pfeifen des abstürzenden Flugzeugs erstickte alle anderen Geräusche und zerrte an meinem Trommelfell, als die Maschine sich immer schneller der Erde näherte.

Das war's dann wohl! Keine Menschenseele konnte das überleben. Einen Augenblick lang spielte ich mit diesem düsteren Scherz. Eigentlich war es ja der Körper, der es nicht überleben würde, und das stand mit Sicherheit fest. Das Kreischen zersplitternden Metalls erfüllte sekundenlang alle Dimensionen von Raum und Klang, dann folgte absolute, tiefe Stille.

Ich hatte keine Erinnerung an eine Bruchlandung oder einen Aufschlag. War ich tot? Befand ich mich immer noch im Flugzeug? Ich hob den Kopf zwischen den Knien hervor und sah mich vorsichtig um.

«Huch! Wenn du Theater spielst, machst du's aber wirklich echt. Bist du in Ordnung, Liebes?» Treenie stand an meiner Seite und sah etwas besorgt aus.

Wir waren von den Wrackteilen des Flugzeugs umgeben, die weit verstreut umherlagen und ein Bild der Zerstörung boten.

Wie durch ein Wunder war kein Feuer ausgebrochen, es roch nicht einmal nach Treibstoff. Erst in diesem Moment begriff ich, daß mein Körper sich nie in dem Flugzeug befunden hatte, doch die Illusion war so stark gewesen, daß ich daran geglaubt hatte. Ich war erschüttert und verspürte eine leichte Übelkeit. Nach dem Aufheulen des herabstürzenden Flugzeugs war die Stille überwältigend. Wir befanden uns in einem leicht bewaldeten Gebiet; ein abgebrochener Baum hatte den Flugzeugrumpf glatt durchbohrt, so wie ich die Ratten aufzuspießen pflegte. Zu beiden Seiten konnte man die zerdrückten Tragflächen in einiger Entfernung flach an den Boden gedrückt sehen, als wollten sie die Erde in einer grotesk parodistischen Dankesgeste umarmen.

«Ich glaube schon», krächzte ich und klammerte mich an Treenie. «Wo kommst du denn auf einmal her?»

«Hier geht es nicht so sehr um das Wo, sondern um das Wann», berichtigte sie. «Ich spürte, daß du mich ganz dringend brauchst, und gab dieser Empfindung nach, und da bin ich jetzt. Aber wenn du mich nicht länger brauchst ... Ich bin mir nicht sicher, ob ich noch lange bleiben kann.»

«Ich bin gerade gestorben, oder ich habe zumindest etwas sehr Ähnliches erlebt», erklärte ich ihr. «Ich frage mich, wie sich die anderen wohl fühlen.»

«Deren Erlebnis war echt», sagte sie. «Schau!»

In den Wrackteilen des Flugzeugs regten sich die Passagiere. Als ich einen Mann mittleren Alters beobachtete, der aufstand und in wildem Entsetzen um sich blickte, erinnerte ich mich, warum ich hier war. Das hatte Ceine also gemeint, als er andeutete, ich könne es selbst herausfinden. Alle Insassen dieses Flugzeugs hatten einen plötzlichen, schockartigen Übergang erlebt – einen Übergang wohin? Ich nahm an, daß das von den Überzeugungen und der Konditionierung des einzelnen abhängig war.

Ich erholte mich rasch wieder. Treenie war noch bei mir. «Komm, wir wollen ihnen helfen», meinte sie. Gemeinsam halfen wir zuerst denen, die es am dringendsten nötig hatten. Da sich nur neun Personen an Bord befunden hatten, konnten wir uns jedem einzelnen widmen. Alle waren ausnahmslos über ihren plötzlichen Tod äußerst schockiert. Abgesehen von dem Piloten war keiner imstande, mit seinem sogenannten «Totsein» zurechtzukommen.

«Aber wie kann ich denn tot sein?» jammerte ein Mann mit zitternder Stimme. «Ich stehe aufrecht da, unverletzt. Wie kann ich denn tot sein?» Er war hysterisch, denn er starrte wie hypnotisiert auf seinen zerfetzten, verstümmelten Körper. Es war nur zu offensichtlich, daß er tot sein mußte.

«Georgie!» Seine Frau, der einzige weibliche Passagier, hatte gerade den furchtbaren Anblick seines Körpers entdeckt. Sie schien ihren eigenen Körper, der immer noch in dem herausgeschleuderten Flugzeugsitz angeschnallt war, zu ignorieren. Abgesehen davon, daß ihr in Stirnhöhe die Schädeldecke wie durch einen glatten Schnitt weggerissen worden war, wodurch das Gehirn und Unmengen Blut herausquollen, war sie unversehrt. Sie konnte zu ihrem Körper überhaupt keinen Bezug herstellen. «Georgie!» kreischte sie wieder mit angstverzerrter Stimme.

«O Gott, o Gott, o Gott, o Gott», wiederholte ein junger Mann, der vielleicht Anfang Zwanzig war, immer wieder. Sein metaphysisches Selbst schien sogar noch jünger als sein Körper, aber da sein Körper praktisch von innen nach außen gekehrt worden war, war es mehr ein Eindruck als ein wirklicher Vergleich.

Nicht alle drückten ihren Schock in Worten aus. Zwei Männer saßen Seite an Seite da und starrten einander in erschrockenem Schweigen an. Metaphysisch konnten sie einander alle sehen und hören, sie nahmen auch Treenie und mich wahr. Einzig der Pilot schien sich dessen bewußt zu sein, daß er unmöglich überlebt haben konnte. «Meine Frau hatte recht», murmelte er. «Ich müßte tot sein, aber ich bin nicht tot.»

Um sie dem Trauma ihrer verstümmelten Körper zu entziehen, halfen wir ihnen, sich aus dem Wrack zu befreien. Sie benahmen sich, als besäßen sie immer noch einen physischen Körper. Sie stolperten und fielen, während wir sie zu einer Lichtung geleiteten, die sich in einiger Entfernung zwischen den Bäumen befand. Das machte einen bedeutenden Unterschied. Um ihnen Trost zu spenden, hüllte Treenie sie alle in ein starkes Licht, das sie visualisiert hatte.

Der Absturz mußte ganz in der Nähe einer Stadt erfolgt sein, denn zwei Krankenwagen kamen mit heulenden Sirenen auf einem Forstweg zwischen den Bäumen angerast und erschienen auf der Bildfläche. Die Mannschaft begann ihre Arbeit rasch und wirkungsvoll, indem sie die Körper aufhob, die Leichenteile einsammelte und sie zu identifizierbaren Haufen zusammenlegte. Ein junger Mann wurde plötzlich bleich und wandte sich mit Würgen ab, als er versuchte, den Körper, der von innen nach außen gekehrt worden war, aus dem Wrack zu lösen.

«Ist schon gut, Junge. Hol ein paarmal tief Luft! Wir haben's nicht eilig. Zumindest leidet keiner von ihnen.» Der ältere Mann, der ihn beruhigt hatte, sah sich um, wobei auch sein Gesicht verstört wirkte. «Gott Allmächtiger! Ich hab' ja schon einiges an Scheußlichkeiten gesehen, aber das übertrifft wirklich alles. Was für eine Schweinerei!»

Der junge Mann konnte nicht mehr anders und erbrach sich. Die Luft war heiß und von einem schweren, üblen Geruch erfüllt. Ein ganzer Schwarm Fliegen schwirrte bereits um die Körper herum.

Trotzdem der junge Mann vorübergehend aussetzen mußte, arbeitete das Team rasch. Als neuerliches Sirenengeheul die Ankunft von Polizei, Feuerwehr, weiteren Krankenwagen und Helfern ankündigte, lagen die Körper und die abgetrennten Teile schon parat, um in Säcke verstaut und entfernt zu werden.

«Heilige Muttergottes!» Der erste Polizist, der aus dem Wagen gestiegen war, wandte sich schaudernd ab. «Jedesmal, wenn ich so etwas sehe, erinnert mich das daran, wie verflixt verwundbar wir doch sind. Unsere Körper sind so weich wie Pudding.»

Ich wandte mich von der Arbeit im physischen Szenario ab, denn dadurch hatte sich die Sache gewissermaßen kompliziert. George hatte die Sanitäter gesehen und wollte mit ihnen gehen.

Er war überzeugt davon, daß er medizinische Betreuung benötigte. Die Tatsache, daß sein *Körper* tot war, war noch nicht in sein Bewußtsein durchgedrungen, denn er wußte, daß *er* am Leben war.

«Ist es nicht lächerlich, daß die Menschen glauben, sie seien ihr Körper? Es dämmert ihnen niemals, daß der Tod des Körpers eben nur das bedeutet und nicht mehr – nicht den Tod des Wesens, das sie sind», seufzte ich, zu Treenie gewandt.

Wir hatten alle Hände voll mit George zu tun. Alle anderen reagierten durch den Schock des plötzlichen Übergangs still und gedämpft, nur George war hyperaktiv. Auf eine plötzliche Eingebung hin stellte ich mir die Dame in Gold vor und rief sie innerlich herbei. Sie war augenblicklich da. Sie ging zu George hinüber, berührte seine Stirn, und er beruhigte sich sofort. Ohne daß sie auch nur einen Blick auf das geworfen zu haben schien, was wir taten, lobte sie uns.

«Ihr habt eure Sache sehr gut gemacht. Der plötzliche Zusammenbruch der Realität ist nicht leicht zu verkraften, vor allem wenn die Person die üblichen menschlichen Verhaftungen aufweist. Metaphysische Hysterie ist genauso real wie physische.» Sie sah uns beide eindringlich an. «Ich verstehe jetzt auch, warum ihr hier seid. Durch Worte könnte man diese Erfahrung nicht vermitteln, und als passiver Augenzeuge wäre es auch nicht das gleiche gewesen. Ihr habt es beide auf die Weise erlebt, die eurem Wachstumsmuster entspricht.» Sie grinste mich an. «Du warst schon immer ein Gierhals, was Traumen anbelangt.» Sie tauschte mit Treenie ein verschwörerisches Lächeln.

«Einen Moment bitte», protestierte ich. «Das war nicht meine Idee, es war...» Meine Worte verflogen. Natürlich war ich dafür verantwortlich, wo ich mich befand und was ich erlebte. Das gilt für jedermann, doch nur wenige akzeptieren das. Es ist soviel leichter, jemand anders die Schuld zu geben.

«Also, es war eine sehr beeindruckende Lektion», sagte ich lahm.

Treenie kam zu mir herüber und küßte mich. Mit einem Seufzer schloß ich die Augen. «Das ist genau das, was ich brauche», murmelte ich, doch als ich sie umarmen wollte, verschwand sie. Die Dame in Gold rief andere Lichtarbeiter herbei, um ihr zu helfen, und...

...ich befand mich wieder in der Realität des ausgedehnten, offenen Krankenhauses in einer metaphysischen Dimension.

Ceine starrte mich ernst und schweigsam an.

«Das war aber nicht schön», sagte ich milde.

Er lächelte zustimmend, mit kaum verhohlener Erleichterung. «Und was hast du gelernt?»

«Daß man nicht *alle* Lektionen auf die harte Tour lernen muß!»

7
Kosmische Heilstätten

Da ist ein Haus auf halbem Weg,
in dem die Müden ruh'n.
Ihre Erschöpfung rührt aus dem Konflikt,
nicht der Eroberung;
aus ihrer Einsamkeit, nicht aus der Ganzheit;
aus ihrer Selbsttäuschung und nicht der Wahrheit ihres Selbst.

«Also, was hast du gelernt?»

«Vertraue nie dem Lächeln einer Sphinx!»

«Michael, sei ernst!»

«Was bringt dich auf den Gedanken, daß ich nicht ernst sei?»

«Du bist unnötigerweise keck.»

«Ganz im Gegenteil, du bist im Unrecht. Jetzt, wo alles vorüber ist, bin ich so erschüttert, daß ich unendlich lange weinen könnte.»

«Warum?»

«Weil die Menschheit in einem Gerüst aus Überzeugungen und Ansichten lebt, das der Wirklichkeit absolut nicht entspricht. Wenn die Allgemeinheit nur die leiseste Ahnung von der Wahrheit des Selbst und der Kontinuität des Lebens hätte, würde ein Unfall wie dieser ganz anders ausgehen. Die Reaktion und Angst dieser Menschen, die den Tod ihres Körpers erlebt haben, hat Treenie und mich tief betroffen gemacht. Deshalb könnte ich weinen. Ihre Furcht und ihr Schmerz waren auch unser Schmerz und unsere Furcht.»

«Also behaupte nie wieder, du besäßest nicht genug Mitgefühl!»

«Dann gäbe es auch keine Unfälle», fuhr ich fort. «Was unser persönliches Ich als Unfall bezeichnet, kennt unser Seelen-Selbst als sinnvolles Ereignis. Ein Unfall paßt zu dem Glauben an Trennung und Schuldzuweisung, doch in Wirklichkeit erfüllt er einen höheren Zweck.»

«Und worin besteht dieser Zweck?»

«Darin, daß man die *Einheit* als Realität erlebt.»

Ceine führte mich mit einem Ausdruck der Zufriedenheit durch die Gärten. Wir gingen quer über einige Beete mit kriechenden, kurzstämmigen, gelbblühenden Pflanzen, die unsere Schritte willkommen zu heißen schienen, und gelangten an einen kleinen See. An dem von Felsen gesäumten Ufer folgte ich meinem ersten Impuls, watete in das Wasser hinein und schwamm in seiner stillen Kühle.

Es war heilsam. Besänftigende Energien umflossen mich in Harmonie mit meinen Bewegungen. Das Wasser schien normal, doch es fühlte sich lebendig an, als würde es sich an meiner Aktivität beteiligen. Fließendes Wasser, wie in einem Fluß oder Bach, steht mit dem Schwimmer in Wechselwirkung, doch ein ruhiger See ist gewöhnlich passiv. Dieser See hatte den Charakter eines Flusses mit starker Strömung, der noch zusätzlich die Fähigkeit besaß, seelische Traumen zu heilen.

Als ich wieder aus dem Wasser kam, waren alle Nachwirkungen des Schocks verschwunden. Ich wünschte, für die neun Unfallopfer würde sich die Sache ebenso leicht lösen wie für mich, dachte ich. Ich mußte diese Gedanken ausgestrahlt haben, denn Ceine setzte sie fort: «Wir können sie jetzt besuchen, wenn du möchtest.»

Einen Augenblick lang verspürte ich Widerwillen. Der Gedanke an noch mehr George erschien mir keineswegs sehr verlockend. Andererseits hätte ich ihn und die anderen gerne dabei beobachtet, wie sie sich erholten. Würde sich ihre Anschauung über das Leben ändern? Würden sie sich noch weiter an die Illusion ihrer früheren Vorstellungen klammern? Konnten sie eine neue Realität akzeptieren?

«In Ordnung. Wo sind sie?»

Als er die Hand nach meiner Schulter ausstreckte, begriff ich, daß wieder ein Ortswechsel bevorstand.

«Sind sie denn nicht hier?» fragte ich.

«Nein. Sie befinden sich an einem Ort, den du als ‹Haus auf halbem Wege› bezeichnen würdest. Sie brauchen zuerst eine Phase der Integration, bevor sie hierherkommen können – wenn sie überhaupt hierherkommen. Es gibt viele andere solcher Heilzentren. Der Pilot ist übrigens nicht bei ihnen. Er hat immer erwartet, daß ein Absturz sein Leben beenden würde, und er und seine Frau haben sich schon jahrelang vorher mit metaphysischen Themen beschäftigt. So ist ihm der Übergang leichtgefallen.»

Ceine berührte kurz meine Schulter, und...

... wir befanden uns anderswo. Wir standen vor einem großen Ziegelbau, der am ehesten einem sehr komfortablen, privat geführten Pflegeheim glich, mit einem Hauch von Klasse. Ich bemerkte, daß Ceine versuchte, nicht allzu offensichtlich zu lächeln.

«Was ist denn hier so komisch?»

«Ich stelle nur fest, wie du das Haus auf halbem Wege siehst. Es erscheint jedem auf die Weise, wie er es als angenehm und sicher empfindet.»

Ich versuchte zu übertreiben. «Du meinst, wenn ich mich in einem englischen Pub am sichersten und glücklichsten fühlte, würde ich es als solchen sehen?»

«Genau.»

Wir betraten eine Atmosphäre der Liebe, Fürsorge und des Dienens. Es war, als ob mich ein Kokon von Sicherheit umhüllte, und ich wußte, daß mich in der großen, weiten Welt niemals wieder etwas ängstigen oder bedrohen konnte.

«Fühlt das jeder Patient? Kannst du es fühlen?» fragte ich.

Ceine nickte. «Es ist stärkend, nicht wahr? Eine so unermeßliche Umarmung der Liebe!»

Natürlich war es hier schon etwas anders als in meiner Vorstellung von einem Pflegeheim. Es gab keinen Empfang, wo man uns über die Besuchszeiten informierte, es gab niemanden, der uns sagte, wohin wir gehen dürften und wohin nicht. Ich brauchte meine Gedanken nur auf George und seine Gefährten zu richten, und schon waren wir bei ihnen. Das nenne ich Zimmerservice!

Zu meinem großen Erstaunen erkannte mich George. «He Jungs, das ist der Bursche, der auch mit im Flugzeug war.» Er wandte sich mir zu. «Was für ein Absturz! Jesus! Ich weiß nicht, wie wir das überlebt haben. Schön, daß du gut davongekommen bist.» Er gestikulierte und deutete auf alles, was uns umgab. «Ein toller Ort hier, wunderbarer Service, aber sie lassen keine Freunde oder Verwandten zu Besuch herein. Kann ich nicht verstehen.»

Ich blickte Ceine sprachlos an – oder beinahe sprachlos. «Er glaubt, er sei immer noch am Leben», bemerkte ich leise.

«He, Partner! Mit wem zum Teufel redest du? Sind doch nur wir hier.»

Ceine lächelte so breit, daß ich seine rudimentären blauen Zahnreihen sehen konnte. Mit Erstaunen stellte ich fest, daß es mehrere Reihen waren. Ursprünglich mußte seine Spezies wohl zu den Fleischfressern gehört haben.

Ceine berichtigte mich still: «Beurteile mich nicht nach der Geschichte deines Planeten! Wir waren niemals Fleischfresser.» Ich spürte sein mentales Bild des Schauderns bei diesem Gedanken.

«Kannst du sonst niemanden sehen?» drängte ich George.

«Wie sollte ich?» erwiderte George ungehalten. «Da gibt es sonst niemanden zu sehen.» Er sah mich an, als ob ich nicht alle beisammen hätte.

«Diese Realität hier stellt automatisch eine Überprüfung für den Patienten dar», setzte Ceine seine lautlose Projektion fort. «Wären diese Patienten Angehörige meiner Gattung in ihrer primitiven Vergangenheit, wärst vermutlich *du* derjenige, der für sie unsichtbar wäre. Sehen wir uns einmal an, wie du versuchst,

George eine etwas erweiterte Realität zu eröffnen. Du wolltest es so!»

Ich seufzte im stillen. Ich und mein großes Mundwerk!

«George, hast du dir schon überlegt, wie sonderbar es ist, daß du bei dem Flugzeugabsturz nicht ums Leben gekommen bist?»

George hatte eine einfache Antwort parat. «Das war ein verdammtes Wunder, das war's! Der arme alte Bert hat sich beide Beine gebrochen, und das Schlüsselbein wurde total zerschmettert, aber verdammt noch mal, die vollbringen hier wahre Wunder. Er ist jetzt schon so gut wie neu.»

Ich sah Ceine verzweifelt an. Mein Gott, von wegen Illusionen! Ich wußte, was geschehen war. Um ihre Überzeugungen zu schützen, hatten sich George und die anderen den Weg mittels Verstand gebahnt, und was sie glaubten und projizierten, wurde dann auch so. Wir erschaffen tatsächlich unsere eigene Realität – ob wir tot oder lebendig sind.

Ich ging zu den anderen hinüber, um sie zu begrüßen, und sie grüßten zurück. Alle glaubten ausnahmslos, daß sie in ihrem alten Körper noch am Leben seien, und niemand sah irgend etwas, für das es keine vernünftige Erklärung gab.

Ich blickte Ceine an. «Ich gebe es auf», erklärte ich klar und bestimmt.

George sah erschrocken drein. «Was meinst du damit, du gibst es auf? Und mit wem zum Teufel redest du? Da drüben ist doch niemand.»

«Das stimmt nicht, George. Ein Freund von mir steht hier bei uns, aber du kannst ihn nicht sehen. Weißt du, warum?» Meine Stimme war eindringlich geworden. «Weil du so beschränkt bist, deshalb. Weil deine Weltanschauung so zerbrechlich ist, daß du nichts Neues oder Erweiterndes aufnehmen kannst. George, es ist eine Tatsache, daß du körperlich tot bist und all deine Freunde hier ebenfalls.»

George sah beinahe wie ein gestrandeter Fisch aus. Sein Mund öffnete und schloß sich mehrere Male, bevor er schließlich herausplatzte: «He Junge, Mann! Ich glaub', dich hat's bei dem

Absturz mehr erwischt, als du selber bemerkt hast. Du mußt dir den Kopf angeschlagen haben.»

Ich seufzte und ging auf einen Mann namens Ralph zu. Er war klein, etwa mittleren Alters und sah so aus, als könnte er etwas sensibler als George sein.

«Ralph, kannst du deine Krankenschwester beschreiben?»

«Sicher», strahlte er mich an. «Wirklich engelhaft! Eine Frau etwa in meinem Alter, schlank und irgendwie in Licht gehüllt.» Er sah erschrocken aus. «Ich meine, wirklich engelhaft.»

«Sei nicht so zurückhaltend, Ralph!» Jetzt sprach ein schlanker, junger Mann. «Unsere Schwester sieht genauso aus wie Michelle Pfeiffer, die Schauspielerin, echt ein Hammer!»

«Also bitte, Mick, das stimmt nicht», unterbrach George. «Sie ist auch nicht engelhaft. Eigentlich sieht sie genauso aus wie meine Mutter.»

«Also komisch, daß du das behauptest, George», mischte sich Bert ein. «Ich finde, sie ist eine Kopie meiner Schwester Betty, die auch Krankenschwester war.»

Allmählich sahen sie alle verblüfft und besorgt aus. Doch ich war noch nicht ganz zu Ende.

«In Ordnung, George», sagte ich. «Beschreib das Zimmer, in dem du dich hier befindest!»

«Das ist kein Zimmer, das ist eine Krankenstation.»

«Oh! Welche Farbe haben die Wände?»

George sah mich mitleidig an. «Himmel, du hast wirklich was abgekriegt. Schätze, du bist am falschen Ort, Partner.»

«Welche Farbe, George?»

«Grün natürlich, ein blasses Limonengrün.»

Ralph sah wiederum ganz und gar erschrocken drein. «Also bitte, George, sei nicht dumm! Der ganze Raum ist in einem sanften Rosa gestrichen. Ich muß es wohl wissen, wo ich doch Rosen im genau gleichen Farbton züchte. Das hier ist ein großer, komfortabler Clubraum.»

«Blödsinn! Die Wände sind limonengrün wie die Farbe in meinem Wohnzimmer, und es ist eine Krankenstation.»

«Eigentlich hat keiner von euch recht.» Diesmal sprach ein älterer Mann mit guten Umfangsformen. «Die Wände haben eine Tapete, und zwar mit einem Muster aus Blumensträußen. Meine Lieblingstante hatte solch eine Tapete in ihrem Salon. Ich fand sie immer sehr schön. Ja, in der Tat, das hier *ist* ihr Salon.»

Alle Mitglieder der Gruppe starrten einander nun staunend an.

«Jeder von euch sieht das, was ihm am meisten Trost und Sicherheit vermittelt», erklärte ich ihnen. «Die Krankenschwester, das Zimmer, die Möblierung – wir könnten noch lange so weitermachen, und ich bezweifle, daß ihr euch auch nur über irgend etwas einig sein würdet.» Ich hielt inne, um ihnen die Möglichkeit zu geben, all das zu verarbeiten. «Glaubt ihr nicht, wenn ihr noch physisch am Leben wäret, daß ihr dann alle dieselbe Krankenschwester und denselben Raum sehen würdet?»

George redete wie gewöhnlich, aber viel kleinlauter: «Aber ... aber ... wenn ich getötet worden wäre, wie kann ich dann noch am Leben sein?»

Ich beschloß, die Sache einfach zu halten. «Weil der Tod in Wirklichkeit nur der Tod deines physischen Körpers ist. Aber du bist *nicht* dein Körper, wie du gerade entdeckt hast. Du bist eine Seele, die für immer andauert. Du hast gerade deine vertraute, dreidimensionale Realität verlassen. Glaubst du wirklich, ihr hättet alle diesen katastrophalen Flugzeugabsturz überleben können?»

«Nur einmal angenommen, du hast recht», entgegnete ein ziemlich gedämpfter George. «Wenn wir physisch tot sind, was geschieht dann als Nächstes?»

«Das liegt ganz an euch.»

«Na gut, was sollen wir tun?» wollte Ralph wissen.

«Was würdest du gerne tun?»

«Ich wüßte gerne, wer du bist», verlangte Mick. «Bist du tot? Und wenn, wie kommt es, daß du es weißt und wir nicht?» Er sah plötzlich schockiert aus. «Wir sind doch nicht an diesem anderen Ort, oder?»

Ich lachte. «Du kannst beruhigt sein, du bist in *deiner* Version vom Himmel oder zumindest auf dem Weg dorthin. Was mich anbelangt, ich bin nur eine wandernde Seele, die ein paar Lektionen lernt, und ich bin nicht körperlich tot. Du konntest mich nur deshalb nach dem Absturz sehen, weil du physisch tot warst. Ich war in nicht-physischer Form dort, gerade so, wie ich jetzt auch hier bin.»

«Wie ist es möglich, daß du in nicht-physischer Form hier bist? Ich kann dich in voller Lebensgröße sehen», protestierte George.

«Weil du auch nicht-physisch bist.»

George schlug sich mit einem lauten Klatschen auf das Bein. «Das hier ist echt, Partner», meinte er mit Nachdruck.

Mit einem Seufzen griff ich zu einer etwas theatralischen Maßnahme. Ich bewegte meine Hand durch sein Bein hindurch und dann durch seinen gesamten Körper nach oben. George johlte auf und sprang etwa einen Meter in die Luft.

«Um Himmels willen! Wie zum Teufel hast du denn das hingekriegt?»

«Ich zeige dir nur, daß du nicht ganz so fest bist, wie du glaubst», sagte ich mit breitem Grinsen. Die Sache versprach vergnüglich zu werden. «Ich kann mich an dein Schwingungsmuster anpassen.»

Ich bemerkte, wie Ceine mich stirnrunzelnd ansah, wobei er ein Lächeln zu verbergen suchte. Ich nahm an, daß ich wohl besser Schluß machen sollte.

«Mach mir die Freude», schlug ich vor, «nimm einmal probehalber an, daß du nicht mehr physisch am Leben bist! George, wen von all den Leuten, die deines Wissens nach tot sind, hättest du gerade jetzt am liebsten an deiner Seite?»

Er zögerte nicht. «Meine Mama.»

«In Ordnung, George. Jetzt konzentriere dich auf sie! Sieh sie vor deinem geistigen Auge und ruf nach ihr!» Ich warf einen Blick auf die anderen in der Runde. «Jeder von euch soll jemanden visualisieren, den er liebt und der nicht mehr am Leben ist. Ruft ihn oder sie in euren Gedanken herbei! Bittet ihn oder sie, zu euch zu kommen!»

Sie hielten die Augen fest geschlossen, während sie sich konzentrierten. Nach einer Weile blickte George um sich. «Da ist aber niemand», sagte er und sah enttäuscht aus.

«Geh und öffne die Tür zu deinem Krankenzimmer, George!» schlug ich vor. «Und ihr anderen begleitet ihn doch gleich!»

Zögernd gingen sie alle zur Tür hinüber und blieben davor stehen. Keiner schien gewillt, die Tür zu öffnen. Auf die eine oder andere Weise stellte es eine Herausforderung dar: Waren ihre Verwandten da, bedeutete das, daß sie tot waren; waren sie nicht da, bedeutete auch das wieder eine Enttäuschung. Schließlich warf Ralph sich in die Brust und öffnete die Tür.

Eine kleine Gruppe von Personen trat herein. Sie begannen die Männer zu umarmen, die nach ihnen gerufen hatten. Für Ralph war es die engelhafte Krankenschwester, seine geliebte, verstorbene Frau. George weinte leise in den Armen seiner Mutter, die ihn tröstete, als wäre er wieder ein kleines Kind. Schwestern, Brüder, Mütter, Ehefrauen und Tanten – alle waren wieder vereint. Die wirkliche Heilung würde jetzt einsetzen. Ich wußte, es war Zeit für mich und Ceine zu gehen, doch ich wollte noch ein paar Augenblicke länger einfach Zeuge des Triumphes der Liebe in diesem Raum sein, als nun die Männer ihr Schicksal und eine veränderte Realität anzunehmen begannen.

«Was ist mit Georges Frau?» erkundigte ich mich.

Ceine deutete auf eine Frau, die mit der Gruppe hereingekommen war. «Trotz ihrer anfänglichen Hysterie hat sie ihren körperlichen Tod rasch und leicht angenommen. Es scheint, daß sie schon lange insgeheim an die Kontinuität der Seele und ein Leben nach dem Tode geglaubt hat.»

«Was für ein dummer Ausdruck», ärgerte ich mich. «Das ist kein Leben ‹nach› dem Tod. Wie sollte es auch sein, wenn das Leben weitergeht? Wenn die Menschheit von ‹immerwährendem Leben› sprechen würde, wäre das sinnvoller.»

Ceine lächelte mich an. «Das mag wohl eines Tages geschehen, Michael, aber ich muß sagen, du hast dich hier sehr gut geschlagen, vielleicht ein wenig direkt und konfrontationsfreudig, aber nicht ohne Mitgefühl. Und es war zweifellos sehr wirkungsvoll.»

Wir verschwanden aus dem Haus auf halbem Wege in dem Moment, in dem George ansetzte: «He, Partner, ich möchte...»

Ich fand mich zusammen mit Ceine in der Nähe des Sees wieder. Die letzten Worte klangen noch in meinem Geist nach. Was George wohl gewollt hatte?

«Danke Ceine, das war großartig! An ihrer allmählichen Bewußtwerdung teilnehmen zu dürfen war wirklich beeindruckend. Jetzt verstehe ich auch die Rolle der Dame in Gold besser. Arbeitet sie immer nur in solchen akuten traumatischen Situationen? Was geschieht jetzt mit George und den anderen?»

«Genau das, was du gesagt hast: es liegt an ihnen. Wahrscheinlich werden sie für eine kurze Weile in ein metaphysisches Heilzentrum wie dieses kommen. Letzten Endes sind es jedoch ihre unbewußten, konditionierten Anschauungen, die ihr Fortleben gestalten werden.»

«Bedeutet das eigentlich immer, daß sich dieser falsche Glaube an ein Getrenntsein mit seinen Begleiterscheinungen wie Angst, Leiden und Schmerz zwangsläufig verstärkt, wenn die Betreffenden wieder in einer irdischen Realität inkarnieren?»

Ceine sah traurig aus. «Gewöhnlich schon, bis die Wahrheit überwiegt. Nur die Wahrheit macht sie endlich frei.»

Wir setzten uns auf einen der Felsen am Seeufer, um das Gespräch bequemer fortsetzen zu können. «Ich nehme an, eine Person, die voller Haß und Zorn stirbt, erlebt hier harte Zeiten», überlegte ich.

«Es gibt viele, die hier das Licht niemals erblicken. Dann müssen sie wieder in einem irdischen Körper inkarnieren und wiederholen dort nur die alten Muster von gewohnheitsmäßiger Rache, und so entsteht noch mehr Leid, ein wahrer Teufelskreis. Ich höre nicht auf, mich zu wundern, daß die ausgeprägteste menschliche Gewohnheit die Verhaftung an Leid und Schmerz zu sein scheint. Das menschliche Unbewußte ist durchtränkt davon.»

Auf einen Wink von Ceine hin gingen wir auf ein Gebäude zu, das von strahlendem Licht erhellt war. Schon als wir uns näherten, konnte ich eine große spirituelle Reinheit fühlen, als ob sich hier große Wesen befinden würden.

«Dies ist ein besonderer Ort, wenn auch nicht einzigartig. Es gibt noch viele andere, und alle zeichnen sich durch ihre feine, hohe Schwingung aus. Hierhin kommen viele fortgeschrittene Seelen im Augenblick des Übergangs.»

«Dürfen wir hinein?» fragte ich ehrfurchtsvoll. Ceine lachte.

«Wenn es dir hier gelingt, einen Ort zu betreten, bedeutet das automatisch die Erlaubnis. Es ist dein eigenes Sein, welches das bestimmt. Möchtest du gerne da hinein?»

Ich nickte und schritt ein wenig aufgeregt auf den hohen, bogenförmigen Eingang zu. Ich war nicht ganz sicher, ob ich imstande sein würde hineinzugehen, doch ich passierte das lebendige Portal aus blühenden Steinen ganz leicht. Es ist unmöglich, das Innere objektiv zu beschreiben, weil sich jedem Eingetretenen die Einzelheiten wieder auf die Art und Weise zeigten, die *ihm* am meisten entsprach. Ich hatte keine Ahnung, was Ceine sah. Mir erschien alles am ehesten wie das Innere eines riesigen, luxuriös möblierten Gewächshauses in einem botanischen Garten. Wie unterschiedlich wir das Innere auch erleben mochten, Ceines und meine Realität liefen perfekt synchron. Das war wirklich beeindruckend!

Als ich ein Gewirr gelber und roter Lilien bewunderte, die sich in all ihrer Pracht emporrankten, materialisierte sich unweit von uns allmählich ein menschliches Wesen, eine Frau. Ein erfreutes Lächeln erhellte ihr Gesicht, als sie ihre Umgebung erkannte. «Oh, dem Himmel sei Dank! Ich bin wieder zurück.» Dann entdeckte sie mich. «Oh, wie klug! Du kannst hier sein, obwohl du physisch noch am Leben bist.» Sie blickte mich forschend an.

Ihre Wahrnehmungsfähigkeit überraschte mich. «Nun, ja. Ich

bin nur ein Besucher, aber woher weißt du das? Ist das so offensichtlich?»

Sie lachte mit einem leisen Kichern der Zufriedenheit. «O ja, mein Lieber. Es ist sehr offensichtlich. Dein Gefährte hat beispielsweise nach menschlichen Begriffen schon lange Zeit keinen physischen Körper mehr besessen. Aber du trägst sogar in diesem metaphysischen Zustand deine physische Aura mit dir herum.»

Mich überkam ein Gefühl ungeheurer Erleichterung und immenser Dankbarkeit durch die Begegnung mit dieser wunderbaren Frau. Sie erkannte es augenblicklich.

«Warum fühlst du solche Dankbarkeit?» wollte sie wissen.

Ich erzählte ihr von dem Flugzeugabsturz und den Geschehnissen danach und schloß: «Es erleichtert mich ungemein, zu wissen, daß es Menschen wie dich gibt und daß nicht die gesamte Menschheit in Hinblick auf Leben und Tod so völlig unwissend ist.»

Sie lächelte mich an, und ich fühlte mich in Licht gebadet. «Deine Erleichterung beweist die Größe deines Mitgefühls. In jeder Epoche findet die Wahrheit ihren Ausdruck, und in jeder Epoche erreicht sie auch ihren Höhepunkt. Unsere Zeit nähert sich einem solchen Höhepunkt der Wahrheit. Doch, da alles seinen natürlichen Ausgleich haben muß, ist auch das Gegenteil wahr. Die Illusionen des irdischen Lebens erreichen zur gleichen Zeit ihren Höhepunkt.»

«Wie würdest du die beiden Gipfelpunkte erklären?» fragte ich. «Und wie gelangt man dorthin?»

«Es hat alles mit Ausrichtung zu tun. Wenn deine ganze Aufmerksamkeit auf das spirituelle Selbst gerichtet ist, erreichst du den Gipfel der Wahrheit. Bilden aber materieller Wohlstand und Besitztümer das Zentrum deiner Aufmerksamkeit, gelangst du zum Gipfel der Lebensillusion. In unserer heutigen Zeit trifft jede Person ihre eigene Wahl.»

«Ja», erwiderte ich, «aber die wahre Ironie liegt darin, daß keine Wahl zu treffen auch eine Wahl darstellt: die Wahl, sein wahres Selbst zu verleugnen. Es gibt hier keinen neutralen Grund. Wir bewegen uns immer auf den einen oder den anderen Gipfel hin. Übrigens, woher bist du gekommen, als du dich hier materialisiert hast?»

«Von der Erde natürlich. Mein physischer Körper starb gerade, als ich hier erschien.»

«Du meinst, du läßt einfach los und dann bist du hier?»

«Ja, das ist eine gute Beschreibung. Ich war schon ziemlich betagt und wußte, daß mein Lebenszweck erfüllt war. So verteilte ich meine bescheidenen Schätze an meine Lieben, brachte meine Angelegenheiten in Ordnung und verließ meinen Körper.»

«Was! Einfach so? Willst du sagen, du bist einfach tot umgefallen?»

Sie lachte. «Nein, nicht ganz. Ich bin im Schlaf gestorben. Ich habe im Traum dafür gesorgt, daß ich in ein Zentrum wie dieses hier kommen würde. Ich wußte, daß der Traum aus der Realität entstanden war. Anschließend verließ ich mit klarem Bewußtsein meinen Körper.»

«So einfach ist das?»

«Natürlich, wenn man sich dessen bewußt ist. Wenn man weiß, daß das, was man wirklich ist, niemals geboren wird und niemals stirbt, warum sollte man dann festhalten? Unsere Wahrheit ist die Kontinuität des Lebens, nicht der Tod und das Ende.»

Ich umarmte sie begeistert, während ich Ceine befriedigt angrinste: «Das ist genau das, was ich gebraucht habe. Es ist einfach wunderbar.»

Wir unterhielten uns noch ein Weilchen, dann trennten wir uns. Ceine und ich blieben in dem Gewächshaus, die Frau ging in den Garten hinaus. Sie hüpfte wie ein überschwengliches Kind herum. «Ich genieße es, wieder echte Bewegungsfreiheit zu haben», rief sie uns zu. «Ist es nicht herrlich?» In einer Eruption aus Licht drehte sie eine Pirouette vor uns. «Der menschliche Körper ist so fürchterlich beschränkt, vor allem durch die Schwerkraft.» Sie wirbelte jetzt schwerelos in der Luft umher und lachte über ihren unbeabsichtigten Scherz.

«Was für ein wunderbarer Mensch», faßte ich unsere Begegnung zusammen, während wir durch eine unglaubliche Landschaft mit gewundenen Bächen und kleinen, kristallklaren Wasserfällen schritten – zumindest meiner Wahrnehmung nach. «Wohin gehen wir eigentlich?» erkundigte ich mich.

«Du hast zugesehen, wie hier geheilt wird, und bist selbst an einigen Heilungen beteiligt gewesen. Du hast genug gesehen, um zu begreifen, daß jede Heilung von Heilungsbedürftigen selbst ist. Heiler können nur als Katalysatoren wirken. Du bist sogar einer Person begegnet, die keine Heilung braucht, weil sie die Wahrheit kennt.»

«Willst du damit sagen, daß es dort, wo wahres Wissen um das Selbst vorhanden ist, kein auf Illusion beruhendes Leiden geben kann?»

«Natürlich, dort ist keine Disharmonie.» Ceine sah erstaunt aus.

«Ja, natürlich», wiederholte ich. «Ich habe das zwar gewußt, aber irgendwie habe ich diesen Punkt aus den Augen verloren.»

«Um auf das zurückzukommen, was ich sagen wollte», meinte Ceine, «so wie Leute in den verschiedensten Bewußtseinszuständen hier anlangen, so gehen sie auch wieder. Würde dich das vielleicht interessieren?»

«Also wo gehen wir hin?» witzelte ich. «Zu einer Abschußrampe?»

«Das ist eine ziemlich genaue Beschreibung», erklärte er ernst.

«Oh, wirklich?» Ich muß zugeben, ich hatte eine Art Abflughalle erwartet, doch was wir vorfanden, überraschte mich. Wir gingen auf eine wunderschöne Rasenfläche hinaus, über der einige Heißluftballons schwebten. Sie befanden sich etwa einen halben Meter über dem Boden, waren nicht festgebunden, und die Flamme, die die Luft erwärmte, war absolut geräuschlos.

Verblüfft schaute ich herum. «Soll das ein Witz sein?» In diesem Augenblick kam eine Gruppe von etwa zwanzig jungen Leuten über die Wiese auf uns zu. Sie lachten und plauderten voller Aufregung. «Hallo, du da!» rief ein junger Mann und steuerte auf mich los. Offensichtlich konnte er nur mich sehen. Ich wußte, daß ich mitspielen mußte.

«Du machst wohl auch eine Ausfahrt, nicht wahr?»

«Nein, ich schaue nur zu.»

«Ein herrlicher Morgen für eine Ballonfahrt. Das Wetter ist ideal. Wir sind schon um vier Uhr aufgestanden, um den günstigen Wind bei Tagesanbruch auszunützen.»

Es war äußerst sonderbar. Für mich herrschte sphärische Zeit, und es war keinesfalls früher Morgen. Ich konnte auch keinen Windhauch fühlen, aber sein Haar war vom Wind zerzaust. Es war ganz klar, daß wir hier verschiedene Realitäten erlebten.

«Weißt du, wo du dich befindest?» fragte ich den fröhlichen jungen Mann.

«Komisch, daß du das fragst. Wir drifteten gerade über eine afrikanische Wüste, als wir in einen Wirbelsturm gerieten. Einen Augenblick lang tobte das absolute Chaos.» Er hielt inne, runzelte die Stirn und sah verwirrt drein. «Weißt du, ich hätte schwören können, daß die meisten von uns hinausgeschleudert und die Ballons in Stücke zerfetzt worden sind. Ich erinnere mich noch an ein fürchterliches Gefühl des Fallens, aber ich muß es mir eingebildet haben. Egal, das nächste, was ich weiß, ist, daß wir alle gemeinsam in einem unglaublichen Krankenhaus untergebracht waren.» Er grinste, und ein frisches, sympathisches Lächeln glättete seine Stirn wieder. «Wenn ich an die tollen Krankenschwestern denke... Und jetzt sind wir wieder da, all unsere gebrochenen Knochen heil und bereit, die Fahrt fortzusetzen.»

«Ist hier Afrika?» erkundigte ich mich vorsichtig.

Er blickte überrascht auf. «Selbstverständlich! Wo sonst sollten wir sein? Wir waren in Nairobi, in Kenia, im Krankenhaus.»

Ich blickte Ceine hilflos an, und er schüttelte den Kopf. «Na schön, ich wünsche euch einen guten Flug», sagte ich. «Eine ziemlich gute Technologie, hm? Geräuschlose Flammen!»

Er sah mich an, als ob ich verrückt wäre. «Gute Technologie?» echote er. «Ich kann dich kaum hören, weil die Flammen so laut fauchen. Also, auf Wiedersehen!»

Er reichte mir die Hand, und zum Abschied sagte ich in feierlichem Ton: «Mögen all eure Wirbelstürme klein sein!»

Als die lachende, plaudernde Gruppe in die Heißluftballons kletterte, strahlte sie eine Energie großer Unschuld und Reinheit aus.

Ich wandte mich Ceine zu. «Ich würde es nicht glauben, wenn ich es nicht selbst gesehen hätte. Sie glauben alle, daß sie physisch am Leben sind und sich in Afrika befinden.»

«Das ist wahr, Michael, aber es gibt auch noch einen anderen wichtigen Faktor: Bedenke, trotz ihrer Verhaftung an eine Massenillusion – was sehr, sehr häufig vorkommt – befinden sie sich hier, in dieser besonders reinen Schwingung. Ihre Unwissenheit stellte keinen Hinderungsgrund dar.»

«Ich weiß, was du meinst», bot ich als Erklärung an. «Sie haben eine wunderbare Lebenseinstellung, weder Bosheit noch Haß sind in ihnen – ein Grüppchen unschuldiger, warmherziger Gemüter, das in eine Illusion verstrickt ist. Was geschieht als nächstes mit ihnen? Sind wir daran beteiligt?»

«Nein, wir verlassen sie jetzt. Ich wollte nur, daß du auch noch einen anderen Bewußtseinszustand kennenlerntest. Du kannst sicher sein, daß ihre Ballonfahrt sie einem intensiven Lernprozeß unterziehen wird. Auf seelischer Ebene wollen sie genau das.»

Ich fühlte mich erleichtert und glücklich für sie. «Weißt du, das mit der Abschußrampe war eigentlich nur ein Witz.»

«Und ich dachte, das wäre deine Sensibilität!»

Wir wanderten von der Wiese auf einen Bereich mit blühenden Pflanzen zu. «Siehst du hier auch Blumen?» fragte ich Ceine.

«Ja, tatsächlich, ich sehe Rosen.»

«Das kann nicht sein, das sehe ich doch auch», protestierte ich. Dann bemerkte ich, daß wir nicht allein waren. Ein kleiner Junge ging an der Hand eines älteren Mannes. Sie wirkten wie Großvater und Enkelkind. Als wir uns näherten, schienen sie für einen Moment zu verschwimmen, um dann als zwei Männer unbestimmten Alters wieder zu erscheinen. Sie lächelten uns beide wirklich erfreut an.

«Gut getroffen, Freunde, gut getroffen», meinte der dunklere der beiden. «Mein Name ist Raoul. Das ist Felix.» Wir schüttelten einander ganz formell und höflich die Hand. Wenn sie an Ceine irgend etwas Besonderes bemerkt hatten, ließen sie es sich nicht anmerken.

«Ich stelle fest, daß ihr gesehen habt, wie wir unser Alter änderten», sagte Raoul. «Das möchte ich euch gerne erklären. Felix und ich sind vor kurzem bei einem Unfall in den französischen Alpen umgekommen, wir waren in dieser Inkarnation miteinander verwandt: ich als Großvater und Felix als mein Enkelsohn. Die Illusion inkarnierter Lebensformen ist uns jedoch vertraut, und wir befinden uns jetzt altersmäßig und körperlich in einer Beziehung zueinander, die angebrachter ist.» Er zuckte die Achseln. «Die menschliche Form kann zur bequemen Gewohnheit werden. Wir haben beide unsere Rolle genossen. Aber, wie ihr offensichtlich erkannt habt, hatte unser Unfall einen Sinn. Wir hatten alles erlebt, was in unserer Beziehung notwendig gewesen war, und so handelten wir absichtlich in Harmonie mit einer Naturkatastrophe, einem Erdrutsch.» Er lächelte nachdenklich. «Wir haben uns vorhin noch ein bißchen in der Großvater-Enkel-Rolle aufgehalten, hier in diesem Garten des Friedens. Sogar die Rosen tragen den Namen Frieden.»

Ich nickte. Ich hatte die Sorte erkannt. «Müßt ihr wieder auf der Erde inkarnieren?» forschte ich.

Felix blickte mich scharf an und antwortete: «Eigentlich nicht. Wir beide kennen die Wahrheit. Wir haben uns aber dem Dienst an der Menschheit verschrieben, vor allem der Hilfe bei dem momentan bestehenden Konflikt zwischen materiellem Denken und spirituellen Werten. Wir werden zurückkehren, denn als seelenverbundenes Paar haben wir denen, die auf der Suche nach dem Selbst sind, vieles zu bieten.»

«Ein seelenverbundenes Paar! Kannst du erklären, was das bedeutet?»

Felix lächelte freundlich. «Du wirst die Bedeutung schon bald genug erfahren. Die Wahrheit kann man nur selbst erleben und nicht als Information erhalten.»

«Wahrscheinlich ist das meine Wunschvorstellung», seufzte ich.

«Es ist zu schade, daß nicht einmal die meisten religiösen Führer imstande sind, eine größere Wahrheit zu erfassen.»

«Doch, manche schon», erwiderte Felix, «aber die meisten westlichen Religionen betonen noch den Gedanken der Trennung, indem sie ein göttliches, aber scheinbar von uns Menschen weit entferntes Wesen verehren. Das trennt das Selbst förmlich von Gott, und die Religion von der Wahrheit.»

Nach dem Abschied von Felix und Raoul schlenderten Ceine und ich auf einen Bereich zu, der licht zu schimmern schien. Bei näherer Betrachtung stellte ich erstaunt fest, daß nirgends eine Quelle für dieses Leuchten zu entdecken war.

«Das ist etwas Besonderes», ließ mich Ceine wissen. «Da du noch in der physischen Welt lebst, wirst du auf eine klare Grenze stoßen, bis zu der du dich in dieses Licht vorwagen kannst.»

«Aber was ist das? Schon am äußersten Rand ist das Gefühl geradezu unglaublich.» Ich fühlte mich wie in der Gegenwart einer großen kosmischen Gottheit. Es war überwältigend, und noch wunderbarer war, daß ich mir weder gering noch bedeutungslos vorkam. Das Licht erhob alles, was mit ihm in Berührung kam. Unter seinem Einfluß erweiterten sich meine Intuition und Einsicht. Ich wußte, daß die ganze Menschheit von diesem Licht berührt wird und je mehr wir uns auf unser spirituelles Selbst ausrichten, um so intensiver wird es.

Gemeinsam schwebten Ceine und ich – das war der einzig passende Ausdruck – in die Lichtquelle hinein. Dann mußte ich anhalten. Es ging nicht mehr weiter. Es gab auch keinen besonderen Grund zum Anhalten, meine Grenze war einfach erreicht. Ceine verschwand in das Licht hinein. Ich empfand tiefste Zufriedenheit. Ich wußte, daß dieses Licht ein Brennpunkt der Liebe war, die Ausstrahlung der Liebe. Darüber hinaus war ich zufrieden, nichts mehr weiter zu wissen.

Da ich meine Grenze so einfach akzeptiert hatte, erhielt ich, wie ich annehme, ein Geschenk. In meiner inneren Sicht nahm ich wahr, wie einige strahlende Wesen sich in das Licht hineinbewegten und ihr ganzes Sein mit ihm verschmolz, während andere aus dem Licht herauskamen, ihr Sein von ihm durchdrungen, und zu anderen Reichen aufbrachen. Es waren Wesen der Liebe und des Lichts. Über jeglichen Zweifel erhaben wußte ich, daß dies auch unsere eigene höchste Wirklichkeit sein mußte: *Wir sind unsterbliche Wesen aus Licht.*

Ich hatte weder das leiseste Zeitgefühl, noch gab es hier Zeit. Es hätten tausend lineare Jahre vergangen sein können oder nur ein Augenblick, doch als ich mich umwandte und wegging, geschah es aus eigenem Antrieb.

Ich setzte mich eine Weile unter einen Baum am äußersten Rande dieses Lichtes. Ich wußte, es war ewig. Ceine erschien aus den Gärten hinter mir. Wir blickten einander nur an. Es gab nichts zu sagen.

Meine euphorischen Gefühle schwanden allmählich, als ich mein Gewahrsein wieder auf meinen physischen Körper richtete. Mit tauben, verkrampften Beinen saß ich, an einen Baum gelehnt, in der kleinen Schlucht in der Nähe unseres Hauses. Der Ameisenigel war schon lange verschwunden, und ich fragte mich einen Moment lang, ob er meine Anwesenheit überhaupt bemerkt hatte. Ich überdachte alles, was geschehen war, und ließ es langsam in mich einsinken. Dann streckte ich mit einem erstickten Stöhnen meine eingeschlafenen Beine aus, in denen es nun anfing zu kribbeln und zu stechen, als das Blut wieder ungehindert zirkulieren konnte. In solchen Momenten empfindet man den physischen Körper wirklich als eine Art Mühsal. Ich sah auf die Uhr. Nur eine Stunde war vergangen.

8
Einblicke in Jahrmillionen der Natur

Wäge ab, worauf du dich in deinem Leben ausrichtest.
Zum Beispiel: Irrtümer zu berichtigen
bedeutet, urteilen und trennen.
Die Ganzheit anzuerkennen
erhebt und verbindet.

Ich befand mich allein zu Hause in meinem bequemen Sessel und überlegte mir, welche metaphysische Realität ich wohl besuchen sollte. Ich beschloß, zur Abwechslung mal etwas anderes als den Tempel des Lernens oder die kosmische Heilstätte zu sehen. Schließlich und endlich, wenn ich meine Erfahrungen selbst zu wählen hatte, war es ja durchaus in Ordnung, wenn ich in aller Stille Forschungen betrieb. Also beschloß ich, mir in meinem Geist ein klares Bild von dem zu machen, was ich erleben wollte. Wie sehr ich mich aber auch bemühte, es entstanden keine klaren Bilder. Je angestrengter ich mich auf ein imaginiertes Vergnügen zu konzentrieren suchte, desto vager und verschwommener wurde alles. Ich seufzte. Ich hatte das Gefühl, daß mich wieder einmal das Unbekannte und Unerwartete erfassen würde. Und das zwang mich, wie immer, mich auf mein Selbst zu verlassen.

Ich entspannte mich und ließ die Empfindung einer persönlichen Identität völlig los. Als meine Ausrichtung sich allmählich von allem gelöst hatte: von ich oder sie, von hier oder dort und von den vielen Wünschen, und als das alles zu nichts wurde, . . .

... wurden all die Erwartungen, die in mir lauerten, wieder einmal zerschmettert.

«Hallo, Michael. Ich wußte, wir würden uns bald wieder begegnen.»

Ich war direkt in den Tempel des Lernens getreten. Thane war da und hieß mich willkommen, während ich mich von meiner Überraschung erholte.

«Bekomme ich denn nie Kontrolle über meine eigenen Bewegungen?» fragte ich, nachdem ich Thane voll inniger Freude umarmt hatte. Eine Umarmung ist in dieser Realität wirklich allumfassend, doch sie bedeutet dasselbe wie in der irdischen Realität.

Ich bemerke, daß Thane verändert aussah. Er schien ätherischer, weniger stofflich, leichter, weniger körperlich. Er antwortete auf seine kindhafte Weise: «Sobald du eine größere Verletzlichkeit akzeptierst.»

«Ich dachte, ich sei ziemlich verletzlich», protestierte ich.

«Bis zu einem bestimmten Grad bist du es schon. Ich möchte dich nicht herabsetzen, aber trotz deines größeren Selbstgewahrseins trägst du unbewußt immer noch einen dünnen Kettenpanzer zum Schutz. Du brauchst ihn nicht. Er erlaubt dir zwar Bewegungsfreiheit, schränkt dich aber auch ein und selbst eine bewegliche Begrenzung stellt immer noch eine Einschränkung für den Ausdruck deiner Freiheit und deiner Bestimmung dar.»

«Ich wußte nicht, daß ich unbewußt doch noch eine Panzerung trage», verteidigte ich mich.

«Du hast nichts zu verteidigen, Michael. Die Veränderung, die du an mir siehst, wurde durch deine eigene Entwicklung herbeigeführt. Vergiß nicht, daß ich ein Aspekt deines Selbst bin.»

«Wirklich? Ich habe das bewirkt? Kann ich das Kettenhemd loswerden und verletzlicher werden?»

«Ja – verletzlich, schutzlos und nackt!»

Ich mußte plötzlich an Franz von Assisi denken, an den Moment seiner Verwirklichung des Selbst, und projizierte diese Gedanken wohl unabsichtlich.

«Ja! Seine Erkenntnis war so überwältigend, daß es ihn zwang, sich die Kleider vom Leibe zu reißen, um die Wahrheit der Verletzlichkeit und Nacktheit für immer in sich einzuprägen. Wenn man glaubt, daß man Schutz braucht, dann braucht man ihn auch wirklich, weil der eigene Glaube das Bedürfnis danach schafft. Tatsächlich wird dieser Glaube die Grundlage für mögliche Angriffe bilden. Glaubst du, daß du es nötig hast, beschützt zu werden?»

«Nein, ich weiß, daß ich es nicht brauche. Ich habe ja nicht einmal gemerkt, daß ich mich selbst schützte.»

«Bist du bereit, nackt und bloß zu werden, Michael?»

Nach diesen Worten sah ich, wie sich in jedem von Thanes Augen eine einzelne Träne bildete. Ich weiß nicht, was mich dazu veranlaßt hat, doch ich folgte einem Impuls, trat vor und wischte die Tränen mit meinen Fingerspitzen aus seinen Augenwinkeln. Auf geradezu unmögliche Weise blieben die beiden Tränen vollkommen und ungebrochen auf jeweils einer meiner Fingerspitzen kleben, und wiederum folgte ich dem seltsamen Impuls, führte die Finger zum Mund und berührte die Tränen mit der Zunge. Sofort spürte ich einen brennenden Schmerz wie einen Blitz durch meine Psyche hindurchschießen. Ich krümmte mich unter dem Schmerz, und als ich zusammenbrach, schien es mir, als wäre all mein ungelöster Kummer von Ewigkeiten in einem einzigen, würgenden Schluchzen vereint.

Es wäre unrichtig zu sagen, ich hätte geweint, aber der reinigende Blitz, der meinen Schmerz in diesem einzigen gurgelnden Schrei befreite, kam aus dem tiefsten Grunde meines Wesens. Ich wußte, es war dieses leuchtende Licht, dem ich mich hatte nähern dürfen, das mein Innerstes ausgeleuchtet und den Schmerz irgendwie gelöst hatte.

Als ich wieder auf den Beinen war, stand ich – im Bewußtsein – nackt vor Thane. Das formlose, unsichtbare Kettenhemd, dessen Existenz ich gar nie bemerkt hatte, war verschwunden. Ich fühlte mich leichter, freier, vollständiger und sehr verletzlich. Thane sah erfreut aus.

«Wie wunderbar, den Moment der Wahrheit mitzuerleben! Jetzt erkennst du, daß du nichts zu verteidigen hast. Du wirst feststellen, daß die Verwundbarkeit ihren eigenen Segen enthält, denn du bist nicht geboren und kannst auch nicht sterben. Stelle dich dem Selbst immer in Nacktheit, denn in dieser äußersten Hingabe wirst du Klarheit und Einsicht finden.» Er blickte mich feierlich an. «Du hast jetzt deinen Lebenssinn akzeptiert. Ich bin dieser Sinn.» Mit diesen Worten trat er einfach in mich hinein, und wir wurden eins.

Ich taumelte leicht; es war alles so reibungslos gegangen: zuerst Weißer Bär, jetzt Thane – man mußte sich ein wenig daran gewöhnen.

Erst vor wenigen Augenblicken hatte ich Thane gefragt, wann ich denn die Herrschaft über meine eigenen Schritte erhalten würde. Schön, jetzt hatte ich sie, denn ich war allein. Ich sah mich um und versuchte, meine Fassung wiederzugewinnen. Meine einzige Gewißheit war, daß ich mich im Tempel des Lernens befand. Die hochgewölbte Decke, die wenige Zentimeter über den ziselierten Säulen schwebte, war mir inzwischen vertraut. Trotzdem war es ein Bereich, der mir neu war, obwohl ich den Verdacht hegte, daß das Innere im Tempel des Lernens immer neu erscheinen würde. Ich ging zögernd einen Korridor entlang, ohne die leiseste Ahnung, wohin ich ging und weswegen. Ich spürte den vagen Wunsch, mehr vom Bewußtsein der Natur zu erleben und tiefere Einsicht in ihr Wesen zu gewinnen, doch meine Vorstellungen waren nicht sehr klar. Ich setzte meinen Weg eine Weile fort. Der weiße Marmorboden unter meinen Füßen war von so ursprünglicher Reinheit, als hätte ihn vor mir noch niemand betreten. Meine innere Schau enthüllte mir, daß der Tempel des Lernens alle Abdrücke, die man beim Betreten hinterlassen mochte, wieder auslöschte und so für immer seine unbefleckte Reinheit bewahrte.

Da der Tempel des Lernens nicht zum normalen menschlichen Erfahrungsbereich gehört, ist es schwierig, meine Eindrücke zu beschreiben. Mein Spaziergang enthüllte mir nichts, führte mich aber trotzdem durch viele mögliche Realitäten hindurch. Da ich mich in sphärischer Zeit bewegte, hatte ich auch keine Ahnung, wie lange dieser Spaziergang dauern mochte und ob ich mich überhaupt vom Fleck bewegte.

Es gab jedoch einen bestimmten Moment, in dem ich in einiger Entfernung vor mir etwas in der Luft schweben sah, das wie eine kleine, durchsichtige Blase wirkte. Meine Schritte schienen uns einander näher zu bringen, wobei ich bald entdeckte, daß dieses Wesen eigene Mittel hatte, um sich fortzubewegen. Nur eine Armlänge von mir entfernt, schwebte es etwa in Brusthöhe vor mir. Eine plötzliche Erinnerung überkam mich: Ich hatte von diesem Wesen schon viele Male geträumt. Ich erkannte, daß es eines jener Wesen war, von denen ich in meinem Inneren wußte, doch dieses Wissen war lange unzugänglich gewesen. So war mir dieses Wesen vertraut und willkommen. Ich sah mich einer Kugel von seltener Vollkommenheit gegenüber, die vielleicht einen Meter Durchmesser besaß. Sie war durchsichtig und mit einem farblosen, flüssigen Gas gefüllt. In der Flüssigkeit schwebte etwas, das eine Pflanze zu sein schien – aber was für eine Pflanze! Es war eine faustgroße Knolle, die mit Blättern aus irisierenden, beweglichen Lichtplättchen bedeckt war. Ich sah ein Wesen von ätherischer Schönheit; doch nicht nur das, es war auch intelligent. «Du bist so wunderbar.» Die stille Projektion meiner Bewunderung war mir unabsichtlich entglitten.

«Ich bin eine Wunder-Knolle. Das ist die bestmögliche Übersetzung. Würdest du gerne mit mir reisen?»

«Ich habe so oft von dir geträumt, daß ich das Gefühl habe, dich zu kennen. Ich spüre jedesmal eine unglaubliche Verbundenheit, doch wenn ich nach dir greife, um dich zu berühren, wache ich unweigerlich auf.»

«Oder vielleicht schläfst du ein! Würdest du gerne mit mir reisen?»

«Das würde ich als große Ehre betrachten.»

Die Blätter der Wunder-Knolle winkten sanft in der Flüssigkeit, während innerhalb der Kugel Prismen aus Licht in allen Regenbogenfarben umhertanzten. Ich hatte die plötzliche Einsicht, daß das Regenbogenlicht die Nahrung dieser wundersamen

Pflanze darstellte und daß sie durch eine Art natürlicher, symbiotischer Beziehung auf immer fortbestand.

«Du hast davon geträumt, mich berühren zu wollen, und jetzt ist es dir gestattet. Doch zuerst werde ich dich berühren.»

Einen kurzen Augenblick lang öffnete die Wunder-Knolle ihr Bewußtsein, um mich auf metaphysische Weise zu berühren, und eine unglaubliche Woge transzendenter Intelligenz umhüllte mich. Sie ging so weit über meine menschliche Erfahrung hinaus, daß ich davon benommen wurde, und jeder Rest der Konditionierung, die Menschen Intelligenz zubilligte, Pflanzen jedoch nicht, wurde vollständig gelöscht.

Im Gegenzug streckte ich meine Hand aus, berührte die Wunder-Knolle, und...

...alles verwandelte sich, sogar die vertraute Erde meiner normalen Realität. Als ich mich umsah, erkannte ich, daß dies eine sehr frühe entwicklungsgeschichtliche Periode auf einer viel jüngeren Erde sein mußte. Große Sümpfe bedeckten das Land, nur kleine Erhebungen und Hügelketten ragten über das Wasser hinaus. Es war kühl, und es gab keine hochgewachsenen Pflanzen zu sehen. Riesige, flache, weichblättrige Pflanzen wuchsen in Hülle und Fülle in flachem Wasser und Schlamm – einem Schlamm, der beständig gurgelte und Blasen bildete, weil Gase entstanden und entwichen. Nur wenige Tiere waren zu sehen, die im großen und ganzen an Reptilien erinnerten, doch zugleich auch etwas Fischartiges besaßen. Die meisten konnten sich sowohl im Wasser wie an Land geschickt bewegen. Einige schienen nur aus Zähnen zu bestehen, lang, scharf und furchterregend, während andere wie geschaffen waren, die üppigen Pflanzen zu verzehren. Ich sah nichts, was eine dicke, schuppige oder gepanzerte Haut aufwies, ja nicht einmal ein Anzeichen dafür, daß sich etwas Derartiges entwickeln würde. Am ehesten erinnerten die Tiere an eine Gattung, die man sich als «Land-Haie» vorstellen könnte, keine Krokodile, sondern Geschöpfe, die weder ein richtiges Skelett noch ausgebildete Gliedmaßen oder Knochen aufweisen.

Ich war mit der Beobachtung dieser unglaublichen prähistorischen Natur so sehr beschäftigt, daß ich aus Nachlässigkeit ein Versehen beging. Ein zahnbewehrter Fleischfresser, der sich ganz in der Nähe befand, war durch das flache Wasser auf ein ziemlich großes Exemplar einer pflanzenfressenden Art zugeglitten. Als er zum tödlichen Biß ausholte und sich die gefährlichen, nadelartigen Zähne in das keuchende Tier gruben, umhüllte mich eine glitschende, schlüpfrige, rollende, beißende, zischende, wogende Masse aus prähistorischem Fleisch und aus Raubgier. Ich wurde niedergeworfen, ins Wasser geschleudert, und die Wut bestialischer Wildheit preßte mich tiefer und tiefer in den gurgelnden Schlamm.

Für einige lange, furchtbare Augenblicke würgte und keuchte ich, während Lehm und Schlamm sich vor all mein inneres Wissen schoben. Ich war in völlige Panik geraten, bis mich ein riesiger, schwerer, knorpeliger Schwanz auf den Kopf traf und ich in Bewußtlosigkeit versank.

Als ich meine Augen wieder öffnete, erblickte ich einen so strahlend blauen Himmel, wie es ihn heute auf der Erde nicht mehr gibt. Die Farbe und die Klarheit waren von geradezu unglaublicher Tiefe. Die Wunder-Knolle schwebte unweit von mir, und falls sie auch nur im geringsten besorgt war, ich fühlte nichts. Es gingen keine Emotionen von ihr aus, kein Humor, keine Fürsorge, nichts, und doch wußte ich, daß ihre Aufmerksamkeit auf mich gerichtet war.

«Eine gute Methode, seine Lektion zu lernen.»

Sie konnte sich auch noch kurz und bündig artikulieren.

«Was ist geschehen? Und wie ist es geschehen?»

«Du hast vergessen, daß du im nicht-physischen Zustand bist.»

Das war richtig. Ich hatte vergessen, daß ich mich im nicht-physischen Zustand befand. Ich war während des Kampfes so schnell überwältigt worden, daß ich in die alten physischen Angstreaktionen verfallen war und diese für einige Zeit wieder zu meiner

Realität geworden waren. Sobald ich ohnmächtig geworden war, konnte mein metaphysisches Selbst das Problem lösen, wodurch alle physischen Illusionen beendet waren. Es war ein bißchen wie im wahren Leben, überlegte ich nachdenklich.

«Genau! Eine gute Lektion.»

«Wußtest du, daß das geschehen würde?»

Ohne zu antworten, schwebte die Wunder-Knolle näher heran, und wieder veränderte sich alles.

Jetzt befand ich mich auf der Erde in einem späteren prähistorischen Zeitalter. Sowohl das Klima als auch die Vegetation ließen mich atemlos staunen. Ich habe in den Tropen schon hohe Luftfeuchtigkeit erlebt, doch das hier glich einer Sauna. Die Luft bestand aus satter Hitze. Die Vegetation überstieg selbst die kühnsten Träume eines Botanikers. An der Stelle, an der ich mich befand, beherrschten hohe Palmfarne, Pflanzen mit dunklem, üppigem, farnähnlichen Laubwerk, die Landschaft. Riesige primitive Baumarten wuchsen weiter weg in Gruppen verstreut, aber ich kann nicht sagen, ob es sich um massive Palmfarne, Baumfarne oder irgendeine mir unbekannte Palmenart handelte. Es gab weder Gras noch irgendwelche blühenden Pflanzen, lediglich Palmfarne und Bärlapp. Der Bärlapp wuchs in dichten Kissen, die den Boden zwischen den Palmfarnen völlig bedeckten. Es war ein üppiges, feuchtes, frisches Grün. Physisch hätte ich Schwierigkeiten gehabt, auch nur wenige Meter zu gehen, so üppig war die Vegetation.

Noch zwei weitere Faktoren überraschten mich: der Geruch und der Lärm. Der Geruch war erstaunlich. Ich konnte die feuchte Erde und die verrottende Vegetation in Form eines stechenden, alles übertönenden Geruchs nach Humus und Moder riechen. Ich mochte ihn. Es war der Geruch einer wilden, unverdorbenen Natur. Die Geräusche hörten sich an wie das mächtige Gezirpe von Grillen und Zikaden, aber erheblich lauter als alles, was ich jemals gehört habe. Meine Anstrengungen, auch nur einen der Urheber dieses Lärms ausfindig zu machen, blieben erfolglos. Ich war in der alles übertönenden Kakophonie der Geräusche verloren. Der Bärlapp wimmelte nur so von riesigen Tausendfüßlern,

Asseln und anderen Insekten, während die Palmfarne jene Insekten zu beherbergen schienen, die für den Lärm verantwortlich waren.

Die Wunder-Knolle kam ganz nah heran, mit all der Leichtigkeit und Grazie eines heliumgefüllten Ballons schwebend. «Du bist in vollkommener Sicherheit», projizierte sie lautlos. Ihre Worte verwirrten mich, bis ich den Dinosaurier sah. Die Gewichtigkeit eines so ungeheuren Geschöpfes läßt sich kaum beschreiben. Ich habe im Zoo immer die Elefanten bewundert, deren Größe, Kraft und majestätische Haltung ich äußerst beeindruckend fand. Doch im Vergleich zu dem, was mir nun gegenüberstand, hatte ein Elefant in etwa die Wirkung einer Maus. Dieses Geschöpf ragte über mir wie ein Turm in den Himmel hinein. Ich begriff nicht, wie es mir so nahe kommen konnte, ohne daß ich es gehört hatte – trotz des Orchesters im Hintergrund. Seine Wirkung ging nicht so sehr von der Größe, sondern vielmehr von seiner kolossalen Präsenz aus.

Ich starrte in stummer Ehrfurcht. Obwohl ich mich nun in diesem metaphysischen Zustand sicher fühlte, veranlaßte mich die Erinnerung an mein jüngstes Erlebnis doch, ein paar hastige Schritte rückwärts zu machen. Sogar die Wunder-Knolle, die alles Leben vermutlich auf eine Weise wahrnahm, die dem üblichen Sehen weit überlegen war, projizierte ein Gefühl der Ehrfurcht. Ich war sehr erleichtert, daß sich der Dinosaurier offensichtlich nur vegetarisch ernährte. Er öffnete sein riesiges Maul und zupfte die gigantischen, zähen, vier Meter hohen Palmfarne so leicht ab wie eine Kuh Gras. Der Gedanke an einen solchen Koloß als Fleischfresser ließ mich erschaudern.

Schätzungsweise hätte dieses Geschöpf im dritten Stockwerk eines Hauses durch ein Fenster schauen können, und sein Hals war im Vergleich zu seinem Körper nicht einmal besonders lang. Das Ungetüm war nicht schutzlos, denn es war mit Platten gepanzert, und eine große Verdickung am Ende seines Schwanzes bildete eine sehr wirkungsvolle Keule. Ein Schlag damit würde ein Auto förmlich plattdrücken. Erstaunlicherweise bewegte sich der Koloß nicht mit der lärmenden Ungeschicklichkeit, die man aufgrund seiner Größe hätte vermuten können. Seine Bewegungen wiesen sogar eine gewisse Grazie auf, und man hörte kaum Geräusche vor dem Getöse im Hintergrund. Beim Grasen schreckte er einige kleine Reptilgeschöpfe auf, die aus dem Unterholz hervorschossen und mit bemerkenswerter Behendigkeit und Schnelligkeit auf ihren Hinterbeinen laufen konnten. Keines war länger als etwa zwei Meter, einige sogar bedeutend kleiner, aber alle hatten ein Maul voll scharfer Zähne. Verblüfft blickte ich die Wunder-Knolle an. So fantastisch dies auch sein mochte, all das mußte einen bestimmten Zweck erfüllen. Aber welchen?

Die Wunder-Knolle war offensichtlich auf meine Gedanken eingestimmt, denn in diesem Moment rückte sie näher. Die Kugel berührte den Kopf meines Lichtkörpers ganz leicht, und meine visuelle Wahrnehmung erweiterte und veränderte sich. Ich konnte jetzt das Bewußtsein des Dinosauriers sehen. Es war ein Schock. Für ein so enormes Geschöpf war sein Bewußtsein ziemlich klein, als wäre es eine Mißgeburt. Ich nahm es als eine leuchtende Hülle wahr, die dem Körper völllig unabhängig gegenüberstand.

Als in diesem Moment noch einige weitere kleine Reptiliengeschöpfe unter den Palmfarnen hervorliefen, konnte ich um so erstaunter feststellen, daß ihr Bewußtsein im Verhältnis wesentlich größer war als das ihres gigantischen Vetters.

«Das Bewußtsein zieht eine Form an, durch die es sich ausdrücken kann. Wenn die Form kein größeres physisches Potential mehr hervorbringen kann, zieht sich das Bewußtsein zurück.» Die Worte stammten von der Wunder-Knolle, und mit ihnen kam das Verstehen. Die riesigen Dinosaurier waren über viele Millionen Jahre immer größer geworden und hatten ihre physische Grenze erreicht. Als sich ihre Körpermasse immer weniger an das Überleben anpaßte, zog sich das Bewußtsein allmählich aus ihren gigantischen Körpern zurück. Das Bewußtsein der raschen, behenden Reptiliengeschöpfe dagegen befand sich immer noch im Stadium der Entwicklung, da ihr physisches Potential wuchs und gedieh.

Ich wurde Zeuge der Evolution des Bewußtseins durch physische Form.

Plötzlich ging alles schief. Ein brennender Blitzstrahl purer Energie raste an uns vorbei, und ich erhaschte einen Blick auf einige graue Wesen, die auf einer Felsformation in der Nähe standen. Völlig aufgewühlt duckte ich mich, um mich zu verstecken. Was war passiert? Hatte man auf uns geschossen?

Ich sah mich nach der Wunder-Knolle um. Eine Hülle schimmernden Lichts ging von der Kugel aus. Dann hörte ich die stillen Worte: «Ich werde Hilfe holen.»

Sie hob sich empor und verschwand in einem Lichtblitz. Ich kauerte mich hin und war völlig ratlos. Schon wieder raste ein Blitzstrahl an mir vorbei, und während ich weiter in Deckung blieb, änderte ich rasch meinen Standort. War ich das Ziel, oder stand ich einfach im Weg? Bisher waren alle Wesen, denen ich begegnet war, wohlwollend gewesen. Waren diese hier feindselig?

Statt abzuwarten, schritt ich nun zur Tat. Ich hatte keine Ahnung, ob und wie ich in meinem Lichtkörper verletzt werden konnte, aber was Passivität anbelangte, war ich noch nie gut. Ich mußte handeln. Ich mußte herausfinden, was vor sich ging und warum.

Geduckt rannte ich schnell um die Felsgruppe herum und näherte mich von hinten. Oben auf den Felsen befanden sich vier menschenähnliche «Graue», die aufrecht etwa 1,30 Meter maßen. Sie waren plump und untersetzt, mit schlammiggrauer Hautfarbe und einer schmutziggrauen Uniform. Ihre Gegenwart fühlte sich nicht angenehm an, aber auch nicht gefährlich. Intuitiv wußte ich, daß sie keinen ernstlichen Schaden beabsichtigten, sondern sich eher wie eine Gruppe jugendlicher Raufbolde benahmen, und der letzte Rest Angst verschwand. Ihre Haltung ließ offensichtliche Arroganz erkennen. Sie standen ganz offen auf den Felsen, so als wären sie für alles unerreichbar, was ich auch unternehmen mochte.

Meine erweiterte Wahrnehmung war nun sehr hilfreich. Ich wußte, daß ich mich nur auf sie einzustimmen brauchte und so ihre Absicht intuitiv erfassen konnte. Ich blieb hinter ihnen und hielt mich versteckt, während sie immer noch auf die Stelle blickten, die ich längst verlassen hatte. Sie waren vielleicht schlau, aber waren sie auch intelligent?

Als ich mich auf sie konzentrierte und einstimmte, entfaltete sich ein inneres Wissen. Obwohl ich Zeuge einer prähistorischen Periode war, weilen die Grauen bis heute noch unter den Menschen. Ich könnte nicht sagen, daß sie böse sind, auf jeden Fall nicht mehr, als der Mensch gut ist, aber ihre Absicht dient nicht unserem Wohl. Ihre Energie fühlte sich äußerst negativ an, und mit einem leichten Schock erkannte ich, daß sie imstande waren, diese Negativität auf Menschen zu projizieren, deren Ausrichtung ähnlich war. Jede Person, der es um persönliche Macht und die Manipulation anderer geht, stellt eine potentielle Beute der Grauen dar. Sie werden von solchen Menschen angezogen, denen sie helfen, ihre Wünsche zu befriedigen, und ernähren sich dann von der daraus entstehenden psychischen Negativität. Ihr Ziel besteht nicht darin, sich in unsere Angelegenheiten einzumischen, sondern uns unbemerkt dahingehend zu beeinflussen, daß wir unseren niedrigsten und negativsten Wünschen nachgeben.

Die Grauen wissen, daß wir Menschen in Wahrheit Wesen aus Licht sind. Ihr Zweck scheint es zu sein, uns von der Ausrichtung auf diese Wahrheit abzulenken, denn wenn wir uns auf unsere Lichthaftigkeit besinnen, werden sie machtvoll zurückgestoßen. Ihre wahre Stärke besteht in der Projektion der Illusion, daß Macht, Manipulation und Besitz das einzig Erstrebenswerte seien, und dafür ist die Menschheit eine leichte Beute. Doch so wie die Grauen auf die menschliche Furcht und Negativität ausgerichtet sind, unterdrückt diese Ausrichtung gleichzeitig auch ihre eigenen größeren Möglichkeiten.

Einem Impuls folgend versuchte ich ein Experiment. Ich visualisierte, so stark ich nur konnte, Licht und Liebe und hüllte sie darin ein. Es fiel mir leicht, da ich weder Feindseligkeit noch Zorn gegen sie verspürte. Innerhalb von Sekunden sahen sie beunruhigt aus, als ob ihnen nicht wohl wäre. Nun schuf ich üppige Lichtwolken, die alles um sie herum erhellten, und ihre Unruhe wurde akut. Nach wenigen Augenblicken eilten sie auf ein kleines, silbergraues, untertassenförmiges Gefährt zu, schlüpften durch eine kleine Öffnung hinein, die verschwand, sobald alle eingestiegen waren, und stiegen senkrecht auf. Das Gefährt verschwand schlagartig mit unglaublicher Geschwindigkeit, während ein donnerartiger Knall durch die Luft hallte.

Erst als die ganze Aktion beendet war, begann ich mich über die Wunder-Knolle zu wundern. Mir war klar, daß sie mich sofort aus jeder Gefahr hätte befreien können. Die Grauen waren zwar durch und durch unangenehm gewesen, doch eine wirkliche Gefahr hatten sie eigentlich nicht dargestellt. War das ganze eine Art Test gewesen? So wartete ich zwischen den in der ultratropischen Hitze leicht dampfenden Felsen auf meinen sonderbaren, vieldimensionalen Freund.

Ein anderes Gefährt materialisierte sich unweit von mir. Es kam nicht vom Himmel; es erschien einfach. Es sah nicht einmal so aus, als ob es fliegen könnte, denn es war eine große Kugel, die sich irgendwie drehte. Ich verstand, daß das die «Guten» waren. Gleichzeitig erschien die Wunder-Knolle. Sie schien beinahe aus der Luft vor mir herauszuwachsen, so still und plötzlich war ihre Ankunft.

«Du lernst schneller als vorhergesehen.»

Der Kommentar war simpel genug, doch von der Wunder-Knolle war das wohl ein seltenes Lob. Ich fühlte mich gut.

Das kugelförmige Gefährt dematerialisierte sich nun, und drei blaue Wesen, die mich eingehend betrachteten, kamen zum Vorschein. Es waren die blauen Wesen, die ich kürzlich in ihrer Stadt aus wunderbarem, gesponnenem, lebendigem Glas besucht hatte. Ihre Gestalt war menschenähnlich, etwas kleiner als ich, und ihre Körper waren fein und zart. Ihre Haut war von einem tiefen Blau, mit einer durchschimmernden Klarheit, die keine Ähnlichkeit mit menschlicher Haut hatte. Während die Grauen negative Energien ausstrahlten, verbreiteten die Blauen Liebe und äußerste Sensibilität.

Eines der blauen Wesen projizierte still: «Wie du bereits vermutet hast, befandest du dich nie in Gefahr. Die Situation war unerwartet, aber wir haben sie benutzt, um deine Reaktion zu beobachten. Du hast unter Einsatz von Intuition und Intelligenz lobenswert gehandelt.»

Ich freute mich. «Ich bin erstaunt darüber, daß in einer prähistorischen Periode so viele außerirdische Wesen aktiv sind. Ist das normal?» wollte ich wissen.

«Sowohl wir als auch die Grauen können eure lineare Zeit beherbergen und zu jedem passenden Wann erscheinen. In einer größeren Realität nehmen eure Vergangenheit, Gegenwart und Zukunft denselben sphärischen Moment ein.»

«Heißt das, ich könnte etwas über die Zukunft erfahren?»

Ich bemerkte ein Zögern. «Ja, es ist möglich, aber nur als Wahrscheinlichkeit. Nichts, gleichgültig in welchem Zeitrahmen, ist absolut. Ein solcher Versuch würde dir mehr Verwirrung als Klarheit bringen.»

Ich überlegte mir meine nächste Frage sorgfältig. «Ich habe etwas über das Wesen und die Absichten der Grauen erfahren, als ich mich auf sie einstimmte. Die Tatsache, daß ihr mir zu Hilfe gekommen seid, läßt mich vermuten, daß ihr eine Art kosmisches Gegengewicht darstellt...?»

«Man könnte es so nennen. Die Grauen versuchen, andere Wesen zu negieren und herunterzuziehen. Die Menschheit ist nicht ihr einziges Ziel. Wir sind bestrebt, jene zu unterstützen, die auf spirituelle Integrität und auf Liebe ausgerichtet sind.» Ich sah ein Lächeln über die Züge des blauen Wesens gleiten, das mit mir kommunizierte. «Im allgemeinen sind sich die Menschen unserer Hilfe nicht bewußt. Wir manipulieren sie nicht; wir unterstützen sie durch Liebe und Inspiration, die wir ihnen senden. Im Gegensatz zu den Grauen treten wir in eurer Dimension nicht physisch in Erscheinung. Obwohl es möglich ist, empfinden wir es als äußerst unbequem.»

«Ihr seid also die ‹Guten›», witzelte ich und grinste.

Alle drei sahen belustigt aus. «Wir denken nicht in Begriffen von gut und böse. Wir fühlen uns von jenen Wesen angezogen, die danach streben, ihre Möglichkeit der bedingungslosen Liebe zu entfalten. Die Grauen spielen mit Schatten. Sie verzögern ihre eigene Erleuchtung, indem sie in der Dunkelheit ihrer eigenen Negativität spielen. Sie bemühen sich, andere Rassen in das Spiel ihrer Selbsttäuschung einzubinden und gedeihen durch die negativen Emotionen, die dadurch heraufbeschworen werden. Sie sind jedoch nicht in der Lage, jemanden zu beeinflussen, der auf sein spirituelles Wachstum ausgerichtet ist. Die Grauen fühlen sich bei Licht und Liebe nicht wohl, wie du feststellen konntest.»

«Habt ihr zugesehen?»

«Zusehen ist nicht der richtige Ausdruck. Wir ... umfaßten die Situation. Wir wollten beobachten, wie du dich verhalten würdest. Wir hätten deine Realität sofort verändern können, wenn es nötig gewesen wäre.»

«Wer seid ihr? Woher kommt ihr?» forschte ich.

«Es gibt viele Menschen auf der Erde, die von uns wissen und denen bekannt ist, daß wir von den Plejaden kommen.»

«Was natürlich keineswegs eine Antwort darstellt.»

«Wenn die Erinnerung noch nicht vorhanden ist, erachten wir es als weise, sie nicht heraufzubeschwören. Du hattest schon einmal ein Traumerlebnis, in dem wir vorkamen. Das hat sich für dich als sehr beunruhigend erwiesen. Hab Geduld und laß dieses Wissen zu seinem eigenen Zeitpunkt auftauchen!»

Während der ganzen Unterhaltung waren die blauen Wesen in einer Gruppe beisammengeblieben. Eines von ihnen berührte nun eine kleine Vorrichtung an seiner Taille, und das wirbelnde, runde Gefährt erschien wieder und nahm sie in sich auf. Sehr praktisch!

Obwohl ich sie nicht mehr sehen konnte, fühlte ich eine Woge der Liebe durch meine Psyche gleiten. Still vernahm ich: «Unsere Liebe ist immer bei dir.» Dann verschwanden sie einfach.

Die Wunder-Knolle, die sich während des gesamten Austausches still verhalten hatte, wurde nun ganz munter und geschäftig. «Jetzt können wir uns wieder der Aufgabe widmen, die wir eigentlich beabsichtigt haben.»

«War unser Zusammentreffen mit den Grauen arrangiert, oder war das ein Zufall?» fragte ich mißtrauisch.

«Nichts im Leben ist zufällig, noch sind Zufälle möglich. Du weißt das. Dieses Zusammentreffen war jedoch nicht arrangiert.»

Ich mußte mich mit dieser rätselhaften Antwort zufriedengeben. «Zurück zur Evolution des Bewußtseins», scherzte ich.

«Die Erde unterliegt einer Phase der Veränderung. Es ist wichtig, daß die gefühlsmäßigen Reaktionen der Menschheit durch die Wahrheit gemildert werden», teilte mir die Wunder-Knolle mit.

«Und das bedeutet?»

«Das bedeutet, daß vieles von dem, was auf eurem Planeten zu geschehen scheint, nicht so ist, wie es erscheint. Du wirst schon sehen.»

Gemeinsam wanderten die Wunder-Knolle und ich weiter auf der prähistorischen Erde umher, von einem Standort zum anderen. Alle Erlebnisse wiesen eine grundlegende Gemeinsamkeit auf, obwohl ich ein weiteres Mal geschockt war, als ich einem hochaufragenden Dinosaurier von furchterregender Wildheit begegnete. Dieses Exemplar war ein Fleischfresser, die Art, die den monströsen Pflanzenfresser tötete und fraß, dem wir zuvor begegnet waren. Er bewegte sich schnell und setzte mit einer Art großer, ungeduldiger Sprünge über die Erde hinweg, die die anderen Dinosaurier immer völlig zu überraschen schien.

Ich sah, wie er ein Geschöpf mittlerer Größe tötete und fraß, wobei er ihm mit erschreckender Leichtigkeit den Garaus machte. Obwohl ich mich im nicht-physischen Zustand befand, hielt ich eine angemessene Distanz. Seine Leistungsfähigkeit beim Töten beunruhigte mich zutiefst. Ich habe Katzen und andere Raubtiere der Jetztzeit für ihr Geschick bewundert, aber das war etwas völlig anderes. In seiner Art zu töten lag eine Bösartigkeit und Wildheit, die jetzt ebenso wie der Dinosaurier ausgerottet ist, und ich bin froh darüber.

«Eine gute Einsicht.»

Bei diesen Worten erkannte ich, daß mit dem Verlorengehen einer Spezies noch etwas anderes ausstirbt – der Ausdruck des

Animalischen, der nicht physisch ist, aber durch seine physische Energie dargestellt wird. Im Fall des fleischfressenden Dinosauriers – ich bin sicher, es handelte sich um einen Tyrannosaurus Rex – war dies der Ausdruck des Tötens. Bösartiges Töten gibt es immer noch, doch nicht mehr in der Form, wie es durch diese Gattung von Dinosauriern zum Ausdruck gebracht wurde. Nun wußte ich, daß mit dem Ende einer biologischen Periode samt ihren zugehörigen Kreaturen in der Natur etwas sein Ende fand, das für die Erde nicht mehr angemessen war. Erst nachdem das Bewußtsein des betreffenden Geschöpfes oder der jeweiligen Pflanze seinen Gipfel erreicht hat – nicht im physischen Sinne, sondern als Bewußtsein –, beginnt der Abstieg der physischen Spezies.

Unter der Führung der Wunder-Knolle begannen wir nun rasch in verschiedene Zeitphasen einzutreten. Doch immer war ein bestimmtes Ziel damit verbunden, da wir den Bewegungen des Bewußtseins folgten. Aus der prähistorischen Zeit reisten wir in jüngere, kürzer zurückliegende Zeiträume. Bei einem Erlebnis tauchten wir irgendwo in Europa im Spätmittelalter in einem wunderbaren Laubwald auf. Es war herrlich. Die Blätter liebkosten die Luft im uralten Liebesritual der Natur, als sich eine kleine Brise durch das Astwerk stahl. Die Sonne schien anders zu sein als sonst. Der Unterschied lag wohl an der Atmosphäre. Sie war rein, und die Luft war erstaunlich klar und frisch, daher erschien mir auch die Sonne so anders. Ein Trompetenstoß nicht weit von uns lenkte meine Aufmerksamkeit auf unmittelbarere Dinge. Zwei Reiter kamen in vollem Galopp unter einer riesigen Eiche hervor, vor ihnen jagte ein Gewirr von Tieren her. Ein lautes, wildes, rauhes Quieken erhob sich über das Getöse und wurde gleich wieder von Kläffen, Knurren und Heulen übertönt.

Ich starrte auf das Gewimmel, und für einen Augenblick trennten sich die Tiere. Ich erkannte fünf große Hunde, die zähnefletschend ein gigantisches Wildschwein bedrohten. Das Wildschwein zog vor allem meine Aufmerksamkeit auf sich. Hauer von der halben Länge meines Unterarms durchstießen warnend die Luft, als es seinen Kopf wütend hin und her schwenkte. Schaum stand ihm vor dem Maul. Die kleinen Schweinsaugen, in denen kein Fünkchen Angst zu erkennen war, überdrehten sich voller verrückter Lust am Töten, und doch entging ihnen nichts. Dieser Keiler war ein wahres Monster, so groß wie ein Esel und ungeheuer breit – eine Tatsache, die mich entsetzte. Langes, zottiges Haar bedeckte seinen Körper, und von den Ohren bis zur Mitte des Rückens zog sich eine richtige Mähne. Ich mag Schweine und hatte sogar selbst einige große Wildschweine gehalten, als ich noch einen Schweinestall besaß. Ich hätte mir jedoch nie vorgestellt, daß ihre Vorfahren von solch borstiger Wildheit und Todeswut gewesen sein könnten. Was für ein prachtvolles Tier!

Die Reiter waren zwei eher mitleiderregende Exemplare der Sorte Mensch: schmutzig, rauh und brutal. Auf ihren Befehl stürzten sich zwei Hunde auf das Wildschwein, der eine rechts, der andere links. Der Keiler stellte sich wie ein Ballettänzer auf die Zehen und wendete rasch, um beiden mit heimtückischer Schnelligkeit und Leichtigkeit zu begegnen. Ein dumpfer Schlag war zu hören, als der erste Hund innerhalb von Sekunden zerfetzt und aufgespießt wurde, während sich der andere in den Vorderlauf des Keilers verbissen hatte. Doch auch das dauerte nur einige Augenblicke lang. Dann machte der wilde Eber wieder kehrt, schleuderte den Hund in die Luft, und die Hauer verrichteten wieder ihr tödliches Werk.

Die beiden Männer hielten sich zurück. Obwohl mit Lanze und Schwert bewaffnet, waren sie nur ein Paar erbärmlicher Feiglinge.

«Ich hab' dir gesagt, es hat keinen Sinn, wenn wir nur zu zweit sind.» Die Worte waren ein zorniger Schrei und zugleich ein Fluch.

Der Keiler wartete nicht. Er rannte in den Wald hinein, von Hunden und Reitern verfolgt, aber ich war sicher, daß er entkommen würde.

«Jetzt entkommt er den Menschen, aber dem Schicksal nicht.»

Die Wunder-Knolle hatte recht. Das europäische Wildschwein in *der* Form ist schon lange ausgestorben, und während die heutigen Wildschweine ihm zwar ähnlich sind, so war dieser Keiler von damals doch ein König unter den Tieren. Keine Beschreibung wird seiner einzigartigen Gestalt und listigen Wildheit gerecht.

«Hast du die Energie erkannt?»

Ich war einen Moment lang verwirrt und überdachte die Frage.

«Nicht denken, sondern wahrnehmen!»

Ach! Mit einem leichten Schreck erkannte ich sie tatsächlich wieder. Das Bewußtsein des wilden Ebers hatte ganz starke Ähnlichkeit mit dem des reptilienartigen Raubtiers, das mich beinahe in dem gasigen Schlamm der Vorzeit erdrückt hatte. Die Ähnlichkeit war stark, aber es war doch nicht ganz dasselbe. Das Bewußtsein war irgendwie entwickelter – zwar dasselbe Bewußtsein, doch in einer fortentwickelten Ausdrucksform. Der Wandel des Bewußtseins hatte sich auch in der körperlichen Form niedergeschlagen, und die Entwicklung würde fortschreiten: Bewußtsein und Form würden sich wieder verändern müssen.

«Bewußtsein ist niemals statisch.»

Nach diesen Worten beschleunigten sich unsere Zeitsprünge. Allmählich steigerte sich meine Gesamtwahrnehmung. Ich lernte, mich mehr auf die Natur als Ganzes auszurichten und nicht so sehr auf einzelne Tiere. So begann ich, den Fluß und die Bewegung des Bewußtseins der verschiedenen Arten wahrzunehmen. So sah ich, wie im Laufe der Zeit eine Gattung ihre physischen Möglichkeiten entwickelt, zur Blüte bringt und dann wieder verschwindet, zugleich wandelt und entfaltet sich das Bewußtsein dieser Gattung immer weiter. Und nicht nur das, das jetzige Leben und die Lebensform einer Art bestimmen ihr nächstes Stadium in der physischen Evolution mit. Die physische Form findet ein Ende und stirbt aus, aber der Bewußtseinsausdruck dieser Pflanze oder dieses Tieres stirbt niemals. Das Bewußtsein setzt sich fort, für immer und ewig.

Meine Erfahrung mit der letzten Ulme wurde auch wieder aufgefrischt. Die Natur kennt keinen Tod. Er ist nur eine Illusion, der wir uns willig hingegeben haben, und in dieser Selbsttäuschung haben wir uns schließlich verirrt.

Wir setzten unsere Zeitsprünge durch die Evolution der Natur fort. Wir landeten im heutigen Amerika in einem schönen, weitläufig angelegten Park mit seltenen Exemplaren von Bäumen und blühenden Pflanzen. Ein Erdhörnchen sprang unter einer Baumwurzel hervor, rannte quer über das Gras zu einem großen Stein und verschwand mit einem frechen Schwanzwippen.

Ich erkannte es sofort wieder. Es war dasselbe Bewußtsein, das sich einst in dem kolossalen, prähistorischen Pflanzenfresser ausgedrückt hatte. Doch was für eine Veränderung! Damals war er massiv, und obwohl er etwas Listiges an sich hatte, war er durch seine riesige Masse eingeschränkt gewesen. Jetzt war das Geschöpf klein, schnell, behende und viel intelligenter. Sein Bewußtsein hatte sich weiterentwickelt und der jetzigen Zeit angepaßt. Auch die Relation zwischen physischer Form und Bewußtsein hatte sich völlig gewandelt. Zuvor hatte der physische Koloß in keinem Verhältnis zu seinem geringen, wenig erhellten Bewußtsein gestanden. Nun war das Bewußtsein erheblich größer als die physische Gestalt. Das Erdhörnchen gehört tatsächlich zu den wenigen Arten, bei denen die Entwicklung diese Richtung nahm.

«Und was mag wohl mit dem Tyrannosaurus geschehen sein?» erkundigte ich mich. Nichts veränderte sich. Wir verweilten im selben schönen Park und beobachteten die Spaziergänger, die nicht ahnen konnten, daß eine Wunder-Knolle und ein unsichtbarer Mensch unter ihnen weilten. Angezogen von einem Feuerwerk aus Farben, steuerte ich über den Rasen auf ein Blumenbeet zu. Vor mir blitzte ein winziger Vogel wie ein schimmernder Funke auf, stieß von einem Baum herab und verweilte mit schwirrenden Flügeln vor einer Blüte, um den Nektar zu trinken.

«O ja!» rief ich der Wunder-Knolle freudig zu. Das war der Tyrannosaurus Millionen Jahre später: ein Kolibri. Trotz seiner Winzigkeit hatte sich viel von seinem Wesen erhalten. Viele

Kolibriarten sind bei der Verteidigung ihrer Territorien für ihre Wildheit bekannt. Und was für eine wundersame Veränderung: statt Fleisch zu essen, Nektar zu trinken; von zwei schwerfälligen, säulenartigen Beinen, die über die Erde trampelten, zu Flügelchen, die in ihren Flugeigenschaften einzigartig sind; von einer riesigen Masse zu diesem Wunder an Behendigkeit. Und auch was einst Tyrannosaurus Rex gewesen war, besaß jetzt eine Bewußtheit, die größer als seine Gestalt war.

«Gut. Deine Wahrnehmung verbessert sich.»

Ich lächelte. Die Wunder-Knolle war nicht sehr gesprächig, aber dafür geduldig. Wir waren zwischen Millionen von Jahren linearer Zeit hin und her gesprungen, nur damit ich einen Überblick über das Ganze erhalten konnte, anstatt mich weiterhin in der Innenschau einer täuschenden, isolierten Realität zu verlieren.

Wir blieben nun in der Jetztzeit und besuchten eine Gruppe von gestrandeten Pilotwalen. Während eines wild tobenden Sturms waren sie in ihrer Verwirrung an einem einsamen, windgepeitschten Strand aufgelaufen. Ich weinte innerlich, als ich zusehen mußte, wie sie hilflos mit ihren Flossen auf den Sand schlugen. Als ich begriff, daß sie uns wahrgenommen hatten, nahm mir das schier den Atem. Die Kommunikation setzte ein, während die Wale langsam starben. Wie bei uns Menschen auch, war ihre Angst vom Körper diktiert. Nun im Moment des Todes, wo die Fessel der Angst abfiel, konnte sich ihr Bewußtsein erweitern.

«Wie alles Leben unterwerfen auch wir uns der Evolution des *Geistes*. Unsere Körper sind sehr groß, und unser Lebenselement eignet sich dafür, doch über die Erde fegt ein Wandel hinweg und nichts kann davon unberührt bleiben. Unser physischer Tod erfolgt unfreiwillig. Wie du weißt, klammert sich alle Körperlichkeit an ihr Überleben. Sobald wir aber in die lichteren, weniger dichten, ätherischen Bereiche des *Geistes* aufsteigen, erkennen wir unsere Wahrheit. Trifft das auch auf die Menschen zu?»

Ich seufzte. «Nein. Wir klammern uns auch dann noch an Illusionen, an Selbsttäuschungen.»

«Aber du kennst deine eigene Wahrheit. Warum weiß es dann nicht die ganze Menschheit?»

«Weil jeder in seiner getrennten, isolierten Wirklichkeit lebt.»

«Das kann nicht sein. Das ist nicht Wahrheit.»

«Nein, ich weiß. Aber wir Menschen besitzen die Fähigkeit und den freien Willen, unsere eigene Realität zu erschaffen, und gemäß unserer Anschauung ist sie geteilt und bruchstückhaft. Da die Menschen nicht an die Einheit glauben, können sie diese auch nicht bewußt erfahren.»

Ich spürte Erstaunen und ungeheures Mitgefühl. «Wir besitzen ein gemeinsames bewußtes Wissen. Was *einer* weiß, wissen *alle.* Die physische Welt bedeutet für uns Herausforderung und Entwicklung, aber nicht um den Preis des Selbst-Gewahrseins.»

«Warum sterbt ihr an den Stränden?» forschte ich.

«Dafür gibt es physische Ursachen, doch zugrunde liegt dem eine Bewegung im Bewußtsein. Es gibt Perioden, in denen das geschieht, und ebenso gibt es lange Zeiträume, in denen das nicht vorkommt. Physisch leisten wir dem Widerstand, und doch folgen wir weiterhin den Impulsen, die dazu führen, daß wir stranden. Wenn wir unseren Körper verlassen, sind wir bewußt miteinander verbunden, so daß jeder den anderen tröstet. Unser Gewahrsein vom Leben trägt immer den Sieg davon, denn es gibt keinen Tod.»

«Die Menschheit glaubt an den Tod und das Ende», sagte ich. Ich spürte echtes Mitgefühl von ihnen ausgehen, eine Art Trauer um die Menschheit – und diese Wale waren gestrandet. Unfaßbar!

«Wir sind uns bewußt, daß es unter den Menschen viele falsche Auffassungen gibt. Wir haben das durch die Jahrhunderte hindurch, in denen ihr Jagd auf uns gemacht habt, in eurem Bewußtsein gelesen.»

«Und ihr vergebt uns?»

«Vergebung existiert für uns nicht, da wir kein Urteilen kennen. Das Leben *ist.* Der Konflikt im menschlichen Bewußtsein ist für euch selbst viel schmerzhafter als die Gewalt, die ihr uns zufügt. Nachdem wir nun von eurem Glauben an Teilung und Getrenntsein erfahren haben, von eurer Ablehnung der Ganzheit, wie könnte es anders sein?»

Wie, in der Tat? Die Wunder-Knolle und ich verließen die Wale. Wir waren so lange bei ihnen geblieben, bis alle ihren Körper zurückgelassen hatten. Es war eine ernüchternde Erfahrung.

Als wir wieder in einer anderen Realität auftauchten, fanden wir nur einen einzelnen gestrandeten Wal vor. Dieses Mal mühten sich mehrere hundert Menschen, einen jungen Bartenwal zurück in den Ozean zu befördern. Bagger arbeiteten mühselig die ganze Nacht daran, eine Art Flutrinne zu konstruieren, so daß die hereinkommende Flut den Wal erreichen konnte. Mehrere Teams wechselten sich ab, um den Wal zu betreuen und seinen mit Tüchern bedeckten Körper feucht zu halten, indem sie ihn mit unzähligen Eimern Wasser übergossen. Meeresexperten wurden geholt, Nahrungs- und Antibiotika-Injektionen verabreicht, und jeder, der nahe genug heran konnte, wollte helfen. Die äußeren Vorgänge waren offensichtlich, doch auch auf anderen Ebenen ging einiges vor sich. Das Bewußtsein des Wals verband sich eng mit dem der Menschen. Eine gegenseitige Einfühlung wuchs heran, die überdauern sollte. Als die lange Nacht ihrem Ende zuging, zog der Wal viel von seiner Bewußtseinsenergie ab, und viele der Anwesenden glaubten, er läge im Sterben.

Das Gegenteil war der Fall. Der Wal hatte den Entschluß gefaßt zu leben, denn diese Begegnung hatte beiden Arten viel zu geben. Mit dem ersten fahlen Dämmerlicht kam die Flut herein. Ein scharfer Wind strich über Hunderte vor Kälte zitternder Leute, die eifrig in die kalte See hinauswateten, um dem gestrandeten Wal ins Wasser zu helfen. Und sie hatten Erfolg.

Der junge Bartenwal hatte irgendwann genug Wassertiefe, um seine riesige Schwanzflosse einsetzen zu können, und bahnte sich durch die Flutrinne langsam den Weg in die See hinaus. Am Strand standen mehrere hundert Menschen, die lachten, weinten und einander umarmten. Das war tätige Liebe, ein Sieg des Bewußtseins.

Was für eine Veränderung! Noch vor zwanzig, dreißig Jahren wären die Menschen Schlange gestanden, um den Wal abzuschlachten und das Fleisch wegzukarren, das sie dann ohne einen weiteren Gedanken verzehrt hätten. Jede Episode, die ich in der Natur erlebt hatte, trug als Baustein zu einer Gesamtschau unserer gegenwärtigen Wirklichkeit bei, in der wir uns auf eine Periode beschleunigter Veränderung zubewegen. Unsere Beziehung zur Uhr bleibt dieselbe, aber die Natur und das Leben kümmern sich nicht um Zeitmessung. Das Leben auf der Erde kann sich der Evolution und Ausdehnung des Bewußtseins nicht widersetzen. Es hat gar keine andere Wahl als die Veränderung. Ich begriff, daß unser irdisches Leben, die Natur, nur eine Reflexion des Bewußtseins darstellt. Was wir im Spiegel der Natur erblicken, ist das physische Abbild einer weitaus größeren metaphysischen Realität.

Ein fesselnder Gedanke erregte meine Aufmerksamkeit: Der Mensch ist gar nicht die Ursache für die gravierenden Umweltveränderungen, sondern er wirkt vielmehr als Vermittler für diesen Wandel. Das *Bewußtsein* ist die Ursache. Die menschliche Einstellung und das Verhalten zum Leben stellen nur einen Faktor dar, der die Dinge beschleunigt – wo das, was sich einst im Laufe von Jahrmillionen ereignete, nun in ein paar hundert Jahren ablaufen kann. Ich erkannte, daß auch der Begriff «Umweltzerstörung» auf einer Lebensanschauung beruht, die in Kategorien von Getrenntheit, Tod und Ende denkt.

An den Entwicklungsstadien einer Raupe läßt sich die Evolution des Lebens gut veranschaulichen. Bedeutet es etwa das Ende des Lebens, wenn die Raupe als Puppe eine Metamorphose durchläuft? Titanische Kräfte zerfetzen ihren Körper, doch während sich der alte Körper auflöst, wird ein neuer aufgebaut. Welch passende Beschreibung der heutigen Zeit! Die Aktivitäten beruhen auf Gegenseitigkeit, denn das Bewußtsein benötigt während dieses gesamten Prozesses einen beständigen physischen Brennpunkt. Der Entwurf einer Raupe sieht einen Schmetterling vor, ein völlig andersartiges Geschöpf. Wer weiß, was im Entwurf eines Elefanten vorgesehen ist? Oder in dem eines Wals? Einer Kröte? Einer Ratte? Oder eines Menschen?

So wie die Raupe eine Metamorphose durchmacht, unterliegt auch unser Planet, die Erde, einem Wandlungsprozeß. Der Niedergang, den wir in Natur und Umwelt sehen, mag sehr wohl das Ableben vieler einzigartiger Ausdrucksmöglichkeiten der physischen Form einleiten. Zugleich kündigt er wie eine Vorhut die neuen Formen einer ausgereifteren Natur an.

Wir widersetzen uns diesem Vorgang aus den verschiedensten Gründen, doch der Hauptgrund ist wohl in unserem Schuldgefühl zu suchen. Die Geschichte menschlicher Gewalttätigkeit und Zerstörungswut im Hinblick auf die Erde ist nur zu gut bekannt, und wir nehmen gerne die Schuld auf uns. Meine ganzheitliche Schau zeigte mir jedoch, daß wir Menschen ein wesentlicher, lebenswichtiger Bestandteil dieser Veränderung sind, trotz unserer Verstrickungen in Emotionen und Schuldgefühle und unserer Verhaftung an Bekanntes und Gewohntes.

«Der Mensch muß die Natur ehren, statt sich schuldig zu fühlen. Ihr solltet euch als wichtigen Teil im Plan des Lebens annehmen und nicht euch ablehnen.»

«Ja, das stimmt. Wenn wir unseren Blickwinkel doch nur erweitern könnten, um die Ganzheit zu erfassen; wenn wir uns doch nur von der Arroganz lösen könnten, die uns glauben macht, daß wir unser Leben und Schicksal selbst in der Hand haben. Das wäre wirklich eine große Hilfe.» Ich seufzte tief. Alles, was ich tun könnte, wäre, mein Erleben der Wahrheit mit anderen zu teilen. Das würde wie ein Same auf ein fruchtbares Bewußtsein fallen und dort erblühen.

Mit diesen Gedanken veränderte sich wieder alles. Ich stand im Tempel des Lernens, und die Wunder-Knolle schwebte in meiner Nähe.

«Danke», sagte ich einfach. «Was du mir gezeigt hast, wird in dem einen menschlichen Bewußtsein gedeihen. Es ist an der Zeit.»

Die Wunder-Knolle kam ganz nahe und berührte meinen Kopf mit ihrer weichen, nachgiebigen Kugel. Einfach ausgedrückt, ich fühlte mich wie in einen Kokon aus Liebe eingehüllt: Liebe von ihr zu mir und von mir zu ihr. Dann verschwand sie.

9

Schicksalsverknüpfungen

Grenzenlos, endlos, unbeschränkt –
das ist unsere Wahrheit, und so sollten wir leben.
Fühle dich ohne feste Anschauungen,
Einschränkungen oder Verhaftungen wohl,
und du wirst frei.

Im selben Augenblick, in dem die Wunder-Knolle verschwunden war, schritt schon Ceine auf mich zu.

«Nun, das war wirklich ein Riesenpensum. Würdest du dich gerne ein wenig entspannen und stärken?» Ich nickte. Schweigend gingen wir in den großen Raum, in dem uns die unsichtbaren Kraftfeldsitze erwarteten.

«Erkennst du dieses Mal, wie der Sitz entsteht?»

«Hm, ich glaube schon.» Ich versuchte, innerlich zu erfühlen, wo sich der Sitz befand, der meines Wissens nach vorhanden sein mußte. Ich konnte nichts aufspüren. Dann hatte ich eine Idee. Ich stellte mir vor, wie ich mich entspannte, und sofort konnte ich die Sitze sehen, als ob sie immer sichtbar gewesen wären. Sie hatten weder einen Sockel noch berührten sie den Boden, doch sie besaßen ihre eigene Mobilität, die ihnen erlaubte, sich dort zu materialisieren, wo und wann sie gebraucht wurden. Dabei paßten sie sich den Bedürfnissen des jeweiligen Wesens an und nahmen die ihm entsprechende Form an. Jetzt, wo ich sie wahrnehmen konnte, schimmerten sie ganz leicht phosphoreszierend. Im gleichen Moment stand ein Liegestuhl für mich bereit, in den ich mich niederließ. Eine kräftigende Welle der Belebung erfaßte mich augenblicklich.

Ceine sagte eine ganze Weile lang gar nichts. Er wartete, während ich die Kräftigung in mich aufsog. Ich hatte gar nicht gemerkt, daß ich sie so dringend brauchte.

«Was für ein unglaubliches Pflanzenwesen!» sagte ich nun. «Aber warum hast nicht du mich geführt? Warum die Wunder-Knolle?»

Für einen Augenblick huschte ein sehnsüchtiges Lächeln über Ceines Gesicht. «Die Wunder-Knolle besitzt einzigartige Fähigkeiten. Ich hätte dich begleiten können, doch dann wäre es eine Erfahrung in abgeschwächter Form geworden. Die Fähigkeiten der Wunder-Knolle beruhen auf ihrem unglaublichen Einfühlungsvermögen. Sie ist imstande, sich so vollkommen in den ständig im Wandel befindlichen Gefühls- und Bewußtseinszustand ihres Schülers einzufühlen, daß sie immer die absolut richtige Erfahrung im richtigen Moment herbeiführt. Immer! Außerdem besitzt sie ein beinahe unübertroffenes Geschick, andere Realitäten zu betreten.» Er hielt inne. «Du solltest auch wissen, daß die Wunder-Knolle keine Pflanze ist – nicht in dem Sinn, wie Pflanze auf der Erde verstanden wird.»

Das erstaunte mich nicht. «Wußtest du, daß ich wiederholt von der Wunder-Knolle geträumt habe?»

«Ja. Das weist deutlicher als alles andere darauf hin, daß sie genau der passende Führer und Ratgeber für dich war.»

«Sie hat nicht viel gesagt.»

«Das stimmt eigentlich nicht. Sie mußte mit dir auf elementarster Ebene kommunizieren. Obwohl die Projektion von Wörtern telepathisch erfolgte, war es für sie so, als wenn du mit solcher Lautstärke schreien müßtest, daß hinterher deine Kehle ganz rauh ist und schmerzt. In ihrer eigenen Kommunikationsform besitzt sie gigantische Sende- und Empfangsmöglichkeiten. Viele deiner Einsichten wurden so durch die Wunder-Knolle herbeigeführt.»

«Oh! Das hätte ich erkennen sollen.»

Wir lachten. In wohliger Entspanntheit übermittelte ich Ceine den Großteil meiner Erlebnisse. Ich bin mir ziemlich sicher, daß er diese Dinge ohnehin wußte, aber er veranlaßte mich immer, darüber zu sprechen. Während ich erzählte, glitt die Membran langsam über seine runden Mondaugen. Er sah einige Zeit nachdenklich aus. Dann bildeten seine Augen Schlitze, und er wurde ganz ernst. Ein leises Alarmzeichen regte sich in mir, doch Ceine wartete ab, bis ich geendet hatte.

«Du hast einen Überblick über den Werdegang des Bewußtseins der Tiere erhalten. Das wird deine Beziehung zur Natur grundlegend verändern. Jetzt möchte ich, daß du die Entwicklung des menschlichen Bewußtseins erlebst – auf allen Ebenen gleichzeitig.»

«Das wäre einfach großartig», meinte ich erfreut, «wenn ich nur die leiseste Ahnung hätte, was du genau vorhast.»

«Es dir zu sagen wäre sinnlos. Es muß erlebt werden. Vertraue mir!»

«Oho! Hier geht es wohl um Verletzlichkeit und Schutzlosigkeit. Bitte, Ceine, sag es mir gleich! Wie werde ich das erleben? Werde ich Teilnehmer sein? Werde ich wissen, was ich jetzt weiß? Kann ich verletzt – ich meine, *wirklich* verletzt – werden?»

Das rätselhafte Lächeln der Sphinx kehrte wieder. «Nein, nicht *wirklich,* aber das wird zu dem Zeitpunkt nur ein schwacher Trost sein. Du wirst zwar selbst beteiligt sein, doch deine Realität wird sich dadurch erweitern und verändern. Du wirst dich in eine Reihe verschiedener Identitäten ein- und ausklinken. Anstatt nur in einer Zeit zu bleiben, wirst du einen immer größeren Überblick gewinnen, aber dieser Überblick wird an der jeweiligen Situation nichts ändern. Die Personen und Ereignisse sind wirklich, und du kannst sie nicht verändern. Diese Erfahrung wird die niedrigsten und gewalttätigsten Aspekte des Menschen enthalten, denn nur so können sie gelöst werden. Du wirst...»

«Einen Augenblick, bitte», unterbrach ich ihn. «Niedrig? Im sexuellen Sinn? Und gewalttätig? Im Sinn von Krieg?»

Ceine zuckte die Schultern. «Es ist an dir zu bestimmen, was die Begriffe bedeuten. Schließlich wird es ja deine Erfahrung sein.»

«So wie sich die Sache anläßt, wohl eher nicht!»

Ceine sah unbeteiligt drein und fuhr fort: «Ich wollte dir noch sagen, daß du auch eine bestimmte Wahrheit erkennen wirst: Aus dem Niedrigen und Gewalttätigen erwächst Liebe und Friede. Verurteile die Beteiligten nicht, denn jeder strebt nach seiner Erlösung. Du wirst vielleicht den Schmerz der Gewalttätigkeit erleben, aber nur kurz. Der Zweck der Übung liegt darin, das Leben auf menschlicher Ebene und zugleich auf vielen anderen Seinsebenen wahrzunehmen, die genauso beteiligt sind. Um ehrlich zu sein, du kannst verletzt werden, einen Schock erleiden oder emotional verwickelt werden, denn du kannst deine Menschlichkeit nicht ableugnen; aber dein Bewußtsein wird sich erweitern, und du wirst heil in deine Realität zurückkehren.»

«Ich kann es kaum erwarten! Mit anderen Worten, ich werde mir den Film nicht ansehen, sondern selbst der Hauptdarsteller sein. Und um die Sache noch interessanter zu gestalten, werde ich auch alle anderen Rollen spielen. Richtig?»

Ceine sah erstaunt aus. «Das faßt die Sache ziemlich gut zusammen. Nur noch ein paar wichtige Punkte: Die Schauspieler sind echte Mitspieler, und hoffe nicht auf ein Happy End. Also, bist du bereit?»

Ich antwortete widerstrebend: «Ja. Ich werde es schaffen.» Einen Augenblick lang schien es so, als würde sich die gesamte Realität gleichzeitig zusammenziehen und ausdehnen. Dann spürte ich eine schmerzlose innere Explosion.

Ich ging eine gepflasterte Straße in London entlang. Mein Name war Alwyn, und ich war Ende Zwanzig. Mein genaues Geburtsdatum kannte ich nicht. Meine Eltern waren schon tot. Damals waren Tausende am Fieber gestorben, aber sie waren natürlich alt gewesen, bereits in den Vierzigern. Als ich so dahinschlenderte, fühlte ich einen Nerv im Rücken zucken. Joseph war hinter mir her, und man konnte nie wissen, wann und wo der geistesgestörte Schuft zuschlagen würde. Er war der Meinung, ich hätte seine Frau verführt, aber in Wahrheit war es so, daß sie jeden Anlaß nutzte, um einen ins Bett zu zerren. Ich hatte ihm das sogar gesagt, doch das hatte ihn nur noch verrückter gemacht. Ich langte bei meinem Haus an, das in einer düsteren Reihe schmutziger anderer Häuser eingekeilt war, öffnete die Tür und wich zurück.

O Gott, dachte ich, das gibt Schwierigkeiten. «Guten Tag, Alwyn. Dachte mir, du freust dich über einen Besuch.»

Annie hatte mich erwartet, und es war offensichtlich, was sie wollte. Um die Sache noch schwieriger zu machen, war sie auf eine vulgäre, schlampige Art sogar sehr hübsch.

«Jesus, Annie! Joe wird mich umbringen.»

«Aber Liebling, er wird nie draufkommen. Komm schon, er macht's mir wirklich schwer! Und die anderen auch. Du bist der einzig Nette. Sei doch lieb zu deiner kleinen Annie!»

Himmel! Sie war wirklich hungrig nach Sex. Und wie gut sie war! Noch während ich zögerte, hatte sie ihre Hände schon vorne an meiner Hose und machte so jeden Widerstand unmöglich. Das ist das letzte Mal, versprach ich mir noch schnell, bevor ich alles um mich herum vergaß. Annie übernahm die Führung.

Dreißig Minuten später lag ich schwitzend und erschöpft da, während sie gerade erst warmgelaufen war. Ich stöhnte in echtem Schmerz auf, als sie mir Nägel und Zähne in die Haut grub, doch als die Tür plötzlich aufflog und Joseph mit einem Satz hereintrat, stöhnte ich noch auf ganz andere Weise.

«Joe, es ist nicht so, wie es scheint», schrie ich auf. Einen Moment lang dachte ich, es sei alles in Ordnung, denn er lächelte mich an.

«Ich hab' darauf gewartet, Alwyn. Ich hab' darauf gewartet.»

Dann zog er ein scheußliches, langes Messer hinter dem Rücken hervor. Er zögerte nicht. Beim ersten Ausholen traf er Annie voll zwischen ihre weißen Brüste. Plötzlich waren sie rot. Einen ungläubigen Ausdruck in ihrem Gesicht sank sie schlaff zusammen, wie abgeschaltet.

Sie fiel vornüber auf mich, und ich versuchte, mich unter ihrem Körper hervorzuwinden. Gerade, als ich mich auf die

Ellenbogen gestützt hatte, spürte ich einen schweren Schlag seitlich am Nacken. Ich fiel nach hinten und war gelähmt.

Voller Schreck und Pein beobachtete ich, wie Joe Annie von mir rollte. Dann packte er meinen schlaffen Penis und hieb mit dem Messer auf ihn los. Der Schmerz explodierte in mir. Wie ein rollender Ball aus Agonie glitt er meine Wirbelsäule empor, bis er in meinem Kopf in einem blendenden Nebel aus Licht zerplatzte.

Ich stand am Bett und betrachtete Joseph, der dastand und die beiden toten Körper anglotzte. Es schien, als hätte er keine Ahnung, was er angerichtet hatte.

«Annie! Alwyn! Kommt schon! Macht keine blöden Witze mit mir! Annieee!»

Annie und ich tauschten Blicke aus. Dann starrten wir auf unsere blutverschmierten, verstümmelten Körper. «Oh, Jesus!» sagte ich. «Wir sind tot.»

«Das kann nicht sein», meinte Annie mit leiser Stimme, die Bestürzung verriet. «Ich bin immer noch geil.»

Wieder ging ich eine Kopfsteinpflasterstraße entlang. Ich pfiff vor mich hin. Mein Name war Allen, und ich feierte gerade meinen achtzehnten Geburtstag. Ich war ein ziemlicher Einzelgänger, denn die meisten Leute hielten mich für etwas eigenartig. Ich würde bald heiraten, und ich hatte ganz stark das Gefühl, daß ich meine Freundin bereits aus einem anderen Leben kannte. Harriet war ein gut betuchtes Mädchen. Die Heirat war für uns vorrangig, denn sollte sie schwanger werden, bevor wir verheiratet waren, würde mich das teuer zu stehen kommen.

Ihre herrische Mutter war gegen die Heirat, während sich ihr Vater überhaupt nicht darum kümmerte. Er hatte wenig Zeit für Harriet. Aber ihr Bruder Harry war ein echtes Problem. Er schien mit uns beiden durch eine Art Haßliebe verbunden. Er war älter als wir und sehr launenhaft. Harriet fürchtete sich vor ihm. Als sie noch ein kleines Mädchen war, kroch er oft in ihr Bett und trieb Dinge mit ihr, die er nicht hätte tun dürfen. Die Tatsache, daß es ihr gefiel, verwirrte sie nur noch mehr. Ihr Schuldgefühl vertiefte sich mehr und mehr, und sie entwickelte ihm gegenüber eine heftige Abneigung.

Das war der Stand der Dinge, und in einer Woche würden Harriet und ich eine stille Hochzeit feiern, zu der nur wenige Gäste geladen waren. Von meiner Seite war nur noch mein Vater am Leben, und er liebte sein ruhiges Leben über alles.

Ich war unterwegs zu Harriet. Schon vor dem Reihenhaus hörte ich drinnen Leute streiten. Ich pochte an die Tür und ging hinein. Harry stand zornesrot da, und auch Harriet war vor Wut außer sich. Ich starrte sie an, und eine Vision blitzte in meinem Geist auf: Ich sah ein Bett mit Harriet – nein, Annie –, die nackt über mir ausgestreckt lag – nein, ich war Alwyn. Harry stand mit einem Messer über uns – nein, es war Joseph. Wer waren bloß diese Leute, die unsere Persona zu tragen schienen?

Als sich mein Gesichtsfeld wieder normalisiert hatte, bemerkte ich, daß Harriets Kleidung in Unordnung war, und Zorn stieg in mir auf.

Ich warf Harry einen wütenden Blick zu. «Du abscheulicher Schuft!» knurrte ich ihn an.

«Sie war's. Sie ist eine Schlampe», schrie er.

«Du verdammter Lügner», kreischte Harriet. «Du kannst es nicht ertragen, daß Allen und ich eine sexuelle Beziehung haben. Du glaubst, du könntest mich immer noch auf dieselbe Weise unter Druck setzen wie damals in unserer Kindheit.»

Blind vor Wut zerrte ich die Küchenlade auf, in der das Besteck aufbewahrt wurde, und meine Hand schloß sich um ein Messer. Ich zog es heraus – wobei ich Joseph vor mir sah, der die Klinge in Annies Brust stach –, und warf es mit aller Macht nach ihm.

Ein echter Zufallstreffer! Das Messer drang in Harrys Körper direkt über dem Herzen ein. Noch bevor er zu Boden gefallen war, war er bereits tot. Harriet und ich blickten uns entsetzt an. Wir waren starr vor Schreck. «O, Gott! Was nun?» fragte ich.

Ich ging forsch die Straße hinunter. Seit kurzem gab es in London Gaslaternen, und die Straßen waren abends nun sicherer. Meine Aufmerksamkeit war auf eine Identität namens Leonard gerichtet, doch mir war bewußt, daß ich noch mehr als nur Leonard war. Ein weiterer Brennpunkt ruhte auf einer jungen Dame, einer Sängerin namens Amber, und, als ob das nicht schon genug wäre, fühlte ich noch einen Konzentrationspunkt in einem jungen Mann mit Namen Mark. Er war Ambers Liebhaber und ein viel beneideter Mann, denn Amber war eine Schönheit. Leonard zählte ebenfalls zu Ambers Liebhabern, wovon Mark nichts wußte. Ihre außergewöhnliche Schönheit war nämlich mit einem ausgeprägten Appetit nach einer guten Portion Sex gepaart.

Auf seltsame Art und Weise war ich jede dieser drei Personen, doch auch alle drei gleichzeitig. Aber da war noch mehr. Ich gewahrte ihre Schattenpersönlichkeiten, die aus ihren geheimen Gedanken und Sehnsüchten entstanden waren. Jede Schattenpersönlichkeit verkörperte die Schattenseiten der jeweiligen Person und bildete einen Bestandteil ihrer Psyche. In abstrakter Form schien sie eine schattenhafte Kopie der jeweiligen Person darzustellen.

Ich begriff, daß die Schattenpersönlichkeiten ihr menschliches Selbst beeinflussen konnten. Leonards Schatten-Ich flüsterte ihm Dinge ein, die er für seine eigenen Gedanken hielt. Es sprach fast ohne Unterbrechung zu ihm und erfüllte die Zeit, die er im Wachzustand verbrachte, mit eifersüchtigen Gedanken, mit lauter negativen Gedanken, die ihn selbst abwerteten.

Auch Mark und Amber wurden von ihrem Schatten-Ich beherrscht. Ihre Gedanken ähnelten sich sehr: Es ging um Sex, so viel wie möglich, auf jede nur mögliche Art und wann auch immer. Sehr unkompliziert! Ihr Schatten-Ich war ein Echo ihrer

Begierden und gab ihnen ständig neue Vorstellungen von Lust und Befriedigung ein, mit denen sie sich befassen konnten. Aber da war noch etwas mehr: Unter der überwältigenden Triebhaftigkeit versteckte sich Liebe. Amber und Mark hatten niemals auch nur über Liebe gesprochen – Sex war genug –, doch in der Tiefe ihres Herzens regte sich Liebe, die allmählich stärker wurde.

Als Leonard hatte ich inzwischen herausgefunden, welche Rolle Mark spielte. Die Entdeckung, daß ich Ambers Körper mit ihm teilen mußte, war ein Schock für mich gewesen. Ich kannte Mark schon eine Ewigkeit lang, doch ich wäre nicht im Traum auf den Gedanken gekommen, daß er es mit meiner Freundin treiben könnte. Das würde jedoch bald ein Ende haben. In den letzten paar Wochen hatte ich einen Plan ausgeheckt, um Mark aus dem Weg zu räumen. Ich beabsichtigte, die hübsche Dame für mich allein zu beanspruchen. Mein Plan war sehr einfach. Ich hatte Amber und Mark für den heutigen Abend zum Essen eingeladen. Sie wußten natürlich nicht, daß einer der Drinks, die ich nach dem Essen zu reichen gedachte, ein langsam wirkendes Gift enthalten würde, und zwar der Drink für Mark. Mark würde erst sehr viel später daran sterben, wenn er mein Haus schon lange verlassen hatte. Ich bedauerte das wirklich, denn ich mochte Mark sehr gerne. Ich hätte es sogar vorgezogen, ihn auf ehrenwerte Weise zu einem Privatduell herauszufordern, aber er hätte aller Wahrscheinlichkeit nach gewonnen, und ich hatte nicht die Absicht, mich wegen dieser Frau töten zu lassen.

Ich erreichte das wunderschöne Haus, in dem ich wohnte. Beim Eintreten rief ich nach meinem Butler, um die letzten Vorbereitungen für das Abendessen mit ihm zu besprechen. Es würde für alles gesorgt sein. Ich hatte wirklich keine Kosten gescheut. Mark würde sterben, doch zumindest würde er vorher respektabel gegessen und getrunken haben!

Als Mark sah ich dem Abend mit großer Vorfreude entgegen. Leonard war als ausgezeichneter Gastgeber bekannt, und was die Drinks nach dem Essen anging, war sein Ruf geradezu legendär.

Ich holte Amber mit dem Wagen ab und ließ den Kutscher den langen Umweg um den Park herum nehmen. In der Kutsche waren wir ganz für uns, und es dauerte nicht lange, bis Amber meine Leidenschaft erregt hatte. Ihre scharfen kleinen Zähne gruben sich in meinen Nacken, und ihre spitzen Nägel drangen durch meine Beinkleider aus Satin. Ich fühlte mich unschicklich und sah auch dementsprechend aus, doch das Blut raste auf berauschende Weise durch meine Adern. Ich weiß nicht genau, wie wir es mit all den Schichten von Unterröcken und Überkleidern überhaupt schafften, doch Amber fand einen Weg. Sie zog, schob, zerrte und wand sich, und als es geschah, fühlte ich mich wie ein heißes Eisen in flammender Glut.

Als Amber entspannte ich mich mit einem tiefen Seufzen. Die Intensität meiner Energie konnte nur eine Art von Befriedigung finden, aber ich bemerkte eine Veränderung. Ich fühlte, daß ich Mark liebte. Sex war nicht mehr länger genug, ich wollte ein Kind von ihm, trotz meiner Karriere als Sängerin. Heute abend, bevor wir gingen, würde ich Leonard diskret beibringen, daß es zwischen uns aus sei.

So kamen sie zusammen – Leonard, Mark und Amber –, und der gemeinsame Abend wurde ein voller Erfolg. Alle drei waren erfolgreiche Persönlichkeiten, und jeder hatte etwas zu der vielseitigen, anregenden Unterhaltung beizutragen.

Das Schatten-Ich, jedes in seiner eigenen Psyche, beschäftigte sich mit anderen Dingen. Die Gedanken Leonards waren beständig auf das Glas gerichtet, das einen einzigen Tropfen eines seltenen, aber sehr wirksamen Giftes enthielt. Er verspürte wachsende Sympathie für Mark und wünschte, es könnte irgendwie anders sein.

Amber hatte ganz andere Gedanken. Ihr Schatten-Selbst wies sie immer und immer wieder darauf hin, daß sie Leonard nicht trauen solle. Was auch immer sie versuchte, sie konnte den Gedanken an eine drohende Gefahr nicht mehr loswerden.

Marks Gedanken waren völlig neu für ihn. Er hatte die offenkundige Vertrautheit zwischen Leonard und Amber bemerkt, und er fragte sich, ob ihre Leidenschaft und ihr schöner Körper auch schon Leonard gehört hatten.

Und so schritt das Mahl voran.

Nach dem Essen begaben sich alle in den Salon, während die Dienerschaft die Tafel abräumte.

«Versucht das! Ihr werdet es genießen», sagte Leonard und goß jedem ein Glas bernsteinfarbener Flüssigkeit ein. Er hatte die Gläser gerade weitergereicht, als ein lautes Krachen, gefolgt von einem Schrei, aus der Küche zu hören war.

Mit einem leisen Fluchen stellte Leonard sein Glas auf einem kleinen Tisch ab und eilte aus dem Zimmer. Amber folgte ihrem Impuls, ging zu Mark, hob dessen Glas und hielt es gegen das Licht. «Hm, ich dachte, es hätte einen Sprung.» Unter dem Vorwand, besseres Licht zu benötigen, ging sie an dem kleinen Tischchen vorbei und vertauschte die Gläser, ohne daß Mark es sehen konnte. «Nein, ich muß es mir eingebildet haben», meinte sie, als sie ihm den Drink zurückgab. Sie küßte ihn, während ihre Hand an eindeutiger Stelle ruhte.

Als Leonard hereinkam, saßen sie in diskreter Distanz voneinander und nippten an ihrem hervorragenden alten Whisky.

«Verdammte Köchin, dumme Person! Eine Menge Aufsehens wegen gar nichts! Schmeckt euch der Whisky?»

«Ausgezeichnet! Wirklich erste Klasse!» lobte Mark begeistert.

Später, als sich Mark kurz entschuldigte und hinausging, ergriff Amber die Gelegenheit. «Ich werde nicht lange um den heißen Brei herumreden, Leonard», sagte sie, und sein Herz begann angstvoll zu rasen. «Zwischen uns ist es aus. Mark und ich werden heiraten.»

Sie war über ihre eigene Bemerkung erstaunt, aber sie wußte, daß es so geschehen würde. Mit einem heimlichen Lächeln dachte sie, daß Mark in ihren Händen letztlich zu allem bereit war. Sie war auch erstaunt, mit welcher Haltung Leonard ihre Entscheidung annahm.

«Nun gut, wenn du mich jemals brauchen solltest, stehe ich

immer zu deinen Diensten», erklärte er mit unverhohlener Zweideutigkeit.

Der Abend ging dem Ende zu. Nach einer überschwenglichen Verabschiedung kletterten Mark und Amber wieder in die Kutsche und fuhren zu Amber nach Hause. Abgesehen von ein paar erotischen Spielereien gab es auf dem Rückweg keine weiteren Zwischenfälle, denn beide waren mit ihren Gedanken woanders. Mark mußte mit Erstaunen feststellen, daß er befürchtete, Amber an Leonard zu verlieren. Die Frage, die er plötzlich an sie richtete, verwunderte ihn selbst ebenso wie Amber: «Also Amber, willst du meine Frau werden?»

«Oh, Mark! Ja, ja, ja! Ich will ein Kind von dir ... jetzt!»

Als Mark und Amber in einem und gleichzeitig individuell als jeder einzelne von ihnen, gingen wir/ich in Ambers Schlafzimmer hinauf und waren intensivst damit beschäftigt, ein Kind zu zeugen. Eine wirklich angenehme Aufgabe!

Auch als Leonard ging ich zu Bett. Zu dem Zeitpunkt, zu dem ich entdecken mußte, daß *ich* im Sterben lag und nicht Mark, war es schon viel zu spät, um es noch verhindern zu können. Aber ich hatte genügend Zeit, um zu lachen und mit einigem Erstaunen festzustellen, daß ich weder Zorn noch Haß auf die beiden verspürte.

Mein Michael-Bewußtsein verband sich mit allen dreien und der Konflikt war gelöst. Das lange Wechselspiel zwischen der allzu triebhaften Annie/Harriet/Amber und ihren Liebhabern Alwyn/Allen/Mark und Joseph/Harry/Leonard hatte ein Ende gefunden. Drei Leben waren der Auflösung von Lust, Haß und Gewalt gewidmet gewesen. Amber hatte herausgefunden, daß ihre überwältigende Sexualität immer einen Kern von Liebe enthalten hatte, doch sie hatte lange gebraucht, um darauf zu stoßen. Mark hatte verbotene Beziehungen genossen und am Rande der Gefahr geflirtet, aber auch er hatte auf die Liebe reagiert. Leonard hatte hingegen einen großen Bewußtseinssprung getan. Er löste die gegenseitige Verstrickung, indem er seinen Tod annahm und die Frau schließlich freigab. Auch er hatte die Liebe gefunden – eine

Liebe, die sie alle umfing. Als er starb, bedachte er sie mit guten Wünschen. Er war auch sehr froh darüber, daß ihn sein Mitgefühl veranlaßt hatte, ein teures, aber dafür ziemlich schmerzloses Gift zu wählen.

Ich, Michael, stellte die Verknüpfung zwischen diesen drei Personen dar. Ich wußte, sie waren ein Mikrokosmos im ausgedehnten, komplexen Makrokosmos der Menschheit. Ich hatte auch etwas über das Schatten-Selbst erfahren. So wie ihr Schatten-Selbst aus ihrer mentalen Energie und der inneren Ausrichtung, die sie damit schufen, geboren wurde, war das auch bei allen anderen Menschen der Fall. Ich hatte erlebt, wie das Schatten-Selbst der drei um einige Grade heller geworden war, als sie zu jener Liebe gefunden hatten, die den lange währenden Konflikt zwischen ihnen löste.

Wieder veränderte sich alles. Als Selbst gewahrte ich ein großes Hologramm, in dem zahllose Menschen das Drama ihres Lebens abspielten. Ich nahm all das zunächst im Überblick wahr. Allmählich rückte mein Blickpunkt näher. Ich war nur Beobachter, gestalt- und formlos, ich nahm nun unzählige Hologramme wahr, die alle individuell von den Menschen innerhalb des einen Gesamthologramms projiziert wurden. Ich wurde Teil einer kleinen Menschenmenge, die auf eine Untergrundstation im London von heute zueilte. Ich war jede Person in dieser Menge, und ich war auch die Menge als Ganzes. Als Einzelperson befand ich mich in einer Menge Fremder, doch vom höheren Blickpunkt des Gruppenbewußtseins aus, wußte ich, daß jede Person Verbindungen zu den anderen hatte, die über viele Leben zurückreichten.

Ich war Betty, die sich um ihren kranken Vater sorgte, und ich war Fred, der seine Frau beschwindelte, um sich mit einer anderen Frau zu treffen. Ich war Bert, betrunken, und kämpfte mit meiner Alkoholsucht. Ich war Ivy, die mit der Angst kämpfte, weil sie gerade ihre Stelle als Sekretärin verloren hatte. Ich war Jane, verführerische Stripperin und Callgirl, entsetzt über die Nachricht, daß ich Brustkrebs haben sollte, und haßte jetzt meine üppigen Brüste. Ich war Mathew, der die Schule schwänzte. Ich war ein Kind in einem Kinderwagen und sah auf das Leben mit einer Einfachheit und Klarheit, die die Erwachsenen in ihrer Kompliziertheit verlieren. Ich war Reggie auf dem Weg in die öffentliche Ambulanz eines Krankenhauses, und ich war Carol, die zu ihrer Verabredung spät dran war und sich beeilen mußte. Ich war auch Patricia mit einer scharfen Bombe in einem harmlosen Kinderwagen, den ich gerade in der überfüllten U-Bahnstation stehen gelassen hatte.

Ich war all diese Personen und mehr, wo jeder sein oder ihr persönliches Hologramm von Verzweiflung und Hoffnung projizierte, von Liebe und Haß, positiv oder negativ. Und über all das stülpte sich noch ein riesiges Hologramm aus den kollektiven Anschauungen der Menschheit und übte seinen Einfluß auf die Masse der persönlichen Hologramme aus. Nur ich war Zeuge des Schatten-Selbst, das Teil der Person war, die es geschaffen hatte. Manche Schatten-Selbste wies ein Leuchten auf, denn die Ausrichtung der dazugehörigen Person war erhebend, andere wiederum waren von einer Düsterkeit, die ihr physisches Gegenstück durchdrang. Bei einigen dieser Menschen begannen sich bösartige Geschwülste zu bilden, durch ihre eigenen Gedanken der Selbstverachtung und -ablehnung verursacht. Niemand in dieser geschäftigen Menschenmenge wußte um sein Schatten-Selbst. Außer mir sah niemand die anderen Schichten der Realität, die jeweils ein anderes Bild zu sein schienen, das auf dieselbe Leinwand projiziert wird, jedoch perfekt in die anderen Bilder hineinpaßte: In jedes persönliche Hologramm fügte sich das Schatten-Selbst unbemerkt ein, ebenso die vergangenen und zukünftigen Selbste. Alle ihre Realitäten verzahnten sich perfekt mit dem arglosen Selbst des ewigen Jetzt.

Die Bombe tickte leise. Jedes Schatten-Selbst wußte davon, denn seine geistige Energie konnte die physischen Barrieren durchdringen, und Patricia, die mit wild pochendem Herzen auf der gegenüberliegenden Straßenseite wartete, verbreitete ihre Beklemmung in einer mächtigen Woge der Angst. Sie ahnte noch gar nicht, was die Bombe anrichten würde, die entsichert und bereit war.

Die Explosion kam wie ein plötzliches, wütendes Aufheulen von Gewalt und Gemetzel. Obwohl Patricia darauf vorbereitet gewesen war, lief sie erschrocken über die Straße, um zu sehen, was geschehen war. Als sie durch den Trümmerhaufen hastete, stolperte sie über einen umgekippten Kinderwagen und rollte auf den Körper eines Kindes, dem der Kopf abgerissen worden war. Sie kreischte und richtete sich wieder auf, doch sie strauchelte abermals, als ihr Fuß auf einem kleinen, beinahe zu Brei zerfetzten Kopf ausglitt, der sie mit den offenen Augen der Unschuld anstarrte. Sie erbrach sich. Der Alptraum dieses Gesichts würde sie für den Rest ihres Lebens verfolgen. Als Neuling, der einer guten Sache dienen wollte, erkannte sie zu spät, daß sie von Fanatikern hinters Licht geführt worden war. Man hatte sie glauben lassen, die Bombe würde nur viel Rauch und Lärm und sonst nichts verursachen.

Fred saß in einem Schutthaufen und weinte leise, während sich seine Eingeweide in einem schwerfälligen, grauenvollen Klumpen über seine Knie legten. Er spürte keinen Schmerz, doch als das Leben langsam aus ihm wich, war er von tiefem Bedauern erfüllt. Jane war still, ihre verhaßten Brüste ein blutiges Knäuel; sie war sofort tot gewesen. Betty würde nie bei ihrem kranken Vater ankommen, doch auch er starb. In perfekter Synchronizität erlitt er in dem Moment, in dem die Bombe explodierte, einen schweren Herzanfall. Der arme Reggie, der die öffentliche Ambulanz mal wieder heimsuchte, nicht wegen gesundheitlicher Probleme, sondern weil er Gesellschaft benötigte, würde sie nun viele Jahre lang ständig aufsuchen müssen. Ein Metallstreifen aus dem Kinderwagen hatte seinen Kopf am rechten Ohr durchbohrt und war bis zur linken Wange gedrungen, die er durchstochen hatte. Schmerz und nackte Angst drückten sich in seinem monotonen, lauten Stöhnen aus. Bert war vom Alkohol betäubt gewesen, als er in die Untergrundbahnstation geschlurft war. Die Explosion hatte ihn wie eine schlaffe Stoffpuppe auf die Straße hinaus geschleudert. Jetzt, beinahe gänzlich ohne Kleider und vom Schock ernüchtert, war er bereits dabei, den Verletzten zu helfen. Ein langes Leben lag vor ihm, das dem Dienst an der Menschheit gewidmet sein würde und in dem er nie wieder Alkohol trinken würde. Die arme Ivy verlor nicht nur ihren Job, sondern auch ihr Leben. Mathew würde niemals wieder die Schule schwänzen, aber er lebte. Er würde sich völlig umstellen müssen, denn er war auf Dauer erblindet. Und Carol kam zu ihrer Verabredung tatsächlich zu spät – ungefähr drei Monate und ein halbes Bein später –, aber ihr Freund liebte sie und wartete auf sie.

All das und noch mehr entfaltete sich vor mir, denn das war nur ein Teil der Menschenmenge, ein kleiner repräsentativer Ausschnitt. Dort, wo Menschen starben, verlosch ihr Schatten-Ich rasch. Es verschwand, doch es war ihm damit noch kein Ende gesetzt. Das Schatten-Ich ist weder gut noch böse; es stellt eine verborgene, unerkannte Reflexion der Persönlichkeit dar. Als die Gestorbenen ihren Körper hinter sich gelassen hatten, machte sich ein Wiedererkennen unter ihnen bemerkbar. Lichtwesen waren anwesend, und obwohl ich die Dame in Gold nirgends sehen konnte, waren viele Wesenheiten da, die ihr ähnelten. Wer glaubte, der Tod sei das Ende, wurde sanft in einen Bereich geleitet, der von einem kraftvollen, ätherischen Licht erfüllt war. Andere, bereits offenere Seelen wurden von den Lichtwesen betreut. Auf der physischen Ebene herrschten in dem Blutbad Chaos, Angst, Schmerz und Leid vor. Auf der Seelenebene fand eine rasche Gruppierung statt, da einige erkannten, daß der Tod eine Übergangsphase darstellte. Vor kurzem hatten sie noch in ihrer physischen Gestalt Schulter an Schulter als völlig Fremde in der Menge gestanden. Jetzt wußten sie es besser, sie befanden sich unter Freunden. Es schien fast so, als handelte es sich um einen lange vorhergeplanten und sorgfältig vorbereiteten Exodus.

Und das stimmte natürlich. Von einem übergeordneten Standpunkt aus konnte ich die Entstehung dieses Unfalls beziehungsweise dieses sinnhaften Ereignisses verfolgen. Jede beteiligte Person hatte ihr Leben so gestaltet, daß sie zu diesem Zeitpunkt an diesem Ort sein würde. In jedem persönlichen Hologramm gab es eine Verbindung zu all den anderen Beteiligten, so daß sich ihre Schicksale wie Zahnräder in das eine gesamte menschliche Hologramm einfügten. Für einige der Beteiligten, die sich selbst nicht vergeben hatten, stellte es eine Art Selbstbestrafung dar, eine späte Ernte aus ihrer Vergangenheit, die nach Vergeltung verlangte. Einige wenige hatten auch den Wunsch gehegt zu sterben, da sie den Tod als Lösung ihrer Probleme ansahen. Für sie war das ein wirklicher Schock! Dem kleinen Kind war klar, daß es seinen Lebenszweck bereits erfüllt hatte, und es war begierig darauf, mit dem nächsten fortzufahren. Es wußte, daß die Klarheit seines inneren Wissens verlorengegangen und erstickt worden wäre, wenn es noch einige Jahre länger unter dem Einfluß der Erwachsenen zugebracht hätte. Das Kind war der einzige Beteiligte, der schon vorher wirklich bewußt gewesen war. Trotz seiner sechs Monate war es eine alte Seele, und es wußte, daß es mit seiner Mutter Vera ein seelenverbundenes Paar bildete. Also war es nur natürlich, daß sie im Moment der Explosion beisammen waren.

Es war auch keine Kinderseele, die den Körper des Babys hinter sich ließ, sondern eine strahlende, alterslose, jugendliche Frau. Sie half dem benommenen Mann, der Veras Körper entstieg. «Das war ein Schock», sagte der Mann, «obwohl wir auf seelischer Ebene geplant hatten, daß wir das gemeinsam erleben würden.» Einige Augenblicke lang standen sie einander in strahlendem Licht gegenüber, wissend und seelenverbunden, bevor sie begannen, den verwirrten Seelen zu helfen, die ihre Bewußtheit von der Kontinuität des Lebens noch nicht entwickelt hatten. Auch als sie sich dann trennten, blieb das Seelenband erhalten – ein ewiges Band, das sie quer über Raum, Zeit und Realitäten hinweg zusammenhielt.

Ich war Zeuge von all dem und noch mehr. Zwei der Umgekommenen waren gerade auf dem Weg zu ihren Anwälten gewesen. Skip und Donna wollten sich nach Jahren bitterer Streitigkeiten nun endlich scheiden lassen. Jeder hatte den anderen schon viele Male verlassen, doch irgend etwas hatte sie immer wieder zurückgezogen, irgendein unerklärliches Band aus Zuneigung und Sorge füreinander, das sie selbst nicht verstehen konnten. Nun befanden sich beide in der Gruppe, die ihren Tod und die Übertrittsphase rasch und leicht bewältigten. Sie stellten erstaunt fest, daß sie auf unwiderstehliche, magnetische Weise zueinander gezogen wurden. Ich war jeder einzelne von ihnen, das Paar und der Beobachter. Als Beobachter erkannte ich das Seelenband, das sie zusammenhielt – ein Band, das weit über die Probleme von Persönlichkeit, Geschlecht, Alter, Beziehung und über den Tod hinausreichte.

Als Skip erfaßte mich eine Woge von Klarheit und Einsicht, als ich eine leuchtende Frau aus dem entstellten, zerschmetterten Körper eines kleinen Kindes aufsteigen sah, dem der Kopf abgerissen worden war. Dadurch wurde ein so tiefes, kraftvolles Wissen wieder in mir entzündet, daß ich bestürzt darüber war, wie ich es je hatte verlieren können. Ich hatte es natürlich verloren. In dieser Inkarnation hatte ich so vieles vergessen. In meinem neu entdeckten Wissen erkannte ich, daß ich diesen Exodus ins Licht mit meiner seelenverbundenen Donna geplant hatte.

Als Donna war ich verwirrt, benommen und bestürzt. Ich starrte einen Mann an, den ich als Skip erkannte, doch er war mehr als nur Skip. Er war Dougal, Hugh und andere Identitäten, an die ich mich in einer langen Reihe von Leben erinnerte, die wir miteinander verbracht hatten. Ich erinnerte mich daran, daß ich seine Mutter und später sein Sohn gewesen war. Einmal war er eine Frau gewesen, meine heimliche Geliebte, und – o Gott! – ich hatte sie umgebracht, doch das Band zwischen uns war immer erhalten geblieben. Er kam auf mich zu, und inmitten der düsteren Zerstörung dieser Bombenexplosion küßten wir uns. Unsere Lippen, unser Herz und unsere Seele begegneten sich in einer Flut aus Licht. Von diesem Augenblick an wußte ich, daß ich mich immer auf das Höchste ausrichten würde, das ich auszudrücken vermochte: auf mein Selbst.

Nachdem ich Donna und all die anderen Identitäten hinter mir gelassen hatte, erweiterte und vertiefte sich meine gesamte Schau, und meine Wahrnehmung enthüllte mir noch mehr. Auf gewisse Weise stand dieses Ereignis mit der dramatischen und gewaltsamen Evolution der Natur in Verbindung. Doch ich konnte den grundlegenden Unterschied sehen: Die Evolution der Natur war eine Reaktion auf Veränderungen in der Umwelt, gekoppelt mit dem Druck, das physische Überleben zu gewährleisten. Die menschliche Entwicklung ergab sich aus einer Reaktion auf emotionellen und mentalen Druck, gekoppelt mit der Ausrichtung der Seele. Beide schufen einen Konfliktbereich – eine natürliche Dynamik –, und daraus ergaben sich viele Wachstumsebenen. Der Druck, dem die Natur ausgesetzt war, kam von außen. Der Druck, den die Menschheit verspürte, stammte aus dem Inneren des Menschen selbst. Und doch waren beide miteinander in der Einheit des Lebens verwoben und verflochten. Die zerstörenden Kräfte, die einen Schmetterling hervorbrachten, waren dieselben Kräfte, die die gesamte Menschheit vorantrieben und dazu zwangen, das Trauma der Veränderung zu durchlaufen, um unser größtmögliches Potential freizulegen.

Verwandlung und Erweiterung ergriffen von mir Besitz. Jegliches Gefühl menschlicher Gegenständlichkeit fiel von mir ab, während sich das Empfinden des Selbst erweiterte. Nun war ich Teil der menschlichen Massenpsyche, wobei ich einzelne Personen gewahrte, jedoch alle Menschen im Bewußtsein umfaßte. Ich war imstande, die Menschheit auf dem Planeten Erde als eine Gesamtheit zu sehen, so daß ich alle Orte und Menschen in ein und demselben Moment wahrnahm. Meine Wahrnehmung umfaßte das Ganze, doch meine Aufmerksamkeit blieb weiterhin auf die Gruppe von Menschen gebündelt, die sich in der zerstörten Untergrundbahnstation einer belebten Gegend Londons befanden.

Ich beobachtete das Wechselspiel und Ineinanderwirken der

Realitäten. Bettys Körper wurde auf eine Bahre gelegt. Sie war scheinbar unversehrt, unter der Kleidung jedoch völlig zerquetscht. Ihr Vater, der zur gleichen Zeit an einem Herzanfall gestorben war, schwebte bemerkenswert wach und bewußt in ihrer Nähe. Ich sah, daß er in eine nicht-physische Realität gehüllt war, ein ganzes, ihm eigenes Universum. Ohne es zu wissen, beeinflußte er sein Universum, um Betty zu umfassen, und er hatte Erfolg damit. Als sein metaphysisches Selbst Betty umfing und sie von der Verhaftung an ihren Kummer löste, erkannte sie, daß ihr geliebter Vater bei ihr weilte. Ich nahm wahr, daß auch diese beiden ein seelenverbundenes Paar bildeten.

Nun waren es die vielfältigen, metaphysischen Universen, die meine Aufmerksamkeit fesselten. Aus einer noch höheren Perspektive konnte ich nun erkennen, wie jede Person bei diesem sinnhaften Ereignis/Unfall in ihrem eigenen Universum lebte – was in der Tat auf jeden Menschen zutrifft. Jedes Universum war von seinem unbewußt handelnden Inhaber dahingehend programmiert worden, seine Anschauungen und Ausrichtungen im Leben zu manifestieren.

Ich beobachtete Fred. Er gehörte zu denen, die an den Tod glaubten, und hatte sich nun in seinem gefängnisähnlichen Universum grauer Schatten verloren. Und doch nahm es denselben Raum und dieselbe Zeit ein wie das lichte Universum von Skip und Donna. Sein beschränkender Glaube hatte nur eine andere Realität geschaffen.

Als einzelner Mitspieler und als alle Mitspieler gleichzeitig begriff ich, daß jeder von uns seine Realität selbst erschafft. Jeder lebt in einem metaphysischen Universum, das auf sein eigenes Programm reagiert. Es reagiert, doch es urteilt nie. Wenn unser mentales Programm erhebend ist, antwortet unser Universum entsprechend darauf; ist es abwertend und verneinend, reagiert unser Universum ebenfalls darauf. In all ihren gleichzeitigen, vielschichtigen Realitäten folgte jede Person ihren Anschauungen und Konditionierungen, während sich ihr Universum, ihre Realität, demgemäß bildete.

Jane suhlte sich angesichts ihrer Lebensführung in Abscheu vor sich selbst. Mit ihrer üppigen Figur waren Striptease und Prostitution eine sichere Methode gewesen, um in harten Zeiten Geld zu verdienen, doch das hatte einen Selbsthaß gefördert, der sich nun in einem Universum ausdrückte, das einer schwefelig-düsteren Wolke aus Zorn glich.

Alle, die gestorben waren, hatten jedoch einmal beschlossen, gemeinsam den Tod zu finden. Ivy überwand die Illusion des Todes sehr schnell. Nachdem sie ihren toten Körper zurückgelassen hatte, schaute sie die metaphysische Jane an, die völlig entsetzt zu sein schien.

«Schwester May!» rief sie. «Erinnerst du dich nicht an mich?»

Jane starrte weiter apathisch vor sich hin. «An wen?»

«Ich kenne dich. In einem Leben vor diesem hier waren wir gemeinsam in einem Kloster. Du warst dort, weil du deine Sexualität verleugnet hast. Du hast mich gehaßt. Ich erinnere mich jetzt daran, wie wir immer darüber in Streit gerieten, weil du vor dem Thema Sex einfach reißaus genommen hast.»

«Aber ... ich bin doch eine Stripperin und eine Prostituierte.»

«Das warst du, Schwester May, das warst du. Nonne und Stripperin – es ist alles bereits Vergangenheit. Das hier ist ein neuer Anfang.»

Aber Jane war nicht imstande zu verstehen. Ivy ging zu ihr hin. Sie legte die Arme um Jane, visualisierte Licht, das sie beide umgab und umhüllte sie mit Liebe. Es geschah! Ich beobachtete, wie Jane ihre schuldbeladene Realität der Selbstverachtung loslassen konnte und zuließ, daß Ivys Liebe ihr Universum neu programmierte, was die Erschaffung einer neuen Realität für Jane bedeutete.

Allmählich ging alles, was geschah, über den Bereich des Erklärbaren und Beschreibbaren hinaus. Ich dehnte mich aus und zog mich gleichzeitig zusammen, wodurch ich im selben Augenblick nur Bestandteil und doch das Ganze war, wissend, daß sie eins sind. Ganz allmählich gewahrte ich die Gegenwart eines gewaltigen Bewußtseins, einer vieldimensionalen Intelligenz, die weit über mein Begriffsvermögen hinausging.

Ich befand mich in einer Kammer von astronomischen Ausmaßen. Ich begriff, daß die Kammer *das* Wesen der Intelligenz war oder zumindest ein Teil davon. Alles war in gewaltigen Maßstäben gehalten, wenn auch von ätherischer Qualität.

«Fasse deine Erfahrung zusammen! Laß sie deine Gedanken, deine Wahrnehmung, dein Gewahrsein, deine Intuition und dein Bewußtsein durchdringen! Rekapituliere die Essenz deiner Erfahrung mit allem, was du bist! Laß es fließen, und ich werde dir Klarheit geben und dich führen!»

Die Macht dieser Mitteilung erfüllte und erweiterte mich. Ich konzentrierte mich auf die Gesamtheit dessen, was sich ereignet hatte, und plötzlich veränderte sich alles.

Die riesige, planetengroße Kammer war nun ein gigantisches Hologramm, und in dieser Mammut-Projektion spielte jedermann seine individuelle Rolle (als Teil der gesamten Menschheit), als ob er einen Part in einem nie enden wollenden kosmischen Spiel übernommen hätte. Als ich die grenzenlose Intelligenz beobachtete, verschmolz ihr Gewahrsein mit dem meinen mehr und mehr, und meine Empfindung des Selbst überstieg jegliche Beschreibbarkeit. Ich sah, daß das Spiel zu allen Zeiten und an allen Orten in ein und demselben Moment ausgeführt wird.

Vergangenheit, Gegenwart und Zukunft waren eine Bewegung in einem koordinierten Geschehen, eine selbstbestimmte Orchestrierung, die mit der Entstehung einer Handlungsweise, die von einem der Spieler projiziert wurde, beständig Gewichtung und Gegengewichtung erhielt. In diesem unglaublichen Hologramm lebte nicht nur eine physische Menschheit ihre Rollen aus, auch die Dimension der Gedanken wob ihre Botschaft von Täuschung und Wahrheit in Form der Schatten-Selbste ein, die im Wechselspiel mit den Personen der physischen Welt standen. Und als ob das noch nicht genug wäre, stellten die inkarnierten Identitäten, die jede Person in Vergangenheit und Zukunft ausgelebt hatte, einen Teil jener Bewegung dar, welche die Menschheit als Ganzes vollführte, während jedes Individuum bestrebt war, die Wahrheit des Selbst zu finden. Jedes Schatten-Selbst reflektierte die Gedanken des Denkers im jeweiligen Ausmaß seiner Helligkeit oder Schattenhaftigkeit. Ich konnte all das mit erstaunlicher Leichtigkeit in mein Gewahrsein aufnehmen. Es war nicht mehr «mein» Gewahrsein, sondern nur noch *Gewahrsein*.

Ich war sowohl der Beobachter der Mitspieler, als auch Teil der Psyche aller Mitspieler in diesem Hologramm. Auf diese Weise wurde ich zur Erfahrung selbst. Allmählich umfaßte das Hologramm nicht nur die Menschen auf der Erde, sondern auch das gesamte Universum.

Innerhalb dieses allumfassenden Gewahrseins, in dem ich immer noch das Gewahrsein meiner Individualität innerhalb des Einen bewahrte (Individualität, nicht Identität), erlebte ich einen Schock des Erstaunens. Ich sah, erlebte und erkannte, daß unsere Welt, die ein *fühlendes Wesen* ist, genauso viele Aspekte der Individualität aufweist wie ein menschliches Wesen. Ich erfaßte, daß der physische Raum des Planeten Erde genauso viele Realitäten der Erde umfaßt, wie es seelenverbundene Menschenpaare gibt.

Als ich in meiner Wahrnehmung mit allem Lebendigen eins wurde, erkannte ich, daß tatsächlich jedes menschliche Wesen seine eigene Realität erschafft. Jeder von uns lebt in seiner eigenen Welt. Wir alle suchen uns selbst aus – und keine Entscheidung ist auch eine Entscheidung –, wie wir unsere Welt erleben werden, sogar, was es in ihr geben wird. Und diese Entscheidung oder auch Nichtentscheidung wird jedesmal getroffen, wenn wir auf eine Person oder Situation ansprechen oder reagieren. Mit Hilfe von Vorstellungen, Gefühlen, Gedanken, Handlungen und Reaktionen erschaffen wir unser eigenes Universum, unsere eigene Realität in jedem Augenblick unseres Lebens.

Um sich vor dem Massenwahn zu schützen, sich selbst als die einzige Person oder das einzige seelenverbundene Paar in der Welt zu erleben, projiziert jeder von uns ein Abbild der Welt, das dem aller anderen gleicht – sozusagen eine Konsens-Realität. In anderen Worten, wir projizieren eine Massenhalluzination, an die wir alle glauben und die wir die «richtige» Welt nennen. Es ist nichts weiter als eine bis ins Detail ausgearbeitete Illusion!

Ich erfaßte das Prinzip der Wahrheit. Das Universum jeder Person ist so programmiert, daß es ihre Ansichten und Ausrichtungen stützt. Als ich aus der Perspektive eines Beteiligten beobachtete, wußte ich, daß unsere Ausrichtung wie auch unsere Überzeugungen auf Falschheit, Halbwahrheiten und den Lügen über Angst und Getrenntheit beruhen. Ich erlebte jeden einzelnen Menschen als Lichtwesen. Die Ausrichtung auf diese Wahrheit verstärkte das Licht, die Abwendung davon verstärkte den Schatten. Das Licht wurde jedoch nie geringer, nur die Illusion des Schattens ließ es geringer *erscheinen*.

Innerhalb dieses vieldimensionalen Hologramms erweiterte sich mein Wissen über seelenverbundene Paare. Diese Paare können verheiratet sein, sie können auch Feinde sein. Manchmal trennen sie Erdteile, dann wiederum sind sie Nachbarn, die Tür an Tür wohnen; manchmal Verwandte, manchmal Freunde; manchmal Geliebte, manchmal einander unbekannt; sie können vom gleichen Geschlecht, aber auch vom Gegengeschlecht sein. Doch über die persönliche, identitätsbezogene Beziehung hinaus, reflektieren diese Paare eine Einheit im Selbst, die der Illusion der Getrenntheit niemals völlig Zugang gewähren wird. Das Bestreben jedes Partners eines solch seelenverbundenen Paares ist es, die «andere Hälfte» zu finden. Die Gemeinsamkeit vertieft die Empfindung der Ganzheit und Liebe. Es gibt auch Fälle, in denen ein Teil intuitiv weiß, daß seine seelenverbundene Hälfte zum gegebenen Zeitpunkt nicht inkarniert ist. Das Alleinsein ermöglicht ihm/ihr einen andersartigen, aber ebenso kreativen Ausdruck des Selbst. Jedes seelenverbundene Paar tendiert dazu, die Abfolge ihrer Leben in einer vertrauten Richtung zu verfolgen, so daß sich eine gewisse Beständigkeit ergibt.

Als ich Zeuge dieser riesigen, allumfassenden, holografischen Projektion wurde, begriff ich, daß jeder Mensch Schöpfer seines selbst gestalteten Hologramms und zugleich Mitspieler ist. So schützen wir unsere geistige Normalität. Wir erschaffen eine Illusion, auf die wir uns alle beziehen können. Das ergibt wieder ein Paradox: Während einerseits jeder von uns ein einheitliches Hologramm projiziert, das ihn vor der Verzweiflung angesichts der Isolation schützen soll, erschafft andererseits diese von uns selbst hervorgebrachte Illusion die Selbsttäuschung der Getrenntheit. Man könnte also annehmen, daß sich das gegenseitig wieder aufhebt, doch leider nicht!

Innerhalb dieses riesigen Hologramms erblickte ich nun, wie sich im individuellen Hologramm, in der individuellen Welt jedes seelenverbundenen Paares ein Wandel abzeichnete. Es war keine ruhige, sanfte Form von Veränderung, sondern eine mächtige, vulkanische Kraft, die im Begriff ist, die Menschheit mit etwa soviel Anteilnahme zu treffen, wie ein Orkan für einen Wald aufbringt. Und wiederum ein Paradox: dieser Wandel ist wandellos. Innerhalb des umfassenden Hologramms – es ist die Essenz jedes persönlichen Hologramms – gibt es nur Einheit. Kein einziges Individuum existiert getrennt vom anderen, noch wäre das überhaupt möglich. Gleichgültig, wie viele Menschen aus Angst heraus handeln, die Reaktion jedes einzelnen wird sofort wieder durch ein Gegengewicht ausgeglichen. Nichts wird aus den Handlungen der Ganzheit ausgeschlossen. Innerhalb der Ganzheit, der Wahrheit, die sich durch das Selbst ausdrückt, verändert sich nichts, und doch befindet sich paradoxerweise alles in beständiger, dynamischer Veränderung. Veränderung und Unveränderlichkeit sind eins, die ewige Dynamik von Gleichgewicht und Gegengewicht in der Bewegung des Augenblicks.

All das wurde zu meiner Realität. Es war weit mehr, als Worte und Gedanken zu beschreiben vermögen. All das wurde zu meinem Erleben, meiner Ganzheit, meinem Sein, meiner Gesamtheit. Um die reine Erhabenheit dieser Erfahrung erfassen zu können, wurde mein Intellekt notwendigerweise still und ruhig, während sich das, was ich *bin* – das Selbst –, erweiterte und ausdehnte. Ich gewahrte das Selbst in riesigen Dimensionen, das sich ausstreckte, um die fernsten Bereiche der Jenseitigkeit noch zu umfassen, während ich gleichzeitig das winzigste Teilchen in einem Partikelchen kosmischen Staubs war.

Nach einer endlosen Phase der Nicht-Zeit, zwischen und jenseits von Erheiterung und Erschöpfung, durfte ich in einer ewigen Dimension der Stille ruhen.

10

Schritt in die Unendlichkeit

Wie der Saft in den Bäumen steigt
und sich wieder zurückzieht,
und in der Weise, wie das Blut für alle Tiere
lebensnotwendig ist,
so ist die spirituelle Intelligenz des Selbst
ein Tanz des Lichts in unserem Wesen.

Als ich meine Ruhepause beendet hatte, stand ich auf der Oberfläche eines seltsamen Planeten. Doch sogar nach der Begegnung mit der Heimat des Wesens der Schönheit war dies hier eine bizarre, erschreckende Realität. Ich wußte, daß jenes Wesen bei mir war, das meine jüngsten Erfahrungen gefördert hatte.

Ich befand mich vor einem Etwas, das ein Gehirn von geradezu kolossalen Ausmaßen zu sein schien. Das war nicht nur ein Gehirn, es war *das* Gehirn, allmächtig und sehr darauf bedacht, mich nicht zu überwältigen. Das Gehirn schien aus der Erde emporzuwachsen wie ein Baum, nur daß es gut einige hundert Morgen Land bedeckte. Der Gesichtssinn war nicht nur auf meine Augen beschränkt, denn mein Lichtkörper-Selbst besaß eine Wahrnehmungsfähigkeit, die allumfassend war. Entfernung war keineswegs Entfernung. Die Sicht war hundert Morgen weit entfernt genauso klar wie in unmittelbarer Nähe, und paradoxerweise blieb die Entfernung trotzdem erhalten, wodurch ein Gefühl von Proportion und Perspektive entstand.

Ich hätte erwartet, daß der Anblick eines nackten Gehirns Abscheu bei mir hervorrufen würde; statt dessen empfand ich eine Ehrfurcht und Verehrung, die von religiöser Intensität waren. Ich blickte mich nach den völlig anders gearteten und wesentlich eleganteren, nadelförmigen Türmen des Tempels des Lernens um, doch sie waren nicht zu sehen.

Das Hirn wuchs aus einem Untergrund hervor, der eine endlose Wüste zu sein schien. Es war keine Vegetation zu sehen. Der Sand wies ein sanftes Blaßrosa auf, den gleichen Farbton wie das Gehirn, nur einige Schattierungen heller. Ich beugte mich vor, nahm eine Handvoll davon und ließ ihn durch die Finger rieseln. Er war lebendig! Ich konnte nicht einmal vermuten, wie denn das möglich sei, doch ich konnte seine Lebendigkeit spüren. Und noch mehr als das, ich fühlte seine Bewußtheit.

«Dies ist nicht die Erde, noch gibt es hier eine physische Realität. Du befindetst dich in der Gegenwart der planetaren Bewußtheit.»

Ich rang nach Atem. «Was ist das?»

«Ich bin weder ein Was noch ein Ding, noch bin ich ein Ort, noch kannst du mich in Begriffe fassen. Ich bin Bewußtheit, nicht mehr und nicht weniger. Nichts, was ich sagen kann, hat mit dem Intellekt zu tun, denn es gibt keinen intellektuellen Bezugsrahmen zu mir. Bewußtheit *ist.*»

«Aber das ergibt keinen Sinn.»

«Für dich nicht. Wie kannst du auf intellektuellem Weg eine Realität verstehen, die intellektuell gar nicht möglich ist? Wie kann ich etwas erklären, wofür es keine Erklärung gibt? Ich bin wirklich. Akzeptierst du das?»

Die Worte schienen zu verhallen, und ich versuchte, die Folgerungen, die sich daraus ergaben, zu begreifen. Ein Nebel legte sich über mich. Ich kämpfte dagegen an, indem ich auszuweichen versuchte, doch es war genauso sinnlos, als versuchte man, dem Wasser auszuweichen, während man in einem Fluß schwamm. Alles um mich herum wurde unscharf und verschwamm, und ich spürte, daß ich mit großer Geschwindigkeit in die Luft geschleudert wurde. Allmählich klarte der Nebel auf, und ich fühlte keinerlei Bewegung mehr. Nachdem die letzten Spuren des Nebels verschwunden waren, stellte ich fest, daß ich mich in einem riesigen Innenraum von der Größe eines Planeten befand.

Ich wußte ohne einen Hauch von Zweifel, daß ich mich im Inneren des Gehirns befand. Ich schluckte, aber ich empfand trotzdem keine Angst. Das war der Bereich der Hologramme, wo die menschlichen Schicksalsverknüpfungen stattgefunden hatten. Ich wußte auch, daß das Gehirn mir absichtlich diesen Aspekt seiner Realität enthüllt hatte. In dem Moment, in dem ich wußte, daß ich mich im Gehirn befand, wußte ich auch, daß es kein Außerhalb gab. Der gesamte Planet war Gehirn. Außen oder innen besaß keine definierte Realität.

Alles war wesentlich heller als an einem sonnigen Tag auf der Erde. Die Beleuchtung schien aus einer unsichtbaren, inneren Quelle zu stammen. Als ich mich in der riesigen Höhle umsah, bemerkte ich, daß der Boden dasselbe zarte Rosa aufwies, während die Wände, sofern man sie als solche bezeichnen konnte, zweifellos aus Gehirn bestanden. Mein inneres Wissen enthüllte mir auch, daß das Gehirn direkt mit meiner Bewußtheit kommunizierte und sie erweiterte. «Erlebe, soweit du dazu imstande bist, den Sinn des ‹Selbst des Lebens›!» hörte ich es sagen.

Denken und Definieren setzten aus. Innerhalb der Zweiteilung einer riesigen, erfüllten Leerheit lebte und «starb» ich in der Essenz von Geist und Form. Die Bewußtheit dehnte sich aus und wurde reicher an Erfahrungen – das Gehirn und ich waren eins –, doch meine Individualität blieb bestehen. Das Gehirn eröffnete mir das Alles-Was-Ist in dem Maße, wie ich imstande war, das unendliche Da-Sein des spirituellen Ausdrucks zu erfassen.

Lassen Sie mich das auf die einzig menschenmögliche Weise beschreiben, die ich finden konnte, auch wenn es sich um etwas handelt, das jenseits des Beschreibbaren liegt! Am Anfang war kein Anfang, denn Anfang und Ende sind an Zeit und Intellekt gebunden. *Das Sein ist!*

Das Ist ist ein göttliches Prinzip – Gott, göttliches Selbst, Selbst, Liebe, reines Licht, das Ich-Bin, die Kraft –, wie auch immer es genannt wird. Jedes menschliche Wesen ist ein Ausdruck und ein Aspekt dieses göttlichen Prinzips. Um mein Selbst im Sinne des göttlichen Prinzips auszudrücken, benutze ich meine kreative Kraft, um Bewußtsein hervorzubringen. Sobald diese Manifestation erfolgt ist, gewahrt das Bewußtsein das Selbst als göttliches Prinzip, und ich sende Fäden bewußten Gewahrseins aus, wodurch der Same für eine unendliche Anzahl möglicher Ausdrucksformen in einer unbegrenzten Zahl von Dimensionen und Realitäten gelegt wird. Physisch oder metaphysisch, ätherisch oder körperlich, dazu unendlich viele Seinszustände, die für den Menschen nicht definierbar und auch nicht von Bedeutung sind – es ist alles eins. All das ist der Ausdruck des göttlichen Prinzips. Das göttliche Prinzip ist Wahrheit, und mit der Wahrheit geht die Sinngebung einher. Mein Sinn und Zweck besteht darin, daß das Eine unendlich viele Variationen und Definitionen der Individualität erfahren soll, alle mit der Zielsetzung, daß jedes das Selbst als das Eine erkennt – das Alles-Was-Ist.

Als Bewußtsein, das sich durch mein eigenes göttliches Prinzip hervorgebracht hat, bin ich befähigt zu erschaffen. So bringe ich Stofflichkeit ins Sein. Ich erschaffe auch andere Varianten nichtphysischer Realität. Allerdings möchte ich nur den kreativen Vorgang beschreiben, der auf uns als Menschen zutrifft, denn dies ist genauso *Ihre* Geschichte und *Ihre* Realität.

Unter Verwendung von Licht als Vehikel und Werkzeug bringe ich für eine Ewigkeit des Istseins (Zeit) das Selbst bewußt in einer großen Vielfalt gasartiger Lebensformen zum Ausdruck, die alle nicht-physisch und flüchtig sind. Ich bin namenlos, formlos und substanzlos. Ich nehme einen Zustand ein, den wir Raum nennen können, doch er ist zugleich das Alles-Was-Ist. Für eine lange Spanne von Istsein bin ich bestrebt, jegliches Potential zu erweitern. Ich bin gasförmig, manchmal flüchtig, manchmal unbewegt. Ich dehne mich aus und ziehe mich zusammen. Ich erstarre zu Eis und bin siedend heiß. Auf unzählige verschiedene Art und Weise bilde und erkunde ich neue Gase. Ich bin flüssiges Feuer. Ich bin flüssiges Wasser. Ich bin fest. Ich schmelze. Ich verdampfe. Ich bin schwer. Ich bin leicht. Aber ich besitze immer eine Sinngebung. Ich bin bestrebt, das Selbst als Individuum innerhalb des Einen zu erkennen. Doch ich kann das Selbst nicht als etwas Vereinzeltes entdecken; ich bin eins, und alles Gas ist ein Gas.

In meinem schöpferischen Prozeß des Selbst-Ausdrucks modelliere und beeinflusse ich die Schwingung des Lichts und verdichte mich als physische Materie. Ich bin Gas, und ich bin mineralisches Leben. Ich werde zum Planeten Erde. Über einen unbestimmten Zeitraum hinweg, in einer verwirrenden Konstruktion linearer Zeit, erforsche ich sowohl Gase als auch Mineralien parallel zueinander, denn ich behalte immer bei, was ich bin. Ich erlebe die Verfestigung von Gasen in millionenfachen Varianten, woraus sich eine Unzahl mineralischer Formen ableitet, doch bin ich stets das Selbst als Eines. Meine mineralische Gestalt erlebt in ihren vielen Ausdrucksformen keine Individualität, nur die Vielfalt des Einen. Dem Entwicklungsverlauf der Erde folgend, strebt mein sich entfaltendes Bewußtsein nach einem höheren Ausdruck des Gewahrseins in dieser einen speziellen Schöpfung unter zahllosen anderen Schöpfungen des göttlichen Prinzips.

Ich bin Gas, Mineral und nun auch planzliches Leben. Während sich mein Bewußtsein entwickelt und erweitert, ziehe ich für das Selbst eine neue Form an, durch die ich verschiedenartige Individualitäten erforsche. Meine Anfänge sind primitiv. Ich bin Alge, die im Wasser lebt; ich bin Flechte, die einen Fels zerfrißt. Ich bin Moos, das seine Fähigkeiten ausweitet, und ich wachse. Ich bin Farn. Ich bin Palme. Ich bin Gras. Ich bin die Blumen, die Fortdauer ausdrücken, und ich bin die großen Bäume. Ich bedecke den Planeten Erde und mache ihn fruchtbar. Ich entwickle mich und wachse durch enorm lange Zeiträume hindurch, und ich entwickle und erforsche das Wunder der Bestäubung, damit ich die Form des pflanzlichen Selbstausdrucks fortsetzen kann. Doch stets ist das Selbst eins. Trotz der komplexen und unterschiedlich gearteten Vielfalt des Lebens kennt die gesamte Natur das Selbst als Eines. Es gibt keine Individualität.

Und wiederum, mit dem Bewußtsein von Gas, Mineral und pflanzlichem Leben versehen, setze ich meine Erweiterung fort und suche nach kreativen Ausdrucksformen der Individualität. Während ich die Erlebniswelt der Pflanze erforsche, folge ich gleichzeitig der natürlichen Weiterführung tierischen Lebens.

Ich bin eine winzige Amöbe, einzellig, einfach. Ich bin ein riesenhafter Dinosaurier, vielzellig, einfach. Ich bin die Fülle einer Vielzahl von Insekten. Ich erforsche ein ständig im Wandel befindliches Muster von immer mehr und immer komplexeren tierischen Lebensformen. Ich bin Pflanzenfresser. Ich bin Allesfresser. Ich bin Fleischfresser. Ich bin Hase. Ich bin Bär. Ich bin Löwe. Ich bin ein riesiges, kaltblütiges Reptil, das um die Vorherrschaft am Randes des Wassers kämpft. Ich bin eine winzige Beutelratte, die Nektar aus einer Blume leckt. Ich bin ein Vogelschwarm, der am Himmel kreist, und jeder einzelne Vogel dreht und wendet sich in der vollkommenen Harmonie der Übereinstimmung. Ich bin eine Herde Gnus, die über die Ebenen rast und sich blindwütig in einem tosenden Fluß zu Tode stürzt.

Ich bin gasförmiges, mineralisches, pflanzliches und tierisches Leben – ich enthalte alles und jedes. Ich bin das Bewußtsein jenseits der Form. Ich strebe immer danach, das Selbst im individuellen Ausdruck des Einen zu finden. Innerhalb einer einzigen Zelle eines Blattes ist schon der Bauplan für die gesamte Pflanze enthalten. Die Natur kann das göttliche Prinzip nicht trennen. Im Reich der Gase, Mineralien und Pflanzen gibt es den Ausdruck der Individualität, nach dem ich strebe, nicht. Alle Gase, Mineralien und Pflanzen kennen das Selbst als Eines. Das Bewußtsein reicht so weit wie der Ausdruck einer einzelnen Art, aber es besteht nicht als Individualität innerhalb der Art. Als ich, als Selbst, jedoch das Tierreich heranziehe, um das Potential der Selbst-Verwirklichung darin zu erforschen, dämmert der Beginn der Individualität in mir herauf. Bestimmte Arten bringen individuelle Ausdrucksformen hervor. Die grundlegendsten und einfachsten Formen von Vernunft entstehen und entwickeln sich. Doch innerhalb dieses Rahmens der Natur wartet eine weitere Ausdrucksform auf den Moment der Wahrheit – die Vorstellung.

Ich bin Gas, Mineral, Pflanze, Tier und Menschheit. Doch ich bin mehr. Ich bin nicht nur der Entwicklungsverlauf der Natur, ich verwebe mich auch mit den anderen Fäden der Schöpfung. Als Mensch umfasse ich die Sterne. Ich umfasse andere Realitäten, bin jedoch physisch erdgebunden. Ich besitze die Gabe der Phantasie und der Vorstellungskraft. Ich verfüge über das Potential, die Individualität vollständig zu erleben und auszudrücken *und* das Selbst als eins mit dem göttlichen Prinzip zu wissen. Die richtige Verwendung der Vorstellungskraft bildet meinen Schlüssel zur Selbsterkenntnis.

Ich bin das Selbst, das sich durch die physische Form ausdrückt, doch meine Suche nach dem Selbst ist schwach, während mein Instinkt, physisch zu überleben und zu herrschen, stark ist. Ich bin ein Schöpfer, doch ich besitze noch keine Erkenntnis darüber, was das bedeutet. Unwissentlich bringe ich hervor, was mich knechten wird: Angst.

Meine Angst wird zum Schmelztiegel der obersten Lüge, welche die Illusion erschafft, daß alles Leben in Getrenntheit existiere. Verloren in dieser Illusion, erlebe ich Getrenntheit statt Einheit, Identifikation anstelle von Individualität, Konflikt anstatt Zusammenarbeit, Wettbewerb statt Teilhaberschaft, das Weltliche anstelle des Erhabenen. Aus der Trennung wird die große Täuschung geboren, nämlich die Illusion, daß das Leben eine äußerliche, physische Form und nicht der spirituelle Ausdruck des Selbst sei.

Und wiederum das Paradox: Es ist meine Menschlichkeit, die, obwohl in ihrer Getrenntheit verloren, über das Potential verfügt, schließlich die Individualität zu erleben und um das Selbst zu wissen. Das ist immer noch als Potential anzusehen, da die höchste Ausdrucksform der Individualität nur dann erreicht wird, wenn die Illusion der Getrenntheit zerschmettert worden ist. Der Mensch erlebt Persönlichkeit und Identität, aber *keine echte* Individualität. Erst das Loslassen der Identität wird dem Ausdruck meiner Individualität die Möglichkeit geben, sich als Selbst zu manifestieren.

Ich bin Sinn. Mein göttliches Prinzip des Selbst hat meine Bestimmung hervorgebracht, indem es das Selbst durch die unendlichen Schöpfungen möglicher Selbst-Verwirklichung hindurch ausweitete. Ich bin Menschheit. Mein Sinn besteht darin, meine ich-zentrierte Identität loszulassen und mich in den erhebenden Moment der Selbst-Verwirklichung emporzuschwingen.

Wenn wir, einer nach dem anderen, das göttliche Prinzip erkennen, erfüllt sich ein kleiner Zyklus innerhalb des Zyklus der Ewigkeit. Durch diesen ganzen Ablauf, den der Verstand bezeugen, aber nicht erleben kann, zieht sich die Bewegung des Geistes. Wie der Saft in den Bäumen steigt und sich wieder zurückzieht, und in der Weise, wie das Blut für alle Tiere lebensnotwendig ist, so bewegt sich der Geist des Selbst wie ein Tanz des Lichts in unserem Wesen. Ich fühle diese Bewegung. Ich bin diese Bewegung. Ich bin Menschheit. Ich und wir alle fühlen diese Momente der Transzendenz, in denen wir Liebe ausdrücken, kreativ, feinfühlig oder bewußt wachsam sind.

Ich bin Menschheit, und ich erlebe meinen Sinn. In dem Moment, in dem ich *weiß,* daß mein Selbst mit allem eins ist, hat meine Identität keine *wirkliche* Bedeutung mehr, und ich bin ein Individuum innerhalb des Ganzen. In diesem Augenblick dehnt sich das Selbst des göttlichen Prinzips aus – das Alles-Was-Ist weitet sich –, und meine Sinngebung enthüllt sich dadurch. Ich bin Menschheit. In dem Maße, wie meine Bewußtheit wächst, um die Wahrheit zu erfassen, weitet sich das Selbst, denn durch den besonderen Faden, der meinen Anteil im schöpferischen Wirkwerk des göttlichen Prinzips darstellt, bin ich die Stofflichkeit seines Wachstums. Ich werde zur Bewegung des Zyklus im Zyklus, denn so wie ich, als Selbst des göttlichen Prinzips, eine Bewegung hervorrufe, ruft die Bewegung eine größere Bewußtheit hervor.

Und in diesem Zyklus hält die Ausweitung der Bewußtheit das göttliche Prinzip in Bewegung. Ich bin Menschheit, und ich bin das göttliche Prinzip, das sein bewußtes Gewahrsein durch schöpferische Tätigkeit ausweitet.

Es herrscht Schweigen, eine Unendlichkeit lang. Ich dringe in das Erleben anderer Ausdrucksformen ein, die sich als Fäden im schöpferischen Wirkwerk des göttlichen Prinzips darstellen, doch dieses Erleben erfolgt nur in Form von Gewahrsein. Das Gehirn der planetarischen Bewußtheit ist sowohl der Träger als auch der Katalysator für all diese Verbindungen – ein Wesen von einer so hohen Intelligenz und Bewußtheit, die so weit über den menschlichen Intellekt hinausreicht, daß ich verstumme. Nur das Schweigen kann diese Erfahrung wahren.

Das Gehirn ist zugleich auch eine Verkörperung des Mitgefühls, denn auf eine mir unverständliche Weise fühle ich mich weder überwältigt noch im geringsten unbedeutend. Die Natur hatte mich schon vor einiger Zeit gelehrt, daß Bedeutungslosigkeit nur eine menschliche Vorstellung ist, denn in der Wahrheit ist alles eins. Doch die Unendlichkeit in der gewaltigen Bewußtheit dieses Gehirns erleben zu dürfen, ohne sich gering und unbedeutend vorzukommen, weist auf eine unbeschreiblich tiefe Feinfühligkeit hin.

Die Erfahrung bringt inneres Wissen zum Vorschein. Manches davon ist sofort zugänglich, während anderes durch die Anregungen im täglichen Leben hervorbrechen wird. Während ich mich als nicht-physische Projektion der Bewußtheit des Gehirns durch die Dimensionen und Realitäten des «Multiversums» bewege, in dem wir leben, stelle ich fest, daß die Dunkelheit nur ein vorübergehendes Konstrukt einer dreidimensionalen Realität ist. Ich nehme weder Dunkelheit noch Raum noch Entfernung wahr, und doch ist alles von unvorstellbarer Weite. Ich erlebe das Licht als das Leuchten der Ewigkeit. Ich erlebe die gesamte Menschheit als ewige Wesen aus Licht.

An einem gewissen Punkt dieser Erfahrung der Allgegenwart erreiche ich einen Zustand, in dem alles auszusetzen scheint, so als läge ich in tiefstem Schlaf, obwohl ich hellwach bin. Ich erkenne, daß mein Eindruck von diesem Gehirn nicht seine wahre Realität darstellt. Die Art meiner Wahrnehmung beruhte auf *einem* Aspekt seiner Realität, den *ich* zu akzeptieren vermochte. Auf einer tiefen inneren Ebene bin ich nun imstande, das Gehirn als die reine Bewußtheit des Gewahrseins zu erfassen. Das Gehirn ist Licht. Und in diesem wohlwollenden Licht schwebe ich wie in einem Kokon aus Frieden.

Als wäre ich aus einem erholsamen Schlaf erwacht, fand ich mich in dem ungeheuren, leicht pulsierenden Innenraum des Gehirns wieder. Gerade als ich überlegte, was wohl als nächstes geschehen würde, legte sich wieder der Nebel über mich, der jegliche Willenskraft und Bewegung irgendwie zu ersticken schien. Als ich die Geschwindigkeit fühlte, die mich emporschleuderte, gab ich mich ihr hin, machte mich verletzlich, und der Nebel wie auch die schleudernde Bewegung hörten mit einem Male auf. Wie in einem Tunnel aus Licht konnte ich am anderen Ende Ceine stehen sehen, und ohne irgendwelche Eile oder Angst schlenderte ich auf ihn zu. Vielleicht war das die Methode, die Ceine immer anwandte, denn mit weniger als drei großen Schritten hatte ich ihn schon erreicht.

Die Erfahrung der Einheit hatte mich unwiderruflich verändert. Ich hatte beinahe zu viel erlebt. Ich fühlte mich unermeßlich alt, uralt, jenseits aller Zeit. Irgendwo in meinem Inneren spürte ich, daß ich einen ganzen Ozean voller Tränen angesichts des Elends der Menschheit vergossen hatte.

Während Ceine und ich uns schweigend umarmten, blickte ich mich nach dem Gehirn um, aber ich konnte nur die spitzen Nadeltürme des Tempels des Lernens sehen. Das Gehirn des planetarischen Bewußtseins war verschwunden. Für einen Augenblick spürte ich Hunderte von Fragen in meinem Geist auftauchen, doch ich ließ sie wieder los. Es spielte einfach keine Rolle. Eine Sache auf intellektuellem Wege zu verfolgen, die jenseits des intellektuellen Verständnisses lag, war das letzte, was ich brauchen konnte!

Ceine lächelte zustimmend. Ich sah ihn erstaunt an. Er schien auf eine Weise golden zu schimmern, wie ich es noch nie zuvor gesehen hatte, und seine Augen leuchteten wie silberne Monde klarer Erkenntnis.

Er deutete auf irgend etwas hinter sich.

«Siehst du diese Pforten?»

Ich starrte auf die von ihm gezeigte Stelle und lugte um ihn herum.

«Nein, ich sehe sie nicht. Wo sind sie?»

Er lächelte. «Ich hatte nicht erwartet, daß du sie sehen würdest, obwohl ich zugeben muß, daß du mich immer wieder überraschst.»

«Also ist noch nicht alles gewußt?» fragte ich.

«Nein. Es gibt immer noch weitere Wahrscheinlichkeiten, doch der Mensch besitzt innerhalb der Beschränkungen, die er unwissentlich schafft, seinen freien Willen.»

Ich dachte über die Pforten nach, die ich nicht sehen konnte. Mir schien, als hätte ich ganze Leben damit zugebracht, Tore zu finden und darum zu ringen, durch sie hindurchzugehen. Nachdem es mir eben erst gelungen war, befand ich mich schon wieder ganz dicht vor anderen Pforten zu einem weiteren Jenseits, und ich vermochte sie nicht einmal zu sehen!

«Warum kann ich diese Tore nicht entdecken?»

«Weil es für dich noch nicht an der Zeit ist, sie zu durchschreiten. Du kannst nicht diese Pforten sehen, durch sie hindurchtreten und gleichzeitig einen irdischen Körper bewahren wollen.»

«Bedeutet das, daß dein Körper auf irgendeinem Planeten gestorben ist? Ich hätte nie gedacht, daß du einen physischen Körper besitzt.»

«Ich habe keinen physischen Körper, wie du es nennst, also kann ich auch keinen Körper haben, der kürzlich gestorben ist», berichtigte Ceine. «Auch die Wahrheit hat ihre eigene Zeit, denn das Leben ist die Wahrheit, die sich selbst zum Ausdruck bringt. Dieser Augenblick enthält meine Wahrheit und ist für mich der richtige Zeitpunkt. Für dich jedoch liegen diese Tore noch nicht im richtigen Zeitrahmen.»

Er sah mich liebevoll an, während ich versuchte, meine Gefühle zurückzuhalten.

«Kann ich nicht mit dir gehen?» bat ich.

«Sei nicht an mich gebunden, Michael! Du brauchst mich wirklich nicht mehr. Und du bist *niemals* allein!»

Ceine umarmte mich und projizierte seine letzten Worte: «Akzeptiere, daß du durch deine Bestimmung gebunden bist. Du hast eine Aufgabe zu erfüllen, bevor diese Pforten für dich zum Tor jenseits des Jenseits werden. Weihe dich ganz dieser Sache! Zusammen mit Treenie wird dir deine Aufgabe den Weg weisen. Ihr werdet gemeinsam den Menschen zeigen, wie sie ihr volles Erleuchtungspotential erlangen können, anstatt weiterhin nur Kerzen in der Dunkelheit anzuzünden.» Er lächelte sein Liebeslächeln. «Abgesehen davon haben Kerzen die Eigenschaft, auch wieder zu verlöschen.» Er wandte sich ab, drehte sich dann aber nochmals nach mir um. «Die Menschheit schläft, Michael. Ihr erlebt jetzt den Übergang von einem Zeitalter der Illusion und Getrenntheit in eine Zeit der Erleuchtung und Ganzheit. Um diesen Übergang zu schaffen, muß man wach sein.» Er lächelte mich verschmitzt an. «Ich bin sicher, es wird dir Spaß machen, Wecker zu spielen. Und wie du weißt, ist das hier kein Lebewohl, Michael, sondern nur ein Aufwiedersehen.»

«Ich nehme an, daß ich von Treenie getrennt würde, wenn ich imstande wäre, mit dir zu gehen?»

«Für einige Zeit, ja.»

«Dann ist es in Ordnung so. Ich würde mich ohnehin für Treenie entscheiden.»

Ceine ging auf die unsichtbaren Pforten zu. Je weiter er sich von mir entfernte, um so heller wurde er, als ob eine innere Sonne durch ihn hindurchschiene.

Trotz der Dinge, die ich gesagt hatte, rannte ich aus dem plötzlichen Impuls heraus, doch durch die Pforten gelangen zu wollen, hinter ihm her. Als Ceine jedoch plötzlich strahlend hell zu leuchten begann und dann von einem absolut reinen, weißen Licht verschlungen wurde, trugen mich meine Schritte ruckartig zurück in meinen physischen Körper.

Meine Augenlider flatterten, und ich seufzte tief auf, als sich mein Gewahrsein wieder in der alltäglichen Normalität zentrierte. Wahrscheinlich war es perfekte Übereinstimmung, vielleicht auch nur Gleichzeitigkeit, aber als ich die Augen öffnete, trat Treenie ins Zimmer.

Überwältigt von all dem, was geschehen war, sah ich sie an. «Treenie...» In meinem Verstand wirbelten Hunderte von Gedanken und Erlebnissen durcheinander, die alle zuerst erzählt werden wollten. Ich öffnete den Mund, zögerte und schloß ihn wieder.

«Ich liebe dich», sagte ich statt dessen nur.

Epilog

Nachdem ich die Arbeit an diesem Buch beendet hatte, ging ich ins Freie und machte einen Spaziergang. Ich fühlte mich aufgewühlt. Dieses Buch war nicht leicht zu schreiben gewesen. Ich weiß, daß unsere Sicht des Lebens so konditioniert und begrenzt ist, daß wir nur noch ein Zerrbild dessen sehen können, was eigentlich wirklich *ist*. Ich zeige mit diesem Buch eine erweiterte Perspektive, eine Ausdehnung der brüchigen, erstarrten Strukturen unserer alltäglichen Realität. Meine innere Unruhe war nicht allzu heftig, doch ich überlegte, was die Ursache sein könnte.

Es nieselte, und das Strauchwerk im Wald triefte vor Nässe. Mücken summten mir ins Gesicht, als ich still zwischen den Bäumen hindurchschritt und nach einer Weile wieder umkehrte. Beim Gehen waren meine Gedanken weiterhin auf das soeben beendete Buch gerichtet. Ich erkannte, daß es einigen Zündstoff enthält. Es hat etwas Auflösendes an sich. Es bietet dem Leser die Möglichkeit, aus den einengenden Banden von Illusion und Selbsttäuschung auszubrechen, und das kann schmerzhaft sein. Hatte ich das Recht, Schmerz und Zerstörung in das Leben jener zu bringen, die die Wahrheit auf diesen Seiten intuitiv zu erfassen vermochten?

Eine Bewegung auf dem zarten Stamm eines Schößlings zog meine Aufmerksamkeit auf sich. Ich beobachtete, wie eine Zikade aus ihrer grotesken Hülle hervorbrach; eine erdgebundene Larve verwandelte sich vor meinen Augen in ein Geschöpf der Luft, das imstande war, mit Hilfe hauchdünner, aber kräftiger Flügel zu fliegen. Ich begriff, daß diese Neugeburt durch die heftigen Regenfälle der letzten Zeit eingeleitet worden war, die den Boden durchweicht hatten. Viele Jahre lang war die Larve mit ihrem Dasein als gefräßige Kreatur im Boden zufrieden gewesen, doch plötzlich wurde sie von der unleugbaren Macht der Transformation emporgeschwemmt. Ich lächelte erfreut, als ich den Zusammenhang erkannte, und meine innere Unruhe legte sich.

Mir waren unterwegs noch einige Gedanken gekommen, die ich gerne mit Ihnen teilen möchte. In allen meinen Büchern geht es immer um die Ganzheit. Darum möchte ich auch, daß Sie *Mit der Natur reden, Im Reich des Pan* und *An der Pforte zur Unendlichkeit* als *ein* Buch betrachten, als einen wahren Bericht über meine Bewußtseinserweiterung. Und was für mich gilt, gilt für die gesamte Menschheit! Die Wege, die wir zur Erweiterung beschreiten, mögen für jeden einzelnen unterschiedlich sein, doch es gibt viele gemeinsame Nenner. Zum Beispiel erschafft jeder von uns seine eigene Realität. Jeder hat die Kraft, seinen eigenen persönlichen Himmel oder seine Hölle hervorzubringen. Wir sind alle daraufhin konditioniert, eine Lüge zu leben. Nur sehr wenige Menschen haben verstanden, daß es viel leichter ist, in der Wahrheit statt in der Lüge zu leben. Unser Leiden ist eine Botschaft des Lebens, die uns klarzumachen versucht, daß wir eine Lüge leben.

Ich könnte noch weiter fortfahren, doch ich möchte lieber noch etwas Aufbauendes anbieten. Ich habe erkannt, daß unsere Ausrichtung im täglichen Leben über unsere Lebensqualität bestimmt. Unser Fokus zeigt sich in der vorherrschenden Richtung, die unsere Gedanken und Gespräche nehmen. Ich möchte Ihnen eine einfache, aber sehr wirksame Übung anbieten, die Sie verwenden können, um Ihr Leben zu verändern. Bedenken Sie, wie bei jeder anderen Übung auch, steht das Ergebnis in direktem Verhältnis zu dem Kraftaufwand, den Sie investieren! Löschen Sie *alle* Urteile über sich und andere aus Ihren Gedanken und Gesprächen! Das wird den Berg aus Schuldzuweisung, den Sie sich und anderen aufbürden – und das ist eine schwere Last –, aus Ihrem Leben verschwinden lassen. Sie werden sich nicht mehr als Opfer fühlen, sondern eine positivere Realität erschaffen können. Empfinden Sie sich als ein göttliches Wesen aus Licht, das auf jede nur denkbare Weise vollkommen ist. Denken Sie über Ihre Lichtnatur nach und sprechen Sie darüber. Bezeichnen Sie sich nicht mehr länger mit «ich», sondern wählen Sie eine Beschreibung, die Sie erhebt und ehrt. Das ist eine Verpflichtung, die Sie verändern wird. Beziehen Sie sich zum Beispiel auf sich als «dieses schöne Wesen», «dieser strahlende Mensch», oder als «dieses unendliche Selbst».

Das ist die Wahrheit, und sie wird zu Ihrer Realität werden. Als metaphysisches, vieldimensionales Wesen werden Sie Ihr metaphysisches Universum, Ihre metaphysische Realität umprogrammieren. Wir alle verfügen über diese Schöpferkraft, sie wohnt uns inne. Versuchen Sie es und halten Sie durch!

Über den Autor

Michael J. Roads wurde in England geboren. Von Kindheit an tauchte er in die Mysterien einer verborgenen, schweigenden Natur ein. Er war am liebsten im Freien. Sein Vater hatte einen Bauernhof, und er selbst wurde auch Landwirt. Nach seiner Heirat mit Treenie wanderten sie nach Australien aus. Während einer zehnjährigen Periode als Farmer in Tasmanien durchlief Michael tiefgreifende Veränderungen und kam immer mehr in Einklang mit dem Geist des Landes. Diese Veränderung sollte ihn von der Landwirtschaft weg zur Suche nach dem Selbst bewegen. Es folgten schwierige Jahre, aber seine innere Suche war unerbittlich. Frei zu sein und das Selbst zu erkennen war das einzige, das für ihn von Bedeutung war.

Während dieser Zeit sammelten Michael und Treenie Erfahrungen mit gemeinschaftlichen Lebensformen. Danach war Michael einige Jahre lang als Berater für biologisch-organischen Landbau tätig. Er übte sich täglich darin, seine bewußte, spirituelle Verbindung mit der Natur zu stärken. Er lernte, die Membran zu durchdringen, die das Materielle (Physische) vom Unfaßbaren (Metaphysischen) trennt. Die Beschreibung dieser Erfahrungen wurde für ihn zu einem kreativen Ventil.

Michaels Leben besteht jetzt aus Schreiben sowie dem Abhalten von Vorträgen und Seminaren. Er führt dreistündige Kurz-Seminare durch, eintägige Seminare und gelegentlich auch einwöchige Seminare. Diese Veranstaltungen finden in Australien, den USA, Großbritannien und anderen Ländern Europas statt. Er zieht die dreistündige, kurze Intensivform vor und beschreibt sich selbst humorvoll als «Katalysator» und nicht als «Trainer». Er ist ein brillanter Redner. Er ist außerdem «erwacht». Er verkündet seine Wahrheit ganz klar, ohne Dogma oder Einfärbung. Er ist komisch, inspirierend und direkt. Er lebt seine Wahrheit. Vor allem aber ist er schlicht. Er lehrt keine Techniken, sondern, in seinen eigenen Worten, «wie man die Realität praktiziert, bis sie die Illusionen überwältigt».

Er lehnt Organisationen ab, gehört folglich auch keiner an, noch gestattet er, daß sich um ihn herum etwas Derartiges bildet. Er und Treenie sind Freigeister. Sie sind jedoch für Briefkontakte offen.

Kassetten (nur in englischer Sprache)

Von Michaels Vorträgen gibt es Audiokassetten, die all die spontane Interaktion wiedergeben, die durch ein Publikum erzeugt wird. Sie wurden nur so weit überarbeitet, daß eine gute Tonqualität gewährleistet ist.

M1: The Spirit of Nature (Der Geist der Natur)

M2: It's Time to Wake up (Es ist Zeit, aufzuwachen)

M3: Taking Back Your Power (Seine Kraft wiederfinden)

M4: Secret Principles for Living (Geheime Prinzipien zur Lebensführung)

M5: Higher Awareness of Organic Growing (Höheres Bewußtsein im organischen Landbau)

T1: Treenie's Story (Treenies Geschichte, von Treenie erzählt)

M7–10: Becoming Free (Frei werden; Seminar bestehend aus vier Kassetten)

Bücher

Michael ist Autor der Bücher *Mit der Natur reden, Im Reich des Pan* und *Simple Is Powerful* sowie *The Natural Magic of Mulch,* das in Australien publiziert wurde. *The Natural Magic of Mulch* beschreibt in beachtenswerter Weise die philosophischen und praktischen Anwendungsmöglichkeiten des biologisch-organischen Anbaus ohne Umgraben. Es behandelt kalte, gemäßigte sowie subtropische Klimazonen.

Für Informationen über öffentliche Vorträge, Seminare, das zuletzt genannte Buch oder Kassetten, aber auch für briefliche Kontakte wenden Sie sich bitte an:

Michael und Treenie Roads
P. O. Box 778
Nambour, QLD, 4560
Australien

Was die Natur über sich und uns zu sagen hat!

Michael J. Roads
MIT DER NATUR REDEN
Bäume, Pflanzen, Tiere, Steine, Wasser und Wind offenbaren das verborgene Wissen der Schöpfung
188 Seiten, mit schönen Illustrationen
ISBN 3-7157-0117-X

Das Buch erzählt die Geschichte eines Mannes, der seine Verbindung zur Natur wiederentdeckt hat und mit der innersten Essenz von Pflanzen und Tieren, ja sogar Steinen und Flüssen auf tatsächlich erfahrbare Weise kommunizieren kann. Anfangs war Michael Roads über seine seltsame, an die Kindheitszeit erinnernde Fähigkeit bestürzt und hinterfragte sie ständig analysierend. Als er seine wunderbaren Erfahrungen nicht mehr vor sich selbst leugnen konnte, ließ er sich von ihnen leiten und heilen.

Die Natur erzählt vom Erwachen der Erde und des Menschen an der Schwelle zur Geburt in ein erweitertes Bewußtsein, in das Wissen um die Einheit allen Lebens. Sie erzählt aber auch von ihrer tiefen Besorgnis über die bestimmende Rolle, die der Mensch für das weitere Schicksal des Planeten spielt. Sie klärt ihn über das wahre Wesen des Menschen auf. Sie lädt alle, die an den Wunden der Entfremdung ihr und sich gegenüber leiden, zu ihrer ewigen Quelle der Kraft, der Gesundheit und des Wissens ein.

Die Botschaft dieses Buches an uns ist: Die Kraft der Natur, die den Autor an Körper, Seele und Geist geheilt hat, ist uns allen zugänglich. Sie wird auch uns mit einer freudigen Versöhnung beschenken. Die Natur muß nicht unser Gegenspieler, sie kann unser Freund sein und uns dazu verhelfen, wieder auf den rechten Weg zu kommen. Die Vögel, Pflanzen, Flüsse und Winde beten für uns. Werden wir auf sie hören, bevor es zu spät ist? Können wir rechtzeitig hinhören lernen?

Eine Reise vom Irdischen zum Wunderbaren

Michael J. Roads
IM REICH DES PAN
Reisen ins Herz der Natur
Ein spirituelles Abenteuer
236 Seiten, broschiert
ISBN 3-7157-0140-4

Auf einer spirituellen Reise ins Herz der Natur und auf der Suche nach Selbsterkenntnis und einer alles umfassenden Realität wird Michael Roads von der göttlichen Energie und liebevollen Weisheit des zauberhaften Pan geführt und inspiriert. Dieser öffnet ihm die verborgenen Augen der Natur für seine eigene innere menschliche Wahrheit. Er begleitet ihn bis vor die Tore des Geheimnisses und zeigt ihm die Wirkungsweise der Lebensenergie, die dem Universum innewohnt und den Zugang zu seinen eigenen persönlichen Quellen der Kraft.

Die Grenzen zwischen der natürlichen und übernatürlichen Realität werden fließend, wenn der Autor in seinen Visionen die allumfassende Einheit erfährt und eintaucht in die Wirklichkeit des Flusses, des Brombeerstrauches, des Kristalls, des Orkans und des Delphins. Er erfährt am eigenen Leibe und an der eigenen Seele, daß auch die Todesschwelle ihn nicht vom Leben trennt, sondern ihm den Eintritt in eine andere, freiere Dimension des Lebens ermöglicht.

Die Natur wird beschrieben als eine ungeheuer mächtige Kraft, als liebendes Wesen, das in uns das das Licht des inneren Erwachens und der bedingungslosen Liebe entzünden will. Sie kennt keine Werturteile, Schuldzuweisungen oder Haßgefühle, sondern nur Urvertrauen und Liebe.

«Michael Roads zeigt den Weg, wie eine Reise vom Irdischen zum Wunderbaren unternommen werden kann. Er schenkt tiefe Einblicke in unser und der Natur innerstes Wesen.»

Richard Bach, Autor von
Die Möwe Jonathan